Lori Schiller mit Amanda Bennett
WAHNSINN IM KOPF

LORI SCHILLER
MIT AMANDA BENNETT

WAHNSINN IM KOPF

MEIN WEG DURCH DIE HÖLLE DER SCHIZOPHRENIE

Aus dem Amerikanischen
von Karin Miedler
und Christine Neugebauer

GUSTAV LÜBBE VERLAG

This edition published by arrangement with Warner Books, Inc., New York
Titel der amerikanischen Buchausgabe: The quiet room. A journey out of the torment of madness
Originalverlag: Warner Books, Inc., 1271 Avenue of the Americas, New York, NY 10020
Aus dem Amerikanischen von Karin Miedler und Christine Neugebauer

Redaktionelle Bearbeitung: Karin Schuler, Tübingen, und Dr. Anita Krätzer, München
Umschlaggestaltung: KOMBO KommunikationsDesign GmbH, Köln, unter Verwendung einer Fotografie von Sally Boon, New York, NY 10009
Satz: Dr. Ulrich Mihr GmbH, Tübingen
Druck und Einband: Franz Spiegel Buch GmbH, Ulm-Jungingen

Printed in Germany

ISBN 3-7857-0775-4

Für meine Mom
und meinen Dad,
die nie die Hoffnung
aufgegeben haben.
Ich danke euch ...
ich bewundere euch ...
ich liebe euch.

INHALT

ANMERKUNGEN DER AUTORIN UND DANKSAGUNG

Obwohl dies die Geschichte meines Lebens ist, habe ich beschlossen, sie nicht allein zu erzählen, sondern auch die Stimmen von Menschen einzubeziehen, deren Leben eng mit dem meinen verflochten ist. Die Menschen, die in diesem Buch zu Wort kommen – Lori Winters, mit der ich im College ein Zimmer teilte, meine Psychiaterin Dr. Jane Doller, meine Eltern und meine beiden Brüder – haben, neben vielen anderen, mit unter meiner Krankheit gelitten.

In meinem eigenen Erfahrungsbericht habe ich mich nach Kräften bemüht zu zeigen, was es für einen Betroffenen heißt, schizophren zu sein, während ich die anderen Personen aus ihrer Perspektive erzählen ließ, um zu vermitteln, wie Eltern und Freunde von Schizophrenen die Auswirkungen dieser Krankheit erleben. Außerdem dienen mir diese Berichte in mehrfacher Hinsicht als Gedächtnisstütze. Denn meine Krankheit und wohl auch einige Behandlungsmethoden, denen ich unterzogen wurde, haben große Teile meiner Erinnerung an einige Phasen meines Lebens ausgelöscht. Ich habe die Schilderung dieser Zeitabschnitte daher jenen Menschen überlassen, deren Erinnerung genauer ist als meine.

Je besser es mir geht, desto besser werden auch mein Gedächtnis und meine Fähigkeit, zwischen Tatsachen und Phantasiegebilden zu unterscheiden. Beim Schreiben dieses Buches haben Amanda Bennett und ich alles getan, um die Geschehnisse so genau wie möglich wiederzugeben. Alle Menschen, Orte und Ereignisse in diesem Buch entsprechen der Wirklichkeit, und ich habe sie exakt so dargestellt, wie ich mich an sie erinnere. Von wenigen Ausnahmen abgesehen sind auch die Namen beibehalten worden. Allerdings habe ich wegen ihrer Nähe zum Kokain Raymonds und Nicoles Namen sowie andere Details, die eine Identifizierung ermöglicht hätten, geändert. Das gleiche gilt für Robin, Carla und Claire, deren Privatsphäre als Mitpatientinnen in der Psychiatrie ich nicht verletzen wollte.

Aus Gründen der Genauigkeit haben wir mit so vielen Menschen wie möglich gesprochen, die etwas mit meinem Leben, meiner Krankheit oder meiner Behandlung zu tun hatten. Und wir haben versucht, ihre Sicht der Dinge in die Darstellung mit einfließen zu lassen. Letztendlich spiegelt das Buch jedoch zwangsläufig vor allem meine Perspektive wider.

Der einzige Punkt, an dem sich meine Erinnerung und die äußeren Indizien bis heute substantiell widersprechen, betrifft das, was sich auf der Lincoln Farm während der ersten Monate meiner Krankheit ereignet hat. Deshalb besteht das erste Kapitel aus einer Kombination meiner Erinnerung an die damaligen Vorgänge mit Aufzeichnungen von der Lincoln Farm und den Erinnerungen verschiedener Betreuer des Camps, meiner Eltern und einiger Freunde unserer Familie.

Wir möchten uns in diesem Zusammenhang bei Jackie Pashkes, einer Betreuerin des Sommerlagers, für ihre besondere Hilfe bedanken. Sie hat es uns ermöglicht, die Camp-Unterlagen ausfindig zu machen. Mrs. Beatrice Loren, der Besitzerin der damaligen Lincoln Farm, danken wir für die Bereitstellung dieser Unterlagen. Und Amy Potozkin, einer weiteren Betreuerin, sind wir dankbar, weil sie uns ihre Erinnerungen an diese Zeit mitgeteilt hat.

Zahlreiche Menschen haben uns geholfen, meine Erinnerungen an die Zeit vor meinen Krankenhausaufenthalten zu vervollständigen. Zu ihnen gehören: Lori Winters Samuels, Michele Crames, Dr. Richard Dolins, Janey und Louis Klein, Dr. Philip Moscowitz, Bonnie Smith, Barbara A. Kobre, Tara Sonenshine Friend und Bradford A. Winters. Besonders möchte ich Gail Kobre Lazarus für ihre bis heute andauernde Hilfe und ihre Freundschaft danken.

Amanda Bennett und ich schulden auch dem New York Hospital/Cornell Medical Center, der Payne-Whitney-Klinik und dem New York Hospital/Cornell Medical Center, Westchester Division, Dank dafür, daß sie uns den Zugang zu meinen Krankenblättern ermöglichten. Diese Aufzeichnungen halfen mir, bestimmte Geschehnisse, Medikationen und Behandlungsverfahren genau zu datieren. Außerdem zeigten sie mir, wie andere Menschen den Verlauf meiner Krankheit wahrnahmen. Dank gebührt außerdem Dr. Otto Kernberg, dem Medizinischen Direktor des New York Hospital/Cornell Medical Center, Westchester Division, der es uns gestattete, die vielbeschäftigten Mitarbeiter seiner Abteilung zu befragen.

Viele Menschen haben ihre Erinnerungen zu diesem Buch oder zu dem zuvor im *Wall Street Journal* vom 14. Oktober 1992 erschienenen Artikel beigesteuert, der das Projekt erst ins Rollen brachte. Für ihre Hilfe, die Zeit meiner ersten Krankenhausaufenthalte zu rekonstruieren, bedanke ich mich bei Dr. Eugenia Kotsis sowie bei Jody Shachnow, Dr. Richard Munich, Dr. Michael

Selzer, Dr. Kenneth Turkelson, Kay Dinoff und Ronald Inskeep vom New York Hospital. Für Erinnerungen an andere Lebensabschnitte danke ich Eddie Mae Barnes und Rochelle Forehand.

Des weiteren haben zahlreiche Personen das Manuskript zu diesem Buch gelesen und wertvolle Anregungen gegeben, etwa Lisa Ames, Janet Bennett, Nancy Ehle, Deborah Gobble, Betsy Julien, Shelly Benerofe oder Sidney Rittenberg. Mein besonderer Dank geht an Anne Schiff, die nicht nur die ersten Fassungen des Manuskripts gelesen, sondern sie auch sorgfältig abgeschrieben hat.

Für verschiedene Hilfestellungen und fachlichen Rat bedanken Amanda Bennett und ich uns bei Mark Berman, Dr. Frederick Goodwin, dem Direktor des National Institute of Mental Health, Dr. John Kane, dem Vorsitzenden der Psychiatrischen Abteilung des Long Island Jewish Medical Center, Dr. Carmela Perri, Dr. Daniel Weinberger vom National Institute of Health und Dr. Richard Weiner, außerordentlicher Professor für Psychiatrie am Duke University Medical Center.

Auch dem Chef vom Dienst des *Wall Street Journal*, Paul Steiger, und den dortigen Redakteuren Jane Berentson, Roger Ricklefs und David Sanford sind wir dankbar.

Unser Dank geht selbstverständlich auch an unseren Agenten Michael Cohn sowie an unsere großartige Lektorin Jamie Raab.

Außerdem möchte ich den Ärzten, Krankenschwestern, Pflegern, Sozialarbeitern und Freunden danken, die meine Genesung erst ermöglicht haben: Jane Levkoff, Nancy, Carol und Gladys, Penny und Michael Horgan, Phyllis Mossberg, Kathleen McDermott, Ron Kavanaugh, Andrew und Susan Sklarz, Nathaniel Goldberg, Maria Tivey, Myrt Armstrong, Julie Alkaitis, Hall Houston. Ein besonderes Dankeschön geht an Jacquie Aamodt, weil sie mir aus dem Treibsand geholfen hat, in dem ich zu versinken drohte. Gedankt sei auch Debbie, Jeannine und Rosemary aus Sandoz und Deanna vom Futura House; Michael Rustin von der Mamaroneck-Station des Search for Change und allen seinen Mitarbeitern; Beth Harris und Luba Spikula von der New York Hospital Patient Education, die mir beigebracht haben, wie ich durch meinen Unterricht anderen Menschen Hoffnung geben kann; den Mitarbeitern des New York Hospital, vor allem Jay Jay, Gladys, Danny, Jean, Margo, Barbara, Cathy, Debbie, Rose, Peter, John, Glen und ganz besonders Sorin Weiss, der auch dann noch an mich glaubte, als ich mich schon aufgegeben hatte.

Dr. Diane Fischer wird immer einen ganz besonderen Platz in meinem Herzen einnehmen. Sie hat mir Wege eröffnet, von denen ich zuvor nicht wußte, wie leicht sie zu gehen sind. Ihre Hilfe beim Aufbau dieses Buches – und meines Lebens – werde ich nie vergessen.

Danken möchte ich natürlich auch Dr. Jane Doller, einer wunderbaren, besonders aufopferungsvollen, aufrichtigen und offenen Psychiaterin. Sie hat mir die Bedeutung von Partnerschaft klargemacht. Was wir auch tun, wir tun es gemeinsam.

Besonderer Dank geht auch an Dr. Lawrence Rockland für die fünf Jahre der Zuwendung, Fürsorge und Aufmerksamkeit, die er mir geschenkt hat. Ohne ihn wäre ich heute vielleicht nicht mehr am Leben. Außerdem schulden wir ihm großen Dank für die zeitraubenden Vorarbeiten zu diesem Buch.

Schließlich möchten wir noch unseren Familien danken. Unser Dank geht an Amandas Ehemann Terence

Bryan Foley und ihren Sohn Terence Bennett Foley für ihre Geduld und ihr Verständnis. Der allergrößte Dank aber geht natürlich an meine Mutter, meinen Vater und meine Brüder. Sie alle haben jahrelang an meiner Seite gelebt, während meine Welt die reinste Hölle war. Gedankt sei Steven und Mark und ihren Ehefrauen Ann und Sally für ihre Freundschaft; ebenso meinen Neffen Mason, Jake und Austin.

Mom und Dad – danke! Ihr seid wunderbare Menschen. Ich liebe und umarme euch.

Lori Schiller und
Amanda Bennett
1. März 1994

VORWORT

Als ich Lori kennenlernte, war sie Patientin und ich Psychiaterin am New York Hospital. Ich betreute sie in einer Phase, in der sie am schwersten mit ihrer Krankheit zu kämpfen hatte. Ich habe sie durch alle Höhen und Tiefen bis zu ihrer Genesung begleitet. Heute bin ich ihre Therapeutin.

Obwohl ich Lori so gut kannte, hat mich ihr Bericht über ihren Kampf gegen die Schizophrenie überrascht und bewegt. In diesem sehr persönlichen Buch eröffnet Lori Schiller uns einen Zugang zu einer fremden und erschreckenden Welt. Ihr Buch ermöglicht uns einen der bisher eindrucksvollsten Einblicke in diese Welt.

Am Anfang dieses Jahrhunderts waren solche persönlichen Schilderungen psychischer Krankheiten in der medizinischen Literatur häufiger zu finden. Damals wußten die Psychiater kaum etwas über die Funktionsweise des Gehirns oder über die Ursachen psychischer Erkrankungen und analysierten diese Patientenberichte, um Anhaltspunkte für eine Behandlung zu finden. Die Schilderungen der Psychiatrie-Patienten verschafften den Ärzten zumindest einen Einblick in das subjektive Erleben psychisch Kranker.

Inzwischen hat sich die Psychiatrie insgesamt verwissenschaftlicht. Wir haben unsere Aufmerksamkeit vor allem den biologischen Ursachen von psychischen

Krankheiten wie der Schizophrenie zugewandt und behandeln diese Krankheiten zunehmend medikamentös. Unsere Hoffnung für die Zukunft vieler psychisch kranker Patienten richtet sich in erster Linie auf eine ganze Palette neuer, noch in der Entwicklung befindlicher Medikamente.

Derartige Medikamente haben bereits heute das Leben Hunderttausender, vielleicht sogar Millionen psychisch kranker Menschen verändert. Auch Lori bekam den letzten, endgültigen Anstoß zur Rückkehr in die Realität durch ein damals noch in der Erprobungsphase befindliches Präparat, das Clozapin. Inzwischen wissen wir, daß sich die unerwünschten Nebenwirkungen des Clozapins, die wir zuerst befürchteten, weit leichter beherrschen lassen, als wir es zunächst vermuteten. Daher kann heute ein erheblich größerer Patientenkreis von diesem Medikament profitieren, als wir zunächst angenommen hatten. Andere neue Wirkstoffe werden dieses Spektrum noch erweitern.

Ärzte, Familien, Freunde sowie die Kranken selbst können angesichts dieser beachtlichen Fortschritte in der Medizin nur dankbar sein. Aber Lori Schillers Geschichte hilft uns auch, uns an etwas zu erinnern, was wir in unserem wissenschaftlichen Eifer möglicherweise aus den Augen verloren haben. Bei einer psychischen Krankheit geht es um mehr als um Biologie und Medikamente. Es geht vor allem um den betroffenen Menschen selbst. Das Clozapin hat Loris Genesung ermöglicht, aber es war Lori selbst, die diese Genesung auch zu einem dauerhaften Erfolg hat werden lassen.

Meiner Meinung nach lag der Wendepunkt in Loris Krankengeschichte lange vor der Zeit, in der das Clozapin eingesetzt wurde. Es waren die ersten Monate ihres letzten Klinikaufenthalts, in denen sie schließlich begann, sich ihre Krankheit einzugestehen, und sagen konnte: »Ich bin sehr krank, ich brauche Hilfe.« Erst jetzt konnte sie das Risiko auf sich nehmen, sich wirklich aktiv an der Behandlung zu beteiligen, anderen ihre Gefühle mitzuteilen und Beziehungen zu anderen Menschen aufzubauen.

Loris Erfahrungen mit der Schizophrenie sind einerseits typisch, andererseits aber auch sehr ungewöhnlich. Der Krankheitsverlauf war ausgesprochen typisch: Der Ausbruch in der späten Jugend nach einer normalen Kindheit, die anfängliche Schwierigkeit, die Krankheit richtig zu diagnostizieren, die Leugnung der Krankheit durch sie selbst und ihre Eltern. Auch die zuerst erfolglose Behandlung ist leider ziemlich typisch. Der durchschnittliche junge Schizophrenie-Patient durchläuft wie Lori wiederholte Krankenhausaufenthalte, zahllose Medikationsversuche und verschiedene Behandlungsmethoden bei unterschiedlichen Ärzten, bevor die Krankheit zutreffend diagnostiziert und angemessen behandelt wird. Wie Lori wenden sich viele dieser jungen Leute dem illegalen Drogenkonsum zu und versuchen, die erschreckenden Symptome auf diese Weise unter Kontrolle zu bringen.

Ungewöhnlich ist diese Geschichte wegen des großen persönlichen Mutes, mit dem Lori ihrer Krankheit entgegentrat. Sie wurde kein Opfer ständigen Drogenmißbrauchs. Sie war vielmehr fähig, ihr Problem zu erkennen und es zu lösen. Als sie schließlich erkannte, daß sie krank war, setzte sie alle Hebel in Bewegung, um ihre Krankheit zu besiegen.

Sie erhielt viel Unterstützung, hatte liebevolle Eltern, eine gute klinische Betreuung und die bestmögliche medizinische Versorgung. Aber ohne ihre eigene Willenskraft und Entschlossenheit hätte sie es nie geschafft, in das Leben, wie sie es jetzt führt, zurückzukehren. Sie hat ganz konkret dazu beigetragen, ihre Krankheit zu überwinden. Loris Geschichte enthält viele wichtige Botschaften. Psychiatern und Angehörigen der medizinischen Berufe gibt sie Einblick in die innere Welt eines Psychiatrie-Patienten, in eine Welt, der wir manchmal zu wenig Beachtung schenken. Sie gemahnt daran, daß wir auch in unserer Zeit der High-Tech-Medizin die traditionellen Therapien nicht gänzlich vernachlässigen sollten, die das Ziel haben, die hinter der Krankheit verborgene Persönlichkeit des Patienten zu erreichen. Meiner Erfahrung nach ist die Beziehung zu einem anderen Menschen ein sehr wirkungsvolles Instrument in dem vorhandenen Arsenal von Behandlungsmethoden, zu denen auch die medikamentöse Therapierung gehört. Psychisch Kranken zeigt Loris Geschichte die Möglichkeit auf, durch den Einsatz geeigneter Medikamente ebenfalls eine Chance für ein neues Leben zu erhalten und wie Lori ihre Krankheit zu besiegen. Für alle anderen ist Loris Geschichte die bewegende Beschreibung einer sehr persönlichen Reise. Sie ist nicht nur die Geschichte einer psychischen Erkrankung, sondern die Geschichte eines Menschen. Sie erzählt von persönlicher Entschlossenheit, Mut und Hoffnung.

Jane Doller, M.D.
Clinical Assistant Professor of Psychiatry
Cornell University Medical College
New York Hospital, Westchester Division

Teil I

Ich höre was, was du nicht hörst

1

Lori
Roscoe, New York
August 1976

Es war in einer heißen Augustnacht 1976, als die Stimmen kamen. – Ungebeten und überraschend brachen sie in mein Leben ein und begannen, es zu beherrschen.

Ich war damals siebzehn Jahre alt und hatte nur noch ein Jahr High School vor mir. Mein letzter Sommer im Ferienlager hatte begonnen. Bald würde ich aufs College gehen, einen Beruf ergreifen, erwachsen sein und Verantwortung tragen. Erst einmal aber blieb mir noch ein Sommer voller Spaß. Ich war überhaupt nicht darauf gefaßt, daß sich mein Leben ausgerechnet jetzt für immer verändern würde.

Ich war seit einigen Jahren jeden Sommer auf der Lincoln Farm, zuerst als Teilnehmerin, später als Gruppenleiterin. Tagsüber betreute ich die Neun- und Zehnjährigen beim Segeln, Kanufahren und Bogenschießen. Abends, wenn die Kleinen sicher im Bett lagen, saßen wir Betreuer immer in den langen, flachen Bungalows aus Holz, die wir »Motels« nannten, spielten Karten, aßen Kekse und tranken ein Gebräu, das wie Kool-Aid schmeckte. Wir nannten es Käfersaft. Manchmal fuhren die älteren Leiter auch mit uns in die Stadt zum Roscoe-Imbiß. Wir lachten, erzählten uns Witze und alberten herum.

Es war ein ganz normaler Sommer, und ich war ein

ganz normales Mädchen. Doch irgendwann in diesem Sommer begann sich alles zu verändern.

Anfangs war die Veränderung ganz angenehm. Irgendwie kam mir alles viel schöner vor als bisher, aber ich wußte nicht, warum. Der See schien blauer, die Schaufelräder größer und die Segelboote schnittiger als zuvor. Das Grün der Bäume auf den Catskill-Bergen rund um unser Camp wirkte intensiver, als ich es aus den vorhergehenden Sommern in Erinnerung hatte. Das Camp erschien mir auf einmal als der schönste Ort der Welt.

Von diesen Eindrücken war ich völlig überwältigt. Ich hatte das Gefühl, ich müsse schneller laufen, weiter schwimmen und länger aufbleiben, um all das in mich aufnehmen und intensiv erleben zu können. Ich war voller Energie, aktiv und überschäumend vor Glück, und jedermann mochte mich. Um mich herum war die Welt hell, rein und klar. Und ich fühlte mich als Teil dieser Schönheit, stark und attraktiv, interessant und mächtig. Mir kam es vor, als müßten mich alle anderen nur ansehen, um mich ebenso zu lieben, wie ich sie liebte.

Außerdem lebten meine Erinnerungen wieder auf. Auf der Lincoln Farm hatte ich mich vor zwei Jahren verliebt. Im Rückblick erschien mir auch dieser Sommer wild und hell und wundervoll. Ich hatte mich verliebt wie noch nie jemand vor mir. Einem Menschen wie Otto war ich noch nie zuvor begegnet.

In jenem Sommer – ich war damals fünfzehn – war Otto als Austauschstudent hier. Er war ein attraktiver junger Mann, blond und schlaksig, hatte helle, blaue Augen und sprach mit einem leichten Akzent. Da ich klein und dunkelhaarig war, kam er mir ganz besonders exotisch vor. Ich mochte ihn wirklich und konnte kaum den Blick von ihm wenden. Außerdem war er schon dreiundzwanzig. Ich bewunderte seinen Mut, für einen Sommer ganz allein hierher zu kommen, und ich war ganz hingerissen von seinem Humor.

Wir waren sehr gern zusammen. Meine Erinnerungen an diese Abende waren schön und traurig zugleich. Wir sprachen über unsere Verliebtheit und darüber, wie schrecklich es sein würde, wenn Otto schließlich wieder nach Hause mußte. Wir dichteten sogar ein albernes kleines Lied zur Melodie des Beatles-Songs »Ticket to Ride«:

He's got a ticket for home
He's got a ticket for home
He's got a ticket for home
He's got a ticket for home
And won't be back ...

Einige Wochen später, als die Zeit im Camp vorbei und ich wieder in Scarsdale war, tauchte Otto bei mir zu Hause auf. Er hatte eine hübsche Frau dabei, die er meinen Eltern als seine Verlobte vorstellte.

Die Erinnerung an diesen Augenblick vor zwei Jahren verfolgte mich von morgens bis abends. Allmählich veränderte sich meine Stimmung, und die Heiterkeit begann aus der Welt um mich herum zu schwinden. Ich dachte an die Vergangenheit, und meine Gefühle verdüsterten die Gegenwart. Dann kamen die schrecklichen Gedanken: Warum hat er mich damals verlassen? Warum war ich ihm nicht gut genug? Vielleicht, weil ich in Wirklichkeit gar nicht schön, außergewöhnlich und leidenschaftlich war. Vielleicht war ich ja häßlich. Vielleicht war ich fett und abstoßend, eher lächerlich als liebenswert. Ja, das war es. Vielleicht machten sich alle in meiner Umgebung nur über mich lustig und mochten mich in Wahrheit gar nicht. Vielleicht lachten sie mich aus, während ich mir einbildete, sie lächelten mich an.

Meine Stimmung schlug um. Ein Schleier senkte sich auf mich. Das Sommerlager widerte mich plötzlich an, es wurde von etwas wunderbar Schönem zu etwas furchtbar Bösem. Um mich herum bewegten sich Schatten, und ich war in einen dunklen Schleier gehüllt.

Während ich mich nachts mit diesen Gedanken quälte und nicht schlafen konnte, wurde meine Erinnerung so lebendig, als lebte ich wirklich wieder in jenem Sommer, den ich mit Otto verbracht hatte. In meinen Gedanken waren wir wieder unten an dem großen, dunklen, romantischen See. Drüben am Steg konnten wir hören, wie die Wellen gegen die Segelboote und die riesigen Schaufelräder plätscherten. Es war später Abend, die Glühwürmchen waren verschwunden, aber wir konnten die Frösche noch an den Ufern quaken hören. Mir kam es vor, als sei der Himmel voller Sterne, die ich noch nie zuvor gesehen hatte. Wir saßen am Ufer im dichten Gras, redeten und lachten miteinander.

In meiner Erinnerung schmiegten wir uns aneinander und küßten uns. Eines Abends legten wir uns auf einen der Picknicktische, die um den See herum aufgestellt waren. Ottos Hände begannen zu wandern, unter mein T-Shirt und in meine Shorts. Ich war zugleich erregt und beunruhigt, erschrocken und elektrisiert. Ich wollte mehr, und doch wünschte ich, daß er aufhörte. Wir gingen weiter, als meine bisherige Erfahrung reichte, und ich wußte nicht, wie ich damit umgehen sollte.

In meinen Gedanken war ich jetzt wieder dort, wälzte mich im Dunkeln mit Otto und zog ihn an mich, und ich wurde von einer Welle verwirrender Gefühle aus der

Vergangenheit und der Gegenwart überschwemmt – Liebe, Befangenheit, Zurückweisung und Angst.

Eines Nachts, mitten in diesem Chaos, dröhnte eine mächtige Stimme durch das Dunkel: »Du mußt sterben!« Andere Stimmen fielen ein: »Du mußt sterben! Du wirst sterben!«

Zuerst wußte ich nicht, wo ich war. War ich mit Otto zusammen am See? Schlief ich, oder war ich wach? Dann sprang ich zurück in die Gegenwart. Ich war im Camp, allein. Otto war schon seit zwei Jahren weg. Diese längst vergangene Szene hatte sich also nur in meinen Gedanken abgespielt. Aber sobald ich erkannte, daß ich wach in meinem Bett lag und das Mädchen, mit dem ich das Zimmer teilte, friedlich schlief, wußte ich, daß ich wegrennen mußte – weg von diesen schrecklichen, bösen Stimmen.

Ich sprang aus meinem Bett und rannte barfuß hinaus. Ich wollte mich irgendwo verstecken. Ich dachte, wenn ich schnell und weit genug rannte, könnte ich den Stimmen entkommen. »Du mußt sterben!« sangen sie. »Du wirst sterben!«

Verzweifelt lief ich auf die weite Rasenfläche in der Mitte des Camps hinaus. Das Gras unter meinen Füßen war feucht. Ich raste auf das große Trampolin zu, auf dem die Kinder tagsüber herumsprangen und Salto rückwärts übten.

Ich kletterte hinauf. Mein Kopf war angefüllt mit wilden, seltsamen Gedanken. Wenn ich schnell und hoch genug springe, dachte ich, kann ich dadurch vielleicht die Stimmen loswerden. Ich sprang und sprang, und dabei klangen mir ständig die quälenden Stimmen in den Ohren: »Du mußt sterben. Du wirst sterben.« Ich sprang stundenlang, bis die Sonne über den Hügeln aufging. Ich sprang, bis ich erschöpft und völlig außer

Atem war. Ich sprang, bis ich dem Tode wirklich nahe war.

Aber sie riefen und riefen, sie beherrschten mich, sie hämmerten in meinem Kopf. Sie begannen mich zu beschimpfen: »Du Hure, du bist keinen Pfifferling wert!« Ich versuchte, ihnen zu widersprechen und sie zum Schweigen zu bringen. »Das ist nicht wahr«, verteidigte ich mich. »Laßt mich in Ruhe. Das ist nicht wahr.« Schließlich brach ich erschöpft zusammen.

Auch in den folgenden Nächten quälten mich die Stimmen. Morgens war ich erschöpft und blaß, ängstlich und übermüdet. Tief in der Nacht sprang ich auf dem Trampolin herum, verfolgt von den bösartigen Stimmen. Ich sprang Nacht für Nacht. Ich konnte nicht schlafen, denn entweder kreischten die Stimmen, oder ich lag voller Angst wach und fürchtete, sie könnten zurückkommen.

Tagsüber bemühte ich mich, ruhig und unauffällig zu wirken. Ich verbrachte möglichst viel Zeit im Bett. Aber allmählich merkten die anderen, daß mit mir etwas nicht stimmte. Meine Fröhlichkeit war verschwunden, und ich spürte, daß sie sich Gedanken darüber machten, was mit mir los war.

Am zwölften August, um neun Uhr dreißig, ließ mich der Camp-Leiter, der sich Sorgen um meine Gesundheit machte, von einem Mitarbeiter heim nach Scarsdale fahren.

Seit jener Zeit verließen mich die Stimmen nie mehr ganz. Zu Beginn jenes Sommers war ich ein glückliches, gesundes Mädchen, das normal dachte und fühlte. Am Ende des Sommers war ich krank, ohne eine klare Vorstellung von dem zu haben, was in mir vorging, und ohne eine Ahnung, wie es dazu gekommen war. Erst später erfuhr ich, daß ich unter einer Krankheit litt, die man Schizophrenie nennt.

Die Stimmen machten mich krank. Sie nahmen mir meine Ruhe und meine Selbstsicherheit, und fast hätten sie mir das Leben genommen. Während dieser Krankheit habe ich vieles verloren: den Beruf, den ich vielleicht begonnen hätte, den Mann, den ich vielleicht geheiratet hätte, und die Kinder, die ich vielleicht hätte haben können. In den Jahren, in denen meine Freundinnen heirateten, Kinder bekamen und in Häuser zogen, von denen ich immer geträumt hatte, lebte ich hinter verschlossenen Türen und bekämpfte die Stimmen, die ungebeten die Kontrolle über mein Leben übernommen hatten.

Manchmal schwiegen diese Stimmen, manchmal aber dröhnten sie unablässig in meinem Kopf. Einige Male im Lauf der Jahre hätten sie mich fast zerstört. Oft war ich nahe daran aufzugeben und glaubte, sie hätten gesiegt.

Auch heute ist diese Krankheit, sind diese Stimmen noch Teil meines Lebens. Aber ich habe gewonnen. Ein wundervolles neues Medikament, engagierte Therapeuten, die Unterstützung und Liebe meiner Familie sowie mein eigener harter Kampf – der nie enden wird, wie ich jetzt weiß – haben auf fast wunderbare Weise zusammengewirkt und mir geholfen, die Krankheit zu beherrschen, die einst mich beherrscht hat.

Heute, mehr als siebzehn Jahre nach diesem furchtbaren Sommer, habe ich eine Anstellung, ein Auto und eine eigene Wohnung. Ich habe Freunde und Verabredungen. Und ich gebe Kurse in dem Krankenhaus, dessen Patientin ich einmal war.

Aber ich war an einem Ort, an dem zu viele Menschen unfreiwillig leben müssen. Ich bin eine von den wenigen, denen es erlaubt war zurückzukehren. Ich will von meiner Reise erzählen, damit Menschen, die diese Erfahrung nicht gemacht haben, wissen, was in meinem schizophrenen Gehirn vorgegangen ist. Und damit jene, die noch in dieser anderen Welt leben, Hoffnung schöpfen können, daß auch sie einen Ausweg finden.

2

Lori
Scarsdale, New York
August 1970 bis August 1977

Wenn ich an meine Kindheit zurückdenke, quält mich eine bestimmte Erinnerung, die Erinnerung an den Nachmittag mit dem Hund.

Ich weiß noch, daß wir einen mittelgroßen schwarzen Mischlingshund hatten, als ich klein war. Er war an der Tür angekettet und konnte sich nur ein paar Meter in jeder Richtung bewegen.

Eines Tages war ich mit ihm in der Küche, und ich wurde plötzlich sehr ärgerlich. In meiner Wut ergriff ich einen Golfschläger, der zufällig in der Ecke stand, und begann, wie wild auf den Hund einzuschlagen. Zuerst bellte er, aber wegen der Kette konnte er nicht fliehen. Dann trat ihm Schaum vor die Schnauze. Während ich auf ihn einprügelte, knickte ein Bein nach dem anderen unter ihm weg. Er versuchte immer wieder aufzustehen, aber ich ließ es nicht zu. Ich schlug weiter, immer weiter. Er fiel um und hörte auf zu bellen. Sein Körper wand sich in schrecklichen Krämpfen. Aus seinen Ohren und seiner Schnauze floß Blut. Nach einer Weile bewegte er sich nicht mehr. Er war tot.

Bis heute weiß ich nicht, warum ich das getan habe. Ich versuche mir vorzustellen, welche Bösartigkeit und welche Wut nötig gewesen sein müssen, um eine solche Untat zu begehen. Über die Jahre hinweg habe ich mich in Gedanken immer wieder dafür bestraft, daß ich mich so schrecklich an einem unschuldigen Geschöpf versündigt habe.

Aber es gibt ein großes Problem bei dieser Erinnerung: Sie entspricht nicht der Realität. Das alles ist nie geschehen.

Meine Eltern sagen, wir hätten nie einen solchen Hund gehabt. Sie sagen, daß der Vorfall, an den ich mich so deutlich erinnere, nie stattgefunden hat. Meine Brüder Steven und Mark bestätigen das. Wir hatten während meiner Kindheit nur einen einzigen Hund. Keinen mittelgroßen schwarzen, sondern einen winzigen grauen Zwergschnauzer. Er starb auch keines brutalen, vorzeitigen Todes. Nach einem langen, friedvollen Leben brachte ihn mein Bruder Steven zum Tierarzt und ließ ihn einschläfern. Die lebendige Erinnerung an den Hund, den ich getötet habe, hat mein gestörtes Gehirn Jahre später erfunden, lange nachdem ich krank geworden war, erklären meine Angehörigen.

Mein gesundendes Gehirn sagt mir, daß sie recht haben. Je mehr ich genese, desto mehr verblassen diese dunklen Bilder, und meine tatsächliche Kindheit scheint wieder durch.

Wenn ich heute zurückblicke, sehe ich nicht mehr solche Greuel, sondern nur einige Anzeichen der Krankheit, die sich unbemerkt in mir entwickelte. Ich sehe keine Vergangenheit voller Angst, Gewalt und Streit, keine schwierige, von Mißhandlung und Haß gezeichnete Kindheit. Statt dessen erinnere ich mich an eine außerordentlich glückliche Zeit voller Liebe und Zuwendung, Spaß und Freundschaft. Und die eindringlichsten Bilder aus meiner Vergangenheit spiegeln nicht Haß und Verletzung wider, sondern eine höchst friedliche und normale Jugend.

»Neunundneunzig Flaschen Bier stehen an der Wand, neunundneunzig Flaschen Bier. Du nimmst eine runter und läßt sie herumgehen. Jetzt sind's noch achtundneunzig Flaschen Bier. Achtundneunzig Flaschen Bier stehen an der Wand … «

Im Sommer 1970 fuhren wir quer durch das Land und taten während der Fahrt alles, um meinen Vater zum Wahnsinn zu treiben. Wir Kinder sangen endlose Abzählreime und baten ihn ständig anzuhalten, weil wir auf die Toilette mußten, und benahmen uns auch sonst hochgradig entnervend.

»Daddy, ich muß wieder auf die Toilette.«

»Ich habe Hunger.«

»Ich habe Jugoslawien.«

»Das ist dumm.«

»Du bist dumm.«

»Mommy, Mark sagt, daß ich dumm bin.«

»Daddy, ich muß auf die Toilette.«

Mein Vater stieß wilde Drohungen aus, meine Mutter erfand Spiele, bei denen man Autotypen erkennen mußte. Aber wir ließen uns nicht ablenken. »Ich muß auf die Toilette, Daddy. Ich muß auf die Toilette.«

Nach einigen Stunden war Daddys Geduld am Ende. »Für den Rest der Reise will ich nicht mehr hören, daß irgendwer zu mir sagt, daß er auf die Toilette muß«, meinte er erschöpft. Das brachte uns zum Schweigen – für etwa zwei Minuten. Dann rief einer von uns mit düsterer Stimme nach vorne: »Ich muß auf die Toilette – Bob«, und kicherte.

Für den Rest der Reise sagten wir nicht mehr zu unserem Vater, sondern zu unserem imaginären neuen Freund, daß wir auf die Toilette mußten. »Ich muß auf die Toilette, Bob!« riefen wir. An den Gesichtern unserer Eltern konnten wir ablesen, daß wir gewonnen hatten.

Sie versuchten mühsam, sich das Lachen zu verkneifen. »Ich muß auf die Toilette, Bob.«

Ich war elf Jahre alt, Mark acht, Steven fünf, und die ganze Familie Schiller zog wieder einmal um. Ich bin in Michigan zur Welt gekommen. Dort hatte mein aus der Bronx stammender Vater meine Mutter, die Tochter eines wohlhabenden Kaufhausbesitzers, kennengelernt und geheiratet. Er schrieb damals noch an seiner Doktorarbeit in Psychologie. Als mein Vater promoviert hatte und seine erste Stelle antrat, zogen wir drei nach Chicago, wo Mark geboren wurde. Als ich sechs war, wurde mein Vater befördert, und wir zogen nach Los Angeles, wo Steven geboren wurde. Jetzt, fünf Jahre später, wurde mein Vater wieder befördert, und wir zogen alle in den Osten.

Für uns Kinder war diese Reise ein großer Spaß. Wir waren zwei Wochen lang unterwegs, fuhren am Versteinerten Wald und am Grand Canyon vorbei, durch Indianerreservate in New Mexico und auf einer scheinbar endlosen, schnurgeraden Straße durch Texas. Wir sahen Männer mit Cowboyhüten, ließen uns mit Stieren in nachgebauten Dörfern fotografieren und spielten »Nummernschilder raten«. Und wir baten Bob, anzuhalten, weil wir auf die Toilette mußten – trotz der Warnungen meines Vaters und vor allem dann, wenn sich diese Stopps mit kurzen Raubzügen bei McDonald's verbinden ließen.

Aber eigentlich war uns allen nicht ganz wohl bei dem Umzug. In Kalifornien hatte es uns gefallen. Wir hatten dort in einem modernen, hellen Haus mit großem Garten und einem Swimmingpool gewohnt. New York erschien uns fremd und sehr weit weg. Sogar meine sonst stets optimistischen Eltern wirkten ein wenig unsicher. Nachdem sie beschlossen hatten, daß mein Vater die neue Stelle annehmen würde, waren sie nach New York geflogen und hatten ein Haus gekauft. Schon nach wenigen Tagen kamen sie wieder zurück. Daher war es wohl nicht nur Spaß, als sie uns und sich jetzt gegenseitig neckten und auf völlig heruntergekommene Häuser zeigten.

»Ist es das, Liebling?« fragte mein Vater meine Mutter und zeigte auf ein Bauernhaus mit eingebrochener Veranda. »Sieht unser neues Haus nicht so ähnlich aus?«

Einige Kilometer weiter entdeckte meine Mutter einen alten, ausgedienten Wohnwagen.

»Marvin, Marvin, das ist es«, rief sie aufgeregt. Und dann drehte sie sich um und sagte zu uns Kindern auf dem Rücksitz: »So ungefähr sieht unser neues Haus aus.« Später machten sie eine komische Nummer daraus.

»Haben wir eigentlich ein Haus mit Badezimmer gekauft?« fragte meine Mutter.

»Ja, ich glaube, es hat ein Bad«, antwortete mein Vater mit unbewegter Miene.

Auf der ganzen Fahrt machten sie ihre Witze, und als wir kurz vor New York waren, wußte keiner von uns, was uns nun eigentlich erwartete. Und obwohl uns klar war, daß sie nur Spaß gemacht hatten, waren wir doch sehr erleichtert, als wir in die Einfahrt einbogen und den großen Garten und das schöne weiße Haus im Kolonialstil sahen.

Ich rannte sofort hinein, inspizierte eifrig die Treppen zum ersten Stock, das Wohnzimmer im Erdgeschoß und den großen Raum, der mein Schlafzimmer werden sollte. »Das ist ein prima Haus«, erklärte ich meinen Eltern.

Hier in Scarsdale, einem Vorort von New York, waren wir sehr glücklich. Meine Eltern fanden Freunde. Ich konnte zu Fuß zur Schule gehen oder, wenn ich es eilig hatte, mit dem Rad fahren. Mir gefiel es dort sehr gut. Mein kleiner Bruder Steven ging so gern in den Kindergarten, als hätte er sein Leben lang zu der Gruppe gehört. Sogar Mark, der sich in der neuen Umgebung zuerst fremd und unsicher gefühlt hatte, lebte sich nach einiger Zeit gut ein. Wir fühlten uns in dem Haus geborgen, und der große Garten war wie geschaffen, um Schneemänner darin zu bauen oder riesige Laubhaufen aufzutürmen. Es gab sogar ein Spielhäuschen für uns Kinder.

Meine Mutter und ich machten Ausflüge in die Museen in der Stadt. Wir hatten beide rot-weiß karierte Blusen an und trugen Sonnenbrillen mit Drahtgestell. Wir aßen riesige Hot dogs und tranken Schokoladen-Milchshakes, und auf dem Rückweg machten wir uns im Zug über die Aufmachung der anderen Leute lustig.

Mein Vater spielte mit Mark und Steven Softball oder Basketball. Sonntags nahm er mich oft mit, wenn er auf den Golfplatz ging. Ich durfte den Caddie mit den Schlägern ziehen oder mit ihm über den Platz gehen und die Punkte aufschreiben.

Ich glaube, daß unsere Familie überall glücklich geworden wäre. Wir lernten unsere Verwandtschaft wohl deshalb nie richtig kennen, weil wir so oft umgezogen sind. Für uns umfaßte das Wort »Familie« nur uns fünf.

Wir hatten ein sehr inniges Verhältnis zueinander. Einmal wollte mein Vater uns alle am Kamin fotografieren. Plötzlich ärgerte er sich wegen irgend etwas und schrie mich an. Mir stiegen die Tränen in die Augen. Und dann fing Steven an zu weinen, weil ich weinte. Schließlich begann auch noch Mark zu schluchzen, und bald weinte die ganze Familie. Wir teilten alle unsere Gefühle miteinander.

Wir hatten sogar eine richtige Geheimsprache, die nur wir verstanden. Ein »Telly« war zum Beispiel ein besonders kurzer Haarschnitt wie bei Telly Savalas. Und wenn jemand »GSD« rief, dann war das die Kurzfassung von »Gott straft dich«. Das Kürzel benutzten wir zum Beispiel, wenn jemand, sagen wir Mark, mir die größten Pommes frites vom Teller stibitzte und sich an ihnen den Mund verbrannte.

Seit wir in New York wohnten, kam Dad jeden Abend pünktlich um halb sieben von der Arbeit nach Hause. Wir waren immer schon so hungrig, daß wir eine Minute nach halb sieben in den Korbstühlen um den massiven Holztisch in der Küche saßen. Jeder hatte seinen Platz am Tisch. Weil es aber nur vier Stühle gab, wechselten wir Kinder uns auf dem Hocker ab.

Auch wenn mein Vater tagsüber sehr viel zu tun gehabt hatte, beim Abendessen war er ganz für uns da. Wir sprachen über Politik und die Ereignisse des Tages. Dann machte Daddy die Runde bei uns am Tisch und fragte jeden, was er den Tag über gemacht hatte. Beim Erntedankfest hatte er noch ein besonderes Ritual: Er machte die Runde und fragte uns, wofür wir besonders dankbar waren. Wir Kinder schrien und johlten immer, weil uns das alles peinlich war, aber im Grunde gefiel es uns. Wir wußten alle, wie gut es uns ging.

Als Kind hatte ich immer das Gefühl, etwas Besonderes zu sein. Ich war die Älteste, ich war das einzige Mädchen in der Familie. Und ich liebte es, im Mittelpunkt zu stehen. Um das zu erreichen, strengte ich mich an. Im Spanischunterricht hatte ich die beste Aussprache. Ich wollte immer die Hauptrolle im Schultheater spielen. Als ich nur literarische Redakteurin – und nicht Chefredakteurin – unserer Schülerzeitung wurde, war ich zutiefst gekränkt. Was immer ich tat, ich tat es ganz.

Schon als kleines Mädchen führte ich gern vor anderen etwas auf. Ich erinnere mich, daß nicht eine Barbiepuppe oder ein Fahrrad mein Lieblingsspielzeug war, sondern eine Bauchrednerpuppe, die ich einmal zu Weihnachten bekommen hatte. Ich übte, bis ich meine Stimme verstellen konnte, und spielte meinen Eltern kleine Sketche vor. Wenn ich groß war, wollte ich Bauchrednerin werden.

In Scarsdale wohnten viele erfolgreiche Leute – Anwälte, Ärzte, Börsenmakler. Sie alle wollten diesen beruflichen Erfolg natürlich auch für ihre Kinder. Also waren fordernde Eltern und ehrgeizige Kinder nichts Ungewöhnliches. Es war keine Frage, ob man aufs College ging. Alle gingen. Die Frage war nur, von welchem College man aufgenommen wurde. Alle hatten ein sehr ausgeprägtes Bewußtsein davon, wo sie in der Klasse standen, bei welchen Arbeitsgruppen sie sich engagieren mußten und wie es um ihre Noten stand.

Aber selbst in Scarsdale konnten andere Kinder sich manchmal einen Schnitzer leisten und mit einer Zwei oder Drei nach Hause kommen. Nur wir Schillers durften das nicht. Meine Eltern waren mit allem unzufrieden, was keine Eins war. Andere Kinder durften herumhängen, Musik hören und Unsinn machen. Meine Eltern verlangten, daß wir Sport trieben und uns an den Aktivitäten in der Schule beteiligten.

Vielleicht verlangten sie so viel von uns, weil sie beide selbst in allem so erfolgreich waren. Meine Mutter war schön; sie war groß und schlank und hatte dunkles, lockiges Haar. Alles, was sie tat, gelang ihr, angefangen bei der Einrichtung des Hauses über die Zubereitung eines Essens für fünfzig Personen bis hin zu ihrer Tätigkeit im Elternbeirat.

Und was meinen Vater betrifft – nun, wir waren alle sehr stolz auf ihn. Er war das Kind armer Leute aus der

Bronx und hatte als erster in seiner Familie einen College-Abschluß gemacht. Jetzt hatte er sogar promoviert. Meine Eltern verlangten viel von sich selbst. Und sie verlangten viel von uns.

Beide legten großen Wert auf gute Manieren. Leg die Serviette auf den Schoß. Nimm die Ellenbogen vom Tisch. Beuge dich nicht zu dicht über den Suppenteller, und stopfe dein Essen nicht schneller in dich hinein, als du es schlucken kannst.

Mom und Dad förderten all unsere Talente und gaben gern mit uns an. Sie bezahlten Mark, Steven und mich dafür, daß wir bei ihren Parties die Hors d'œuvres servierten. Und nach dem Abendessen baten meine Eltern mich immer, etwas vorzusingen.

Eigentlich hatte ich eine Stimme wie eine Krähe, ich konnte kaum den Ton halten. Wenn ich allein in meinem Zimmer sang, konnte ich beinahe sicher sein, daß irgendein Schlaumeier etwas heraufrufen würde. »Lori, ist alles in Ordnung?« schrie mein Vater immer. »Hast du ein verletztes Tier in deinem Zimmer?« fiel meine Mutter ein. Auch auf der Gitarre war ich nicht besonders gut. Ich hatte mir selbst das Spielen beigebracht, aber ich hatte ein so schlechtes Gehör, daß ich mir immer wieder die Gitarre stimmen lassen mußte.

Trotzdem tat ich, was meine Eltern verlangten. Mit Gitarrenbegleitung sang ich Lieder von John Denver oder James Taylor, denn die waren am einfachsten, und irgendwie schaffte ich es, den Ton zu halten. Ich fand es sehr anstrengend, aber ich war auch stolz auf mich. Wenn ich etwas tun sollte, fand ich immer einen Weg, es zu schaffen, egal, wie schwierig es war. Ich wünschte mir so sehr, daß Mommy und Daddy stolz auf mich waren.

Aber nachdem ich in jenem Sommer vorzeitig aus dem Camp zurückgekehrt war, hatte ich plötzlich eine neue Aufgabe: Ich mußte mein schreckliches Geheimnis hüten. Das kostete mich all meine Selbstbeherrschung und all meine Kraft. Fast jeden Tag gab ich eine Supervorstellung. Ich tat so, als habe sich nichts verändert, obwohl alles anders war als früher.

Als mich der Camp-Mitarbeiter zu Hause ablieferte, waren meine Eltern gerade im Urlaub. Sie waren nach Michigan gefahren, um Verwandte zu besuchen, während wir Kinder im Sommerlager waren. Inzwischen wohnten Freunde meiner Eltern in unserem Haus. Als ich daheim eintraf, hatte ich mich so weit gefaßt, daß ich nur ein bißchen erschöpft aussah. Und das konnte ich leicht erklären.

»Ich habe eine schlimme Erkältung«, erzählte ich ihnen. »Ich will nur noch ins Bett.«

Sie riefen meine Eltern an und versicherten ihnen, es gehe mir gut. Nach ein paar Tagen Bettruhe würde alles wieder in Ordnung sein. Daher war niemand überrascht, als ich mit dieser Ausrede in mein Zimmer ging und den größten Teil dieses und des nächsten Tages verschlief.

Als meine Eltern zurückkamen, schien das Schlimmste überstanden. Ich muß wieder mehr wie ich selbst gewirkt haben, denn sie waren nicht allzu besorgt. Die einzige, die sich Sorgen machte, war meine beste Freundin Gail. Aber sie hatte nur Angst, ich sei böse auf sie. Sie war zufällig vorbeigekommen und hatte mich drei Wochen früher als erwartet zu Hause angetroffen.

»Du hast mich nicht einmal angerufen!« Ich konnte an ihrer Stimme hören, daß sie verletzt war. Am Abend vor meiner Abreise war sie lange mit mir aufgeblieben und hatte Namensschilder in meine Kleider genäht. Sie wollte an diesem letzten Abend vor unserer Trennung für diesen Sommer einfach noch etwas bei mir sein und Spaß mit mir haben.

Es war das erste Mal, daß ich Gail etwas verheimlichte. Wir waren wie Schwestern zueinander und taten immer alles gemeinsam. Wir gingen zusammen zum Friseur, wir übernachteten bei mir oder bei ihr, wir machten gemeinsam Hausaufgaben, wir wurden zusammen aus der Bibliothek geworfen, weil wir uns zu laut unterhalten hatten. Wenn sie in der Schule Probleme hatte, vertraute sie sich mir an. Als ihre Eltern sich scheiden ließen, weinte sie sich an meiner Schulter aus. Kam ich mir in meiner Teenager-Zeit unbeholfen und trampelig vor, gab sie mir wieder Selbstvertrauen. Ich erzählte ihr alles.

Aber diesmal verriet ich ihr nichts. Ich wich ihr aus. Ich murmelte irgend etwas Unverbindliches, und sie ging, tief verletzt, fort. Aber was sollte ich tun? Wie konnte ich ihr oder meinen Eltern von den Stimmen erzählen und davon, was mit mir geschah?

Manchmal kam mir jetzt der Gedanke, ich sei vielleicht geisteskrank, aber ich wußte nur sehr wenig über Geisteskrankheiten. Und was ich wußte, hatte man mir hinter vorgehaltener Hand erzählt. So soll ein Mädchen von unserer Schule verrückt geworden sein und ihr Zimmer verwüstet haben. Sie verschwand für zwei Wochen aus der Schule. Dieser Zwischenfall beunruhigte mich sehr, und als sie wieder zur Schule kam, bemühte ich mich, ihr zu helfen. Ich wollte wissen, was mit ihr geschehen war. Aber ich wollte ihr nicht erzählen, was gerade mit mir geschah. Ich hatte Angst vor ihrer Reaktion. Ich hatte Angst vor der Reaktion der anderen. Ich beobachtete, wie sie das Mädchen mieden und sie plötzlich wie eine Bombe behandelten, die jederzeit hochgehen konnte.

Diese Erfahrung bestätigte mich darin, daß ich mein Geheimnis für mich behalten mußte. Ich wollte nicht als verrückt gelten. Man ging Verrückten aus dem Weg, man fürchtete sie. Schlimmer noch, man rief die Männer in den weißen Kitteln, damit sie die Verrückten in Zwangsjacken steckten und in die Irrenanstalt brachten. Ich konnte nicht zulassen, daß sie das auch mit mir machten.

Manchmal dachte ich, ich sei besessen. In jenem Jahr war der Horrorfilm *Carrie* von Stephen King herausgekommen. Das Gefühl einer Bewußtseinsveränderung, die verrückte Vorstellung, mit dem Okkulten in Verbindung zu stehen, die Bilder voller Blut und die Vorstellung, mit Gott und dem Teufel zu sprechen – all das entsprach dem, was ich erlebte. In jenem Jahr sah ich mir auch *Helter Skelter* an, den Film über Charles Manson und den Mord an Sharon Tate. Der Film weckte alte Erinnerungen in mir: Als der Mord geschah, lebten wir in Los Angeles. Mir fiel wieder ein, wie ich jeden Tag zum Briefkasten ging und die Zeitung mit den riesigen Schlagzeilen über die furchtbare Untat holte. Dämonische Kulte, Besessenheit, Wahnsinn – all das kam mir bekannt vor. Ich brauchte keinen Arzt, sondern einen Exorzisten.

Einmal brachte mich der Literaturunterricht in der Schule sehr durcheinander. Meinem Tagebuch vertraute ich an, was ich sonst niemandem erzählen konnte:

»Im Englischunterricht lesen wir *Die Glasglocke*. Ich hasse das Buch! Noch nie hat mich ein Roman so aus der Fassung gebracht. Ich habe die gleichen Symptome wie die zusammengebrochene Sylvia Plath/Esther Greenwood. Natürlich nicht alle, aber doch ziemlich viele. Vielleicht werde ich jetzt selbst verrückt. Besonders, wenn ich an die Wunden denke, die der vergangene Sommer mir geschlagen hat. Ich bin so durcheinander. Dreiundzwanzig Nächte habe ich nicht geschlafen. Diese Esther G. hat nur einundzwanzig Nächte ohne Schlaf zugebracht. Ich setze mich immer herab, sehe nur das Schlechte und nie das Gute an mir, ich bin paranoid, eine gute Schülerin, von der man das nicht erwarten würde ... Ich habe Angst, Beziehungen einzugehen, habe Ausreden für alle möglichen komischen Dinge (wenigstens habe ich keine Probleme mit dem Essen oder Haarewaschen), und ich weiß nicht, wer oder was ich wirklich bin. Ich habe furchtbare Angst. Ich wünsche mir so sehr, daß meine Lehrerin meine Ängste versteht und es mir leichter macht, aber das kann und wird sie nicht tun. Nächste Woche sind wir mit dem Buch durch ...«

Ich wollte immer, daß meine Eltern stolz auf mich sind. Es war so wichtig für mich, einen guten Eindruck auf sie zu machen. Wie hätte ich ihnen also erzählen können, daß ihre Tochter besessen war? Ich mußte es um jeden Preis vor ihnen verbergen.

Während meines letzten Schuljahrs, als die Stimmen ohne jede Vorwarnung kamen und wieder verschwanden, spielte ich daher ein Katz-und-Maus-Spiel. Ich ging weiter zur Schule, und ich lernte weiter. Ich ging zum Schulball, bewarb mich fürs College, ging mit meinen Freunden zum Skifahren, hörte Musik oder sprach mit Gail über Jungs. Aber ich mußte immer auf der Hut sein. Wenn die Stimmen zu kreischen anfingen, mußte ich meine Fassung bewahren.

Ich mußte verheimlichen, daß mir die Gegenstände um mich herum allmählich feindselig vorkamen. Einmal war ich allein in meinem Zimmer, und das Telefon klingelte. Ich nahm ab, aber es meldete sich niemand. Ein seltsames Gefühl überkam mich. Es klingelte wieder.

Wieder meldete sich niemand. Das Spiel wiederholte sich noch einige Male. Immer diese Leere am anderen Ende der Leitung. Ein Teil meines Verstandes wußte, daß mir eine Klassenkameradin einen Streich spielen wollte. Schließlich nahm ich den Hörer ab und schrie hinein: »Ich weiß, daß du es bist! Ich weiß, daß du es bist!« Aber für den anderen Teil meines Gehirns war die tote Leitung genauso unheimlich wie meine Stimmen. Warum geschah das? Was wollte das Telefon von mir?

Von da an hatte ich panische Angst vorm Telefonieren. Weil ich aber niemandem den Grund anvertrauen konnte, mußte ich meine Schüchternheit vorschieben. Oder ich tat so, als wolle ich einfach nicht mit der Person am anderen Ende der Leitung sprechen. Manchmal aber konnte ich einem Telefonat nicht ausweichen. Dann faßte ich den Hörer ganz vorsichtig an, weil ich ja nie wissen konnte, welche Schrecken den Weg aus der Telefonleitung in mein Gehirn finden würden.

Auch das abendliche Fernsehen machte mir zunehmend angst. Steven, Mark und ich durften *Gilligan's Island* oder *The Brady Bunch* oder *Die Feuersteins* sehen. Diese Sendungen waren in Ordnung, sie gefielen mir sogar. Aber dann schalteten meine Eltern immer die Abendnachrichten ein. Wenn der Nachrichtensprecher auf dem Bildschirm erschien, redete er direkt zu mir. Damit übergab er mir eine große Verantwortung. Er erzählte mir von den Problemen der Welt und erklärte mir, was ich tun müsse, um sie in Ordnung zu bringen. Doch ich konnte nicht damit umgehen. Ich verließ sofort den Raum und ging in mein Zimmer.

Meine Eltern ließen mich nie einfach so gehen. Sie wollten uns abends alle bei sich haben und akzeptierten es nicht, wenn sich eines ihrer Kinder von der Familie absonderte. Also kam ich oft widerstrebend zurück. Ich legte mich auf die Couch, mit dem Gesicht zur Wand, und zog mir eine Decke über den Kopf. Ich mußte das Gesicht und die Stimme des Nachrichtensprechers von mir fernhalten. Er sagte mir, daß es meine Aufgabe sei, die Welt zu retten. Wenn ich das nicht schaffte, müsse ich sterben.

Ich konnte ihm nicht zuhören. Ich konnte es einfach nicht. Er bürdete mir eine Verantwortung auf, die Gott zustand und sonst niemandem. Wie sollte ich, ein siebzehnjähriges Mädchen, einer so gewaltigen Aufgabe gewachsen sein und die Welt retten?

3

Lori
Tufts University, Medford, Massachusetts
September 1977 bis Juni 1981

Lange Zeit hatte ich weitgehend Ruhe vor meinen Qualen. Die Stimmen und Töne ließen mir genug Pausen, so daß ich den Schulabschluß machen und mich für das College bewerben konnte. Ich ließ mich bei meiner Auswahl von Vernunftgründen leiten: Für Harvard sprach, daß es die beste Universität war und ich immer die Beste sein wollte; für Northwestern, daß es eine gute journalistische Ausbildung anbot und ich am Schreiben interessiert war; für das Tufts College sprach sein guter Ruf und für Bucknell, daß es ein solides Durchschnittscollege war. Ich rechnete mir für jede dieser Anstalten eine Chance aus, weil mein High-School-Abschluß trotz meiner Schwierigkeiten gut genug war.

Im Herbst fuhr mich mein Vater nach Boston zu den Auswahlgesprächen. Auf dem Tufts Campus klebte ich einen Kaugummi an die Rückwand des Buchladens. Wenn ich hier angenommen werde, dann komme ich nächstes Jahr zurück und schaue nach, ob der Kaugummi noch da ist, sagte ich zu meinem Vater. Ich wartete den ganzen Winter, und im Frühjahr rannte ich jeden Morgen zum Briefkasten. Ich bekam Zusagen von Bucknell und Tufts, einen Platz auf der Warteliste für Harvard und eine Absage von der Northwestern. Im darauffolgenden Herbst schrieb ich mich am Tufts College ein. Meine Eltern halfen mir beim Umzug ins Studentenwohnheim. Ich ging hinüber zum Buchladen: Der Kaugummi war noch da. Es war Schicksal.

Zuerst fand ich das College-Leben wunderbar. Alles, was ich tat, hatte einen gewissen Glanz und war aufregend. Das Lernen fiel mir leicht, obwohl ich mir gleich am Anfang vorgenommen hatte, mich auf keinen Fall in der Bibliothek zu vergraben.

Während meines ersten Studienjahres zog ich mit meiner neuen Freundin Tara Sonenshine zusammen, die von Long Island stammte. Dann lernten wir noch eine weitere Lori kennen, Lori Winters aus St. Louis. Wir drei wurden unzertrennlich.

Zu Hause war ich der große Star, die Studentin. Mein Bruder Mark dagegen wirkte oft sehr niedergeschlagen. Wenn ich an Wochenenden oder in den Ferien nach Hause kam, versuchte ich ihn aufzuheitern und gab ihm Ratschläge, wie er mit seinen Problemen fertig werden konnte. Weil er noch keinen Führerschein hatte, spielte ich manchmal den Chauffeur für ihn. Ich fand das Leben ziemlich aufregend.

Obwohl mich die Stimmen noch immer von Zeit zu Zeit umgaben, kamen und gingen und meinen Frieden störten, waren sie doch viel leiser als damals im Camp oder auf der High-School. Sie steckten ganz hinten in meinem Gehirn, sprachen miteinander und kommentierten wie Klatschweiber jede meiner Bewegungen. Meistens konnte ich mich in den Schlaf flüchten, ohne daß sie mir folgten. Wenn ich nicht schlafen konnte, schloß ich die Augen und atmete einige Male tief durch. »Du bist nicht verrückt«, sagte ich mir. »Du bist nicht vom Teufel besessen.« Dann redete ich im stillen mit den Stimmen: »Bitte, bitte, laßt mich in Ruhe.«

Im Frühjahr beschloß ich aus einer Laune heraus, zum

Fallschirmspringen zu gehen. Ich fuhr mit einigen Freundinnen vom College nach Turners Falls zu einem Fallschirmsprungkurs. Es ging alles sehr schnell. Morgens brachten sie uns bei, wie man den Streamer, einen Luftströmungsmesser, fallen läßt, um den Wind zu prüfen, wie man rückwärts aus dem Flugzeug springt, wie man die Notleine zieht, wenn sich der Fallschirm nicht öffnet, und wie man sanft, mit gebeugten Knien, landet. Am Nachmittag ging's in die Luft.

Ich stand auf der kleinen Stufe außen am Flugzeug, klammerte mich an die Halterungen an den Tragflächen und starrte auf den kleinen Streamer, der zur Erde segelte, während wir über dem Absprungplatz kreisten. Ich wurde steif vor Angst. Das Flugzeug zog die erste, die zweite Schleife. Ich ließ einfach nicht los. Schließlich faßte mich der Ausbilder bei den Händen und zog mich ins Flugzeug zurück.

Ich wußte, daß ich es tun mußte. Beim nächsten Mal vergaß ich alle Anweisungen und sprang einfach. Ich betete zu Gott, daß sich der Fallschirm öffnen möge. In den ersten Sekunden war mir nur schlecht, mir wurde schwarz vor Augen. Ich hörte ein Puffen, spürte einen Zug – und dann schwebte ich durch die Luft.

»Ich kann fliegen! Ich kann fliegen!« schrie ich in den weiten, ruhigen Himmel.

Im nächsten Herbst zogen Tara und ich in Wren Hall ein. Das Studentenwohnheim lag direkt am Campus, auf dem sich alles abspielte. Wir konnten uns aus dem Fenster lehnen und unseren Freunden, die unten vorbeigingen, etwas zurufen. Unsere Bekannten aus den höheren Semestern halfen uns, Parkausweise zu bekommen, und alles war wunderbar.

Ich hatte viele Freunde und Freundinnen und immer

wieder neue Ideen, was man außerhalb des College unternehmen konnte. Damals waren Discos in, und ich machte einige ausfindig, in die wir dann oft zum Tanzen gingen. Ich lernte in den Bars die nettesten Jungen kennen und arrangierte Parties für alle.

Und ich hatte viele Verabredungen. Da war Michael, ein großer, gutaussehender Medizinstudent aus Harvard, ein guter Footballspieler. Und dann der Assistent vom Computerkurs. Und ein süßer Junge von der Boston University wollte mich sogar heiraten.

Oberflächlich betrachtet, lief alles bestens. Aber unter der Oberfläche begann alles auseinanderzufallen. Die Stimmen wurden lauter und drängender und erschreckten mich mit ihren überraschenden Besuchen in meinem Gehirn. Ich wußte nur nicht, daß sie in meinem Gehirn waren. Ich hörte sie von außen auf mich zukommen, so real wie das Klingeln des Telefons.

Sie tauchten auf, wenn ich sie am wenigsten erwartete, beschimpften mich und riefen mit ihren rauhen, barschen Stimmen: »Du mußt sterben, du Hure. Sterben! Sterben! Sterben!« Sie flößten mir Angst ein. Manchmal drehte ich mich auch um, weil ich dachte, es sei jemand hinter mir, aber es war nie jemand da. Ich durchsuchte einige Male das Gestrüpp am Straßenrand nach dem Witzbold, der sich diesen Spaß mit mir erlaubte. Natürlich riß ich mir nur die Hände an den Zweigen auf und fand niemanden.

Ich wurde immer angespannter und nervöser und hatte Angst, wirklich bald sterben zu müssen, weil mir die Stimmen dieses Schicksal vorausgesagt hatten. Es nahm wieder viel Zeit und Energie in Anspruch, das Auftreten der Stimmen zu überspielen. Wenn sie zu kreischen und gackernd zu lachen begannen, schaute ich zu Boden. Manchmal hielt ich den Atem an und hoffte irgendwie, sie so zum Schweigen zu bringen. Zuweilen wurde es so schlimm, daß ich mir eine Ausrede einfallen lassen mußte – etwa daß ich zur Toilette müsse oder mir plötzlich schlecht sei –, damit ich das Zimmer verlassen konnte.

Das wichtigste war, daß ich mich nicht ständig umsah, woher die Stimmen kamen. Wenn ich dabei erwischt wurde, wie ich den Kopf hastig herumwarf, versuchte ich mich herauszureden. »Oh, ich dachte, ich hätte ein Geräusch gehört«, sagte ich dann und versuchte, gelassen zu wirken. Oft ertappte ich mich dabei, daß ich aus Nervosität lachte, aber meist schien das den anderen nicht weiter aufzufallen. Doch der Druck wuchs ständig.

Die Angst vor den Stimmen beherrschte mein Leben bald völlig. Ich war immer schrecklich unsicher, weil ich nie wußte, ob die Leute um mich herum sie auch hören konnten. Ich beobachtete die Gesichter meiner Freunde und erwartete, daß sich Abscheu auf ihnen abzeichnete, wenn diese Stimmen mich wieder einmal als »Hure« beschimpften. Die Stimmen nannten mich eine »verdammte Hündin«, und ich schaute meine Professoren genau an und wartete nur darauf, daß sie mich aus dem Kurs warfen.

Wenn die Stimmen so schreckliche Dinge riefen, bekam ich Angst, mit den Menschen in meiner Umgebung Blickkontakt aufzunehmen. Ich fürchtete, sie wüßten jetzt die schrecklichen Geheimnisse über mich, die die Stimmen preisgegeben hatten. Am meisten quälte es mich, wenn die Stimmen über mich lachten. Es war ein hysterisches Gelächter, als sei ich die Zielscheibe irgendwelcher blöden Witze. Ich hatte keine Ahnung, warum sie mich so böse auslachten, aber ich haßte mich dafür, daß ich eine so leichte Beute für ihren Spott war. Ich wurde hochgradig unsicher, wenn ich unter Leuten war, weil ich fürchtete, auch sie könnten mich verhöhnen.

Allmählich bekam ich das Gefühl, daß meine Freunde mich haßten. Das hatten die Stimmen gesagt. Sie sagten auch, daß meine Freunde mich als Abschaum betrachteten. Ich traf mich weiter mit meinen Freunden, ging mit ihnen zu Parties, lachte und flachste mit ihnen, fuhr mit ihnen im Auto herum und ging mit ihnen tanzen. Aber meine sonderbaren Gefühle ließen sich nicht mehr völlig verbergen.

An einem Wochenende gab Tara eine große Geburtstagsparty für Lori Winters und lud dazu eine Menge ihrer Freunde von zu Hause ein. Als sie ankamen, spürte ich einen immer stärker werdenden Druck. Diese Leute mochten mich nicht. Sie redeten über mich. Sie begannen sich über mich lustig zu machen. Ich wollte dort nicht bleiben, also setzte ich mich in mein Auto und fuhr die vier Stunden nach Hause, nach New York. Dann machte ich kehrt und fuhr wieder nach Boston zurück.

Ich belegte einen Kurs in Psychopathologie und brütete über dicken Büchern mit winziger Schrift. Jedes atypische Symptom, das in den Vorlesungen oder in den Büchern beschrieben wurde, erkannte ich auch an mir. Ich war überwältigt von der Fülle des Materials, und gleichzeitig fühlte ich mich ein bißchen getröstet. Zumindest war ich nicht allein. Da draußen gab es Leute, die das gleiche durchmachten wie ich. Es war doch möglich, überlegte ich, daß jeder junge Erwachsene Stimmen hörte, aber genau wie ich nicht darüber sprechen wollte.

Mein drittes Studienjahr verbrachte ich im Ausland. Während meines ersten Semesters in Spanien hörte ich die Stimmen nur leise, aber ich war aufgekratzt und überdreht. Manchmal sprachen die Stimmen auch auf Spanisch zu mir: »Puta! Puta!« kreischten sie. »Vaya con el diablo.« (»Geh zum Teufel, du Hure.«)

Im zweiten Semester in London wurde ich immer deprimierter. Jetzt hatten mich die Stimmen wieder ganz in ihrer Gewalt.

Anscheinend wollten sie mich nicht in Ruhe lassen. Ich kämpfte weiter. Ich mußte weiterkämpfen. Ich durfte nicht aufgeben.

In London war ich oft mit Gail Kobre zusammen. Sie kam vom Skidmore College und absolvierte ebenfalls ihr drittes Studienjahr im Ausland. Wir schrieben gemeinsam Referate über Disraeli und Gladstone. Wir studierten britische Geschichte, Malerei und Bildhauerei. Am Trafalgar Square ließen wir uns mit den Löwen fotografieren. Wir gingen in die Pubs und tranken Bier, aßen Crumpets zum Tee und versuchten, die Wachen der Queen zum Lachen zu bringen. Einmal schnitten wir uns in die Finger und vermischten unser Blut. Wir schworen uns, immer Freundinnen zu bleiben. Wir waren Blutsschwestern. Nichts sollte uns trennen.

Natürlich war das unmöglich. Die Stimmen standen bereits zwischen uns.

Es wurde immer schwieriger, mein Geheimnis zu bewahren. Als ich wieder am Tufts College war, zog ich mit Lori, Tara und einem weiteren Mädchen in ein großes Haus außerhalb des College-Geländes. Wir kauften zusammen ein und hatten stets einen großen Vorrat an Keksen, Kuchen, Bonbons und Krapfen. Manchmal machten wir die Packungen mit den Schokoladenkeksen schon im Supermarkt auf und aßen sie leer, bevor wir an die Kasse kamen. Trotzdem waren wir ständig auf Diät. Wir begannen, nur noch Twinkies zu essen. Wir dachten, die würden nicht dick machen, weil sie nicht aus Schokolade bestanden wie die Ring Dings. Wir hungerten immer den ganzen Tag und stopften uns dann beim Abendessen voll. Danach lehnten wir uns zurück und sagten unseren Spruch: »Ich bin zu dick.«

Ich machte es genauso wie die anderen. Ich mußte ja. Ich lachte mit ihnen, alberte herum, stand wie sie um fünf Uhr auf, um zu Mug 'N Muffin zu gehen, einem Cafe am Harvard Square, in dem wir stundenweise als Bedienung arbeiteten. Aber meine Hände zitterten ständig. In Europa hatte ich angefangen zu rauchen, weil ich das schick fand. Jetzt konnte ich mir kaum noch selbst eine Zigarette anzünden.

Meine Hochstimmungen wurden immer euphorischer und meine Tiefs immer schlimmer. Wenn es mir gut ging, gab ich unkontrolliert und bedenkenlos Geld aus. Ich kaufte Pullover, Bücher, Süßigkeiten, Musikkassetten und Schallplatten – mehr als ich je brauchen würde, mehr als ich verbrauchen konnte und mehr als sich eine Studentin vom College eigentlich leisten konnte. Meine Gedanken rasten, und ich sprach so schnell, daß mich niemand verstand. Alles begeisterte mich, das kalte Winterwetter, der Knall einer zuschlagenden Tür, sogar über die Stimmen konnte ich lachen.

Damals begleiteten mich die Stimmen fast die ganze Zeit. Früher hatte ich mich in den Schlaf flüchten können, jetzt war mir dieser Ausweg verwehrt. Sie folgten mir in die Nacht und bis in meine Träume. Ich konnte nächtelang nicht schlafen.

Wenn es mir schlecht ging, blieb ich in meinem Zimmer und ging auch nicht zu den Kursen. Ich war vor Verzweiflung unfähig, mich zu bewegen, und ich hatte Angst, weil mir die Stimmen jetzt auch befahlen, anderen Leuten weh zu tun. Allmählich befürchtete ich, ihnen irgendwann einmal zu gehorchen. Solange ich in meinem Zimmer blieb, war ich davor sicher.

Lori Winters merkte, daß ich völlig durcheinander war. »Komm in mein Zimmer, wenn du nicht schlafen kannst«, bot sie mir an. Also saß ich viele Abende bis spät in die Nacht in ihrem Zimmer, rauchte Zigaretten und zitterte, während sie mir mein Geheimnis zu entlocken suchte. Aber ich konnte es niemandem erzählen. Immer öfter dachte ich daran, mir selbst etwas anzutun. Ich saß ganz oben in der Bibliothek und überlegte, ob ich hinunterspringen sollte.

Das Problem hatte mit Tufts zu tun. Ich hatte es schon immer gewußt. Ich hätte nie hierher kommen dürfen. Wenn ich wegging, konnte ich meine Probleme hinter mir lassen. Also fuhr ich über den Fluß zur Boston University, schrieb einen Scheck aus und erklärte, daß ich die Uni wechseln wollte. Am nächsten Tag wechselte ich zurück ins Tufts. Ich hatte das Gefühl, daß ich bald durchdrehen würde.

Schließlich rief ich meine Eltern an, erzählte ihnen aber so wenig wie möglich.

»Ich habe ein paar Probleme«, sagte ich. »Ich glaube, ich muß mit jemandem darüber sprechen.«

Sie hatten sich schon darüber gewundert, daß ich im dritten Jahr vom Tufts College hatte abgehen wollen. Ich stand doch kurz vor dem Abschluß. Und Tufts war ein hervorragendes College. Was hatte ich mir dabei gedacht? Sie merkten, wie verwirrt ich war, und daher waren sie sofort einverstanden, als ich einen Therapeuten aufsuchen wollte.

Zuerst ging ich zu einem Berater vom College, dann zu einem Psychiater mit eigener Praxis. Jede Woche ging ich zu ihm, aber ich konnte nichts sagen. Ich konnte einfach nicht über die Stimmen sprechen. Es war zu gefährlich. Die Stimmen wickelten sich um mich. Es war schwer zu sagen, wo sie aufhörten und ich anfing. Sie drohten mir, und ich glaubte ihnen. Wenn ich die Stimmen verriet, würden sie mich töten. Wenn ich über sie sprach, würde mein Gegenüber sterben müssen.

Meine Gedanken wurden immer verworrener und bösartiger. In den Sitzungen beim Psychiater fragte ich mich ständig: Wer zum Teufel ist dieser Kerl? Was wird er mit mir machen? Wird er die Männer in den weißen Kitteln holen? Wird er mich in die Irrenanstalt schicken? Wird er ein Skalpell nehmen und meine Gehirnwindungen sezieren? Wird er eine Leukotomie vornehmen? Was konnte er gegen das verrückte Zeug, das mir im Kopf herumspukte, tun?

Er gab mir Valium gegen die Angstzustände. Ich nahm es und bekam nur noch mehr Angst.

Die Dinge entglitten mir. Auf der Flucht vor den Stimmen raste ich mit meinem Auto über den alten Hutchinson River Parkway und den engen Merritt Parkway. Ich wollte wissen, wie schnell ich fahren konnte, ohne dabei umzukommen. Aber halb wünschte ich mir auch, dabei zu sterben.

Auf meinem Rückweg zum College wurde ich von einem Polizisten angehalten, weil ich zu schnell gefahren war. Als ich das Fenster herunterkurbelte, fragte er nach meinem Führerschein und dem Fahrzeugschein.

»Sie werden sich umbringen, wenn Sie weiter so fahren«, sagte er. Ich lachte hysterisch. Vor meinen Augen verwandelte sich der Polizist mit seinem Hut, seiner Sonnenbrille und seiner Uniform in eine phantastische Gestalt mit hervorquellenden Augen und wild abstehenden Haaren.

Am Samstag, dem 25. April, weckten mich Tara und Lori um fünf Uhr morgens und überreichten mir anläßlich meines zweiundzwanzigsten Geburtstags eine Schriftrolle. Darauf stand: »Herzlichen Glückwunsch! Du hast eine Gratisreise mit zwei Menschen gewonnen, die Dich sehr lieben.« Sie drängten mich, mich anzuziehen, überreichten mir meine vollständig gepackte Reisetasche und fuhren mich nach Provincetown. Wir quartierten uns in einem Gasthaus ein und aßen Hummer. In der Nacht lagen wir unter gestreiften Decken und knabberten Oreos.

Sechs Wochen später hatten wir alle unseren Abschluß in der Tasche und zogen nach New York City. Tara ging auf die School of International Affairs an der Columbia University, Lori und ich wollten zusammenziehen und arbeiten. Meine letzte Erinnerung an das College ist der Tag, an dem wir unser Abschlußzeugnis bekamen. Mützen flogen in die Luft, sanfte Musik spielte, eine Reihe wilder Abschiedsparties folgte. Und im Hof vor dem College waren Eltern, Verwandte und Freunde um uns versammelt, um uns alles Gute für den neuen Lebensabschnitt zu wünschen.

Teil II

Ich kann fliegen

4

Lori Winters
New York City
Juli 1981 bis März 1982

Lori Schiller und ich haben gern zusammen gewohnt, als wir am Tufts College waren. Wir beschlossen daher, nach unserem Abschluß auch in New York wieder zusammenzuziehen. Wir mußten uns beide in der großen Stadt erst einmal etwas aufbauen. Wir hatten beide interessante Einstiegsmöglichkeiten: Ich war in ein Trainingsprogramm des Manufacturers Hanover Trust aufgenommen worden, und Lori hatte eine Stelle als Übersetzerin für Spanisch bei den Festlichkeiten zur Wahl der Miß Universum bekommen. Wir waren gleich alt, stammten aus ähnlichen Verhältnissen und mochten uns gut leiden. Wir hatten sogar den gleichen Vornamen.

Auf den ersten Blick schien uns das renovierte McAlpin-Hotel der ideale Wohnort für zwei Mädchen, die frisch vom College kamen. Es lag mitten in Manhattan. Es hatte einen Portier. Es lag nahe bei einer U-Bahn-Station und direkt gegenüber dem großen Kaufhaus Macy's. Tagsüber wimmelte es hier auf den Straßen von Menschen, die sich aus geschäftigen Pendlern und Schaufensterbummlern zusammensetzten. Der Preis stimmte auch – ungefähr fünfhundert Dollar für eine Zweizimmerwohnung, was für New York geradezu billig war.

Aber es gab eine Menge Ärger, als wir in jenem Sommer dort einzogen. Loris Eltern gefiel es überhaupt nicht, daß wir in einen Wohnblock in einem Geschäftsviertel zogen und nicht in eine reine Wohngegend. Und um die Wahrheit zu sagen, ich war auch nicht gerade versessen darauf, dort mit Lori zu leben. Aber der Grund für meine Bedenken war nicht das Haus, sondern Lori. Ich behielt meine wachsenden Bedenken jedoch für mich. Früher hatte es solchen Spaß gemacht, mit Lori zusammen zu sein. Sie war übersprudelnd, lebendig und voller Ideen gewesen. Ich liebte sie wie eine Schwester. Aber in unserem letzten Studienjahr war sie ausgesprochen merkwürdig geworden. Eigentlich wollte ich nicht mehr mit ihr zusammen wohnen.

Auch von unseren gemeinsamen Freunden am College hatte keiner genau sagen können, was mit ihr nicht stimmte. Zuerst war sie anscheinend einfach deprimiert, weil wir so furchtbare Streber waren, während sie viel mehr Spaß am Leben haben wollte. Manchmal hatten wir den Eindruck, als stürze sie sich nur in Schwierigkeiten, um uns auf die Palme zu bringen. Die Sache mit dem Fallschirmspringen zum Beispiel. Die Mädchen aus unserer Clique bekamen schon Angst, wenn sie nur in einem gläsernen Aufzug fuhren. Und sie zog so eine Schau ab. Wir glaubten, daß sie mit solchen Aktionen nur unsere Aufmerksamkeit erregen wollte.

Aber im letzten Jahr begann sich eine bisher verborgene Seite von Loris Charakter in den Vordergrund zu schieben. Einige von uns hatten den Verdacht, daß sie Drogen nahm. Sie war manchmal so aufgekratzt und dann wieder völlig niedergeschlagen. Nie konnte man voraussehen, wie sie reagieren würde. An den Tagen, an denen sie nicht aus ihrem Zimmer kommen und auch nicht zum Unterricht gehen wollte, machten Tara und ich uns wirklich Sorgen. »Was sollen wir nur mit Lori anfangen?« fragten wir uns.

Aber wir waren schließlich Studentinnen, und Studentinnen waren eben manchmal überspannt. Es galt sogar als schick, von seinen Neurosen zu sprechen und vor Überarbeitung einen Nervenzusammenbruch zu bekommen. Und dann gab es auch andere Leute, Menschen mit Verantwortung, Erwachsene, die wir für autorisierter hielten, Gefahren zu erkennen und einzugreifen. Wir wußten, daß sie zum Psychiater ging, also kümmerte man sich wohl um ihre Probleme.

Wir hielten es für das beste, sie aufzuheitern. Wir brachten ihr Schokoladenkekse mit, gingen mit ihr noch spät abends zu Dunkin' Donuts, organisierten an ihrem Geburtstag einen Ausflug nach Provincetown und versuchten einfach, sie aus ihren Tiefs herauszuholen.

Einige von unseren Freunden hatten jedoch überhaupt kein Mitleid mit ihr. Viele Jungen glaubten sogar, daß sie uns nur an der Nase herumführe. Wir waren eine Gruppe von acht Männern und acht Frauen und gingen oft zum Tanzen oder zum Essen aus. Eines Abends weigerte Lori sich, ihr Zimmer zu verlassen, und einer der Jungen explodierte.

»Was ist eigentlich los mit diesem Mädchen?« beschwerte er sich. »Sie kann doch wohl kein großes Problem haben.«

»Ja«, fiel sein Freund ein. »Sie ist hübsch, intelligent, ihre Eltern haben genügend Geld – worüber können Leute wie sie deprimiert sein?«

Ich konnte fühlen, daß alle um mich herum im stillen zustimmten. Sie fanden, Lori solle aufhören, sich dermaßen anzustellen.

Ich wollte ihr helfen. Wenn ich sie nachts nebenan auf und ab gehen hörte, rief ich sie in mein Zimmer. Dann saß sie da, mitten in der Nacht, rauchte, zitterte und sah niedergeschlagen aus. Als unser Abschluß näher rückte, wurde auch ich ungeduldig. Ich hatte ihre Ängste satt. Ich wollte nicht ihre Aufpasserin sein, und ich wollte nicht gleich meine ersten Monate nach dem College damit verbringen, Ausreden für sie zu erfinden.

Doch mir blieb keine andere Wahl. Ich hatte versprochen, mit ihr nach New York zu ziehen. Damals hatte ich allerdings noch fest damit gerechnet, daß ich zurück nach St. Louis gehen und bei IBM arbeiten würde. Nachdem ich diesen Plan aufgegeben hatte, fühlte ich mich Lori gegenüber an mein Versprechen gebunden.

Ich versuchte, das Ganze positiv zu sehen. Wenn es Lori gutging, war sie großartig. Was ihre Probleme betraf, so wußte ich ja, daß ihre Eltern in New York einen neuen Therapeuten für sie ausfindig gemacht hatten. Also gab es anscheinend pflichtbewußte Menschen, die ihre Probleme kannten. Außerdem glaubte ich auch, daß ein Großteil ihrer Schwierigkeiten mit dem Tufts College zusammenhing. Da wir diese sture Paukerei jetzt hinter uns hatten und in der wirklichen Welt lebten, würden sich die Dinge auch für Lori zum Besseren wenden, da war ich ganz sicher. Außerdem lebten wir nicht weit von ihrem Zuhause und ihren Eltern entfernt. Es gab von vielen Seiten Hilfe. Es konnte nichts wirklich Schlimmes passieren. Alles würde gut werden.

Eine Zeitlang ging auch alles gut. Zu Anfang des Sommers wohnten wir bei ihren Eltern, weil unsere Wohnung noch nicht fertig war. Ich kannte Dr. Schiller und seine Frau gut, und ich hatte sie schon immer gemocht. Da ich aus St. Louis komme und in den kürzeren Ferien nicht immer nach Hause fahren wollte, hatte ich schon viel Zeit bei Loris Eltern verbracht, und ich war gern dort. Ihre Mutter war immer herzlich und offen. Sie und Loris Vater witzelten immer miteinander und mit ihren Kindern. Lori schien eine gute und enge Beziehung zu ihren Eltern und zu ihren Brüdern zu haben.

Im August zogen wir dann in unsere Wohnung. Wie die Schillers es vorausgesehen hatten, war es ein Alptraum. Es war laut, gefährlich und nicht sehr günstig gelegen. Es gab kein Lebensmittelgeschäft und keine Wäscherei in der näheren Umgebung. Abends waren die Straßen verlassen, sobald die Läden geschlossen und die Pendler nach Hause gefahren waren. Alle Heiterkeit des Tages verschwand plötzlich, und die Gegend wurde unheimlich.

Am Anfang machte uns das nichts aus. Es war ein Abenteuer, gemeinsam dort einzuziehen. Wir kauften unbehandelte Holzmöbel bei Macy's und strichen sie selbst an. Wir kauften eine Schrankwand mit Spiegeln, in der Lori ihre Stereoanlage und ihre Kassetten unterbrachte, und einen großen Couchtisch aus Glas und Chrom. Mein Großvater schenkte uns ein großes Schlafsofa. Aber wir mußten ungefähr sechs Wochen auf die Auslieferung unserer Möbel warten. Inzwischen schliefen wir in Schlafsäcken auf dem Boden. Das brachte Lori auf die Idee, eine Schlummerparty zu veranstalten. An einem Wochenende luden wir alle unsere Freundinnen ein. Ungefähr ein Dutzend Mädchen campierte in Schlafsäcken auf dem Boden wie zu Teenager-Zeiten.

Wir lernten auch viele nette Jungs kennen. Manche kamen einfach mal kurz vorbei und fragten, ob Lori zu Hause sei. Auch der Job machte ihr Spaß. Sie half den spanisch sprechenden Kandidatinnen für die Miß-Universum-Wahl, sich in der Stadt zurechtzufinden. Eines Tages kam sie mit einer Schärpe der Miß Columbia nach Hause. Sie hatte sie als Dankeschön geschenkt bekommen. Meine Befürchtungen zerstoben.

Aber die guten Zeiten dauerten nicht an.

Nach einiger Zeit begannen Loris Stimmungen wieder stark zu schwanken. Manchmal weigerte sie sich morgens, aufzustehen und zur Arbeit zu gehen. Und es gab Probleme, wenn ich Besuch mitbrachte.

Die Jungen, mit denen sie vorher ausgegangen war, wandten sich allmählich von ihr ab, ohne mit mir darüber zu sprechen. Wenn Lori doch mal aus ihrem Zimmer kam, war sie feindselig und aggressiv. Manchmal traf ich mich mit dem Cousin meiner Schwägerin. Er sah nicht gerade großartig aus, aber ich mochte ihn, und er hatte mich schon einige Male besucht. Eines Tages war Lori gerade da, als ich mit ihm nach Hause kam.

»Was ist das für ein komisches Ding in deinem Gesicht?« fragte sie ihn, und sie sah nicht aus, als hätte sie es im Spaß gesagt. Er trug einen Schnauzbart. »Das ist das Häßlichste, was ich je gesehen habe, und du bist auch ziemlich scheußlich.« Ich war schockiert. Ich versuchte noch, ihre Äußerung als Witz hinzustellen, und wir verließen die Wohnung schnell wieder.

Bald wurde es schwierig, überhaupt Besuch zu empfangen. Lori war sehr aggressiv. Du bist häßlich. Du bist dick. Warum bist du überhaupt hergekommen? Wir wollen dich nicht hierhaben.

Ich telefonierte oft mit Tara, die in einer eigenen Wohnung in der Nähe der Columbia University lebte, und fragte sie um Rat. Ich versuchte auch, mit Loris Eltern zu sprechen, aber es war schwierig, ihnen zu erklären, was vor sich ging. Sie hatten sie nie erlebt, wenn es wirklich schlimm wurde. Lori wollte immer, daß sie stolz auf sie waren, und hatte ihnen gegenüber nie zugegeben, daß sie Probleme hatte. Oft sagte sie, daß sie sie nicht belasten wolle. Allein schon das Zusammensein mit ihren Eltern schien Lori glücklich zu machen. Wenn sie da waren, wirkte sie fast normal, und die lebendige, komische und liebenswerte Lori gewann für eine Weile wieder die Oberhand. Deshalb wußten sie nichts von ihrem Verhalten an den Tagen, an denen sie nicht einmal aufstehen wollte. Aber manchmal war ich so besorgt, daß ich Schillers doch anrief. Loris Mutter hörte sich dann meine Berichte an und schob sie mit ihrer freundlichen, mütterlichen Art beiseite.

»Oh, mach dir darüber nur keine Sorgen«, sagte sie dann. »Das ist nur wieder eine von Loris Launen. Das wird vorübergehen.«

Ich fühlte mich jedesmal besser, wenn ich mit ihrer Mutter gesprochen hatte. Ich dachte, daß ihre Eltern sie ja schließlich besser kennen mußten als ich, und sie hielten ihre Probleme anscheinend nicht für schwerwiegend. Ich regte mich offenbar wieder nur über Kleinigkeiten auf.

Der Winter in New York ist wundervoll. Und am Herald Square, wo wir wohnten, entwickelt er einen besonderen Zauber. An jeder Ecke stehen Weihnachtsmänner von der Heilsarmee mit ihren Glöckchen und den Sammeldosen aus Messing. Leute mit Kindern und Kinderwagen drängen sich um die Schaufenster bei Macy's, um die bewegten Figuren dort anzuschauen, die Eisläufer, Ballettänzerinnen und Rentiere. Der Duft gerösteter Kastanien, die man hier überall kaufen kann, liegt in der Luft.

Außerdem wird an jeder Straßenecke das Hütchenspiel mit den drei Schachteln gespielt. Mit diesem Spiel nehmen die Betrüger Passanten aus, während sie mit einem Auge immer nach der Polizei Ausschau halten. Fast jeder New Yorker weiß oder lernt schnell, daß man letztlich nie gewinnen wird, wie leicht es auch scheinen mag, die richtige Schachtel umzudrehen, und wie oft der Spieler einen auch gewinnen läßt, solange die Einsätze niedrig sind, und wie felsenfest man auch überzeugt sein mag, daß man das System überlisten kann. Diese Spiele sind einfach Betrug, und jeder, der darauf hereinfällt, ist ein Dummkopf.

An einem Abend im Dezember kam Lori in der Dämmerung nach Hause. Ihre Augen glänzten, und es ging eine Wildheit von ihr aus, eine neue Energie.

»Ich habe mein Armband verloren«, sagte sie und schaute betrübt drein.

»Dein neues Armband? Das von deinen Eltern?« Vor kurzem hatten ihre Eltern ihr ein wunderschönes und sehr wertvolles Diamantarmband geschenkt.

»Ja. Ich habe es verloren«, wiederholte sie.

Ich dachte, es sei irgendwo von ihrem Handgelenk gerutscht, und wir müßten losgehen und es suchen. Aber es war ganz anders gewesen.

»Ich habe es beim Hütchenspiel verloren. Ich dachte, ich hätte sie durchschaut. Ich dachte, ich könnte sie schlagen.« Sie war aufgeregt und überdreht. »Ich habe einige Zwanziger gesetzt und verloren. Dann setzte ich alles, was ich in meiner Brieftasche hatte, und verlor. Ich hatte kein Geld mehr und setzte mein Armband – und das verlor ich auch.«

Natürlich war sie völlig aufgelöst, weil sie ihr Armband verspielt hatte und es ihren Eltern nicht erzählen wollte. Aber sie war auch aufgebracht, weil sie verloren hatte. Sie hielt sich für unbesiegbar. Es konnte nicht sein, daß sie verloren hatte, es durfte einfach nicht sein.

Ihr Tief sprang um. Ihre Apathie verwandelte sich in Aktionismus.

Einige Tage später rief sie mich an. Sie habe sich mit ein paar Arbeitskollegen in einer Bar in der Stadt verabredet. Ob ich mitkommen wolle? Lori hatte inzwischen eine Stelle in der Personalabteilung einer großen Immobilienfirma gefunden, nachdem die Wahl zur Miß Universum vorüber war. Und ich wollte die Leute gern kennenlernen, mit denen sie zusammenarbeitete, also sagte ich zu. Außerdem hatte ich das Gefühl, ich müsse sie im Auge behalten. Ich wußte einfach nie, was sie als nächstes tun würde.

Mehr als ein Dutzend Leute drängten sich auf engem Raum in der Bar, und die Stimmung war schon ziemlich ausgelassen, als ich ankam. Aber als ich in Loris Augen sah, wußte ich, daß es Ärger geben würde. Sie hatten diesen hellen Glanz, der anzeigte, daß etwas außer Kontrolle geraten war. Er schimmerte immer auf, bevor sie durchdrehte. Es dauerte dann auch nicht lange, bis sie loslegte. Bei ihrem Job hatte sie Zugang zu vertraulichen Personalakten. Mit lauter Stimme begann sie, der Gruppe den Inhalt dieser Akten mitzuteilen.

»Sie sind nur auf Probe eingestellt, und Sie werden wahrscheinlich entlassen werden«, verkündete sie einem Kollegen, während die anderen verblüfft zuhörten.

»Sie haben um eine Gehaltserhöhung gebeten, aber die bekommen Sie nicht, weil Ihr Chef der Meinung ist, Sie trödeln zuviel herum«, sagte sie zu einem anderen.

Sie ging von einem zum anderen im Raum und tischte ihnen Gemeinheiten auf. Alle waren zu erstaunt, um sie daran zu hindern, und es hätte auch keiner gewußt, wie man sie zum Schweigen bringen konnte. Da die anderen immer ärgerlicher reagierten, versuchte ich vergeblich, die Sache herunterzuspielen.

»Lori ist ein alter Witzbold«, sagte ich schnell, bevor ich sie am Arm packte und zur Tür zog.

Auf dem Heimweg wurde sie ruhiger.

»Vielleicht hätte ich all diese Dinge nicht sagen sollen«, sagte sie verlegen.

»Lori, so etwas kannst du nicht machen«, sagte ich. »Sie werden dich rausschmeißen.«

Und so war es. Am nächsten Tag wurde sie gefeuert.

Einige Wochen später bekam sie einen Job als Versicherungsvertreterin. Sie war überhaupt nicht ängstlich und ging in die Gegenden, in die sich andere Vertreter nicht wagten, in Wohnsiedlungen voller Einwanderer, die sie ebensowenig verstehen konnten, wie Lori sie verstand.

Eines Tages kam sie mit einem Verlobungsring nach Hause. Sie hatte einen Chinesen kennengelernt – vielleicht war es auch ein Filipino –, der sich in sie verliebt hatte und sie heiraten wollte. Ihr Vater fiel aus allen Wolken.

»Wir haben diesen Mann noch nicht einmal kennengelernt«, sagte er zu Lori. »Wie kannst du daran denken, ihn zu heiraten?«

Der Ring verschwand, und das Thema wurde nicht mehr erwähnt.

Ich begann selbst ans Heiraten zu denken. Ich war zwar in den Jungen, mit dem ich ausging, nicht verliebt. Aber ich dachte: Warum heirate ich ihn nicht einfach? So komme ich hier raus, ohne Loris Gefühle zu verletzen. Es war verrückt. Wir hatten einen Mietvertrag über zwei Jahre, und ich zählte im Geiste: Nur noch neunzehn Monate, nur noch achtzehn Monate … Ich hatte ein intensives Schulungsprogramm zu absolvieren, das mich schon ohne den Ärger mit Lori völlig in Anspruch nahm. Ich wurde allmählich wütend auf meine Freundin.

Als sie im März das nächste Mal ausrastete, war gerade mein Bruder Brad zu Besuch. Nach seinem Jura-Abschluß war er jetzt zum erstenmal auf Geschäftsreise in New York. Er hatte Lori schon früher kennengelernt, als er mich einmal am Tufts College besucht hatte. Zuerst verhielt er sich auch so, als hätte er es mit der alten Lori zu tun; er lachte und machte Witze. Aber ich konnte ihm ansehen, daß er sie irgendwie seltsam fand. Zum Beispiel schaute sie ihm nicht in die Augen. Und wenn sie es tat, sah sie ungeheuer wütend aus.

»Ich hoffe, es macht nicht allzu viele Ungelegenheiten, wenn ich heute hier übernachte«, sagte er.

Lori verzog ihr Gesicht zu einer Grimasse. »Das Leben ist schrecklich«, sagte sie. »Es wäre egal, wenn es morgen vorüber wäre. Was bedeutet da schon eine kleine Ungelegenheit?«

Er lachte. Er dachte wohl, sie hätte das im Spaß gesagt. Doch ich wußte es besser. Ich wußte, daß es ihr todernst damit war.

Dann begann Lori hin und her zu gehen. Über den Flur ins Schlafzimmer. Zurück in das Wohnzimmer und auf den Flur. Allmählich merkte auch Brad, daß etwas im Gange war.

»Bin ich zu einem ungünstigen Zeitpunkt gekommen?« fragte er, als sie gerade wieder aus dem Zimmer gegangen war.

»Brad«, sagte ich aufgebracht, »sie spricht davon, sich das Leben zu nehmen.«

»Sich das Leben zu nehmen?« fragte er. »Was meinst du damit?«

Ich war so verzweifelt, daß ich selbst unhöflich wurde. »Ich meine, was ich sage: Sie will sich umbringen!«

Er drehte sich bestürzt zu mir um. »Ist sie gewalttätig?«

»Ich kann das nicht mehr einschätzen«, sagte ich.

Er nahm mich ernst. Am nächsten Morgen erzählte er mir, daß er alle unsere großen Messer und schweren Gegenstände versteckt habe. Aber er hatte trotzdem nicht schlafen können. Er hatte auf unserem großen Schlafsofa gelegen, und Lori war die ganze Nacht lang an seinem Bett vorbei durch alle Zimmer hin und her gelaufen.

Ich machte mir immer größere Sorgen. Nicht, weil ich fürchtete, daß Lori mich verletzen könnte, sondern es war viel wahrscheinlicher, daß sie sich selbst etwas antun würde. Ihre Hochs wurden immer intensiver und ihre Tiefs immer schlimmer. Ich fragte, wie sie mit ihrem Psychiater vorankäme.

»Ich rede nur mit ihm«, sagte sie. »Und er gibt mir Medikamente. Aber die helfen nicht.«

Wir sprachen nie darüber, worum es bei ihrer Behandlung eigentlich ging. Ich wußte es nicht. Ich glaube auch nicht, daß sie es wußte. Und allmählich hatte ich den Eindruck, daß der Psychiater es auch nicht wußte.

Einige Tage nachdem mein Bruder abgereist war, kam Lori aufgeregt von der Arbeit.

»Was ist los?« fragte ich. »Ist bei der Arbeit etwas passiert?«

Sie sah verändert aus. Sie war völlig aufgewühlt. Gleichzeitig wirkte sie niedergeschlagen, entmutigt. Sie schob mich zur Seite und ging ins Schlafzimmer. Die Tür stand offen, während sie dort telefonierte. Sie begann laut zu sprechen. Sie war offensichtlich verzweifelt, aber gleichzeitig hatte ich das Gefühl, sie wollte, daß ich mithörte. Nach ein oder zwei Minuten war mir klar, daß sie mit ihrem Psychiater telefonierte.

»Ich muß mit Ihnen sprechen«, sagte sie, »mir geht es wirklich sehr schlecht.«

Es war das erste Mal, daß ich sie so reden hörte. Ich konnte nicht verstehen, was ihr Gesprächspartner am anderen Ende der Leitung antwortete, aber es war klar, daß er versuchte, sie zu beruhigen. Es funktionierte nicht.

»Bitte, Sie müssen mir helfen.« Sie bettelte, aber dieser Mensch schien nicht zu reagieren. Ihre Stimme wurde immer höher und immer schriller. »Sie verstehen nicht«, sagte sie. »Ich sage Ihnen, es geht mir wirklich schlecht. Ich werde diese Nacht nicht überstehen. Bitte, helfen Sie mir. Bitte.«

Ich weiß nicht, was er darauf sagte, aber er wollte sie offenbar nicht sehen. Sie war in Tränen aufgelöst, als sie auflegte. Sie kam zu mir ins Wohnzimmer und murmelte etwas, das wie ein Abschied klang.

»Ich muß jetzt meine Tabletten nehmen«, sagte sie düster. Sie ging ins Badezimmer und schloß die Tür.

Was sollte ich tun? Ich stand draußen und war wie gelähmt in meiner Ratlosigkeit. »Lori? Lori?« rief ich durch die geschlossene Tür. Ich konnte sie drinnen hören, das Wasser lief. Was würde sie tun? Sich die Pulsadern aufschneiden? Dann ging die Tür auf, und sie kam heraus.

Ich schaute ins Badezimmer. Seit Wochen hatte ich die Fläschchen mit den vom Psychiater verschriebenen Tabletten im Auge behalten. Jeden Tag sah ich nach, wie viele fehlten. Ich wußte nicht, was für Medikamente es waren, aber ich war sicher, daß es sich um ziemlich starke Beruhigungsmittel handelte. Gestern noch waren die Packungen fast voll gewesen. Als ich nun an ihr vorbeisah, konnte ich sehen, daß die Fläschchen am Waschbecken leer waren.

»Du hast alle Tabletten genommen!«

Sie nickte. Ich war starr vor Angst. »Du hast alle Tabletten genommen!« wiederholte ich.

Ich hörte die Türklingel, und ohne zu wissen warum,

ging ich hin und öffnete. Es war ein Mädchen, das auf dem gleichen Flur wohnte. Ich wimmelte sie ab. »Später«, sagte ich zu ihr.

Noch nie in meinem Leben hatte ich solche Angst gehabt. Lori sah erschöpft aus. Würde sie hier direkt vor meinen Augen sterben? Was sollte ich tun? Wen sollte ich anrufen? Wer konnte am schnellsten hier sein?

Meine Hände zitterten vor Entsetzen, als ich den Hörer abnahm und die Nummer des Notrufs wählte.

5

Marvin Schiller
Scarsdale, New York
März 1982 bis Juni 1982

Es war spät abends, als das Telefon klingelte. Nancy und ich wollten gerade zu Bett gehen. Am Apparat war Lori Winters, die Mitbewohnerin unserer Tochter. Sie war so aufgeregt, daß ich zuerst gar nicht verstand, was sie wollte. Es hatte irgend etwas mit unserer Tochter und mit der Polizei zu tun.

»Beruhige dich, Lori«, sagte ich. »Beruhige dich doch. Es wird alles gut. Sag mir, was los ist.« Es war sehr unruhig im Hintergrund, und Lori Winters konnte kaum sprechen. Sie sagte, unsere Lori habe eine Überdosis Tabletten genommen. Die Polizei sei da. Und die Sanitäter. Sie würden Lori jetzt ins Krankenhaus bringen. Sie habe versucht, sich das Leben zu nehmen.

»Ich komme, so schnell es geht«, sagte ich.

Nancy schluchzte und zitterte bereits. Um sie nicht noch zusätzlich aufzuregen, schwächte ich die Nachricht ab.

»Lori geht es gut«, sagte ich. »Sie wird wieder gesund. Sie hat zu viele Tabletten genommen, und jetzt kommt sie ins Krankenhaus.« Ich versicherte Nancy, daß Lori nicht wirklich in Gefahr sei. Sie habe nur einen kleinen Fehler bei der Dosierung ihrer Medikamente gemacht. Am Morgen würde alles wieder in Ordnung sein. Nancy glaubte mir nur allzugern.

Als ich mit Nancy auf dem Hutchinson River Parkway durch die Dunkelheit fuhr, glaubte ich meinen Beschwichtigungen schon fast selbst. Es muß ein Mißverständnis sein, dachte ich. Lori Winters war selbst noch ein Kind. Sie regte sich über eine Kleinigkeit auf. Meine Tochter und Selbstmord? Das war unmöglich. Es gab nichts, womit sie nicht fertig geworden wäre. Sie war lediglich etwas durcheinander gewesen und hatte einen Fehler gemacht, das war alles. Dieses ganze Getue mit der Polizei und dem Krankenwagen – Lori Winters hatte sich einfach erschrocken und dann überreagiert.

Ich wußte natürlich, daß unsere Lori Probleme gehabt hatte. Sie hatte uns im College davon erzählt. Anscheinend war sie im Studium etwas unter Druck gewesen und hatte das Bedürfnis gehabt, zur Beratung zu gehen. Das war nichts Ungewöhnliches in Westchester. Viele Kinder unserer Freunde hatten solche oder ähnliche Probleme. Zu einer Beratungsstelle zu gehen war etwas Normales im Leben vieler Familien. Lori hatte jemanden an der Universität aufgesucht, und ich hatte sie so verstanden, daß sie diese Sitzungen hilfreich fand. Sie hatte es mir selbst gesagt.

Sie war unser ältestes Kind und unsere einzige Tochter. Wir wußten nicht, woran wir sie messen sollten. Wir hatten den Eindruck, daß sie sich mit den ganz normalen Problemen eines launischen Teenagers herumschlug.

Nach ihrem Examen glaubte ich, sie bei dem Psychiater, den wir ausgesucht hatten, in guten Händen zu wissen. Er war ein respektiertes Mitglied unseres großen Freundeskreises. Ich war sicher, daß sie mit ihm zusammen ihre Probleme lösen, sich wieder fangen und ihren Weg gehen würde.

Wenn Lori wirklich in Gefahr gewesen war, dann war das lange vorbei, als Nancy und ich schließlich im Bellevue Hospital in Manhattan ankamen. Im Krankenwagen hatten ihr die Sanitäter ein Medikament gegeben, das sie zum Erbrechen bringen sollte, und in der Notaufnahme war ihr der Magen ausgepumpt worden. Als sie uns sah, begann sie zu weinen.

»Es tut mir leid«, sagte sie. »Ich wollte das nicht. Ich wollte es nicht tun.« Sie schluchzte und schien ganz zerknirscht. »Ich wollte euch nicht diesen ganzen Ärger machen.« Sie wandte sich an mich. »Nimm mich mit nach Hause, Daddy. Ich möchte nach Hause. Ich werde es nie wieder tun.«

Lori Winters war bei ihr und sah erschüttert aus. Sie nahm mich zur Seite und erzählte mir die ganze Geschichte. Die Polizei war schnell dagewesen, noch vor dem Krankenwagen. Aber als die Polizisten Lori aus der Wohnung hatten bringen wollen, war sie gewalttätig geworden.

»Es war schrecklich«, sagte Lori Winters. »Sie kämpfte mit ihnen und versuchte sie zu schlagen. Sie sagte, wenn sie ihr zu nahe kämen, würde sie ihnen ihre Waffen wegnehmen. Und dann griff sie danach.«

Wenn ich mir Lori anschaute, wie sie da zusammengesunken in ihrem Krankenhausnachthemd saß, fiel es mir schwer, diese Geschichte zu glauben. Meine Tochter sah so winzig und harmlos aus, und das Leid und Elend, das um uns herum zu sehen war, ängstigte sie offenbar sehr.

Das Bellevue Hospital Medical Center, ein großes öffentliches Krankenhaus, ist nachts ein Anziehungspunkt für die Ausgestoßenen der Gesellschaft: die Obdachlosen, die Dealer, die Drogenabhängigen, die Prostituierten. Während wir dort saßen, wurde ein Mann auf einer Trage hereingebracht, dem Blut aus einer Stichwunde an der Seite lief. Er schrie so laut, daß er fast die Frau übertönte, die auf dem überfüllten Korridor in den Wehen lag und anscheinend noch ein Teenager war.

Das alles kam mir unwirklich vor, wie in einem schlechten Film. Dies war kein Ort für meine Tochter, die dort kauerte und vor Angst und Scham wimmerte.

In diesem Moment traf Loris Psychiater ein. Lori Winters hatte auch ihn angerufen, und er war von seiner Wohnung aus hergefahren, um nachzusehen, was er für seine Patientin tun konnte. Offensichtlich war er mit der Krankenhausbürokratie vertraut und hatte sich auf eine lange Nacht eingerichtet: Er trug ein Kopfkissen unter dem Arm.

Als Lori Winters ihn sah, lief ihr Gesicht rot an vor Ärger. »Wie konnten Sie das tun«, fuhr sie ihn an. »Wie konnten Sie sie so im Stich lassen?«

Sie sprach wahrscheinlich so laut, weil sie wollte, daß ich es hörte und entsprechend reagierte. Aber meiner Meinung nach brachte uns ein Streit jetzt auch nicht weiter. Wichtig war allein, Lori die Hilfe zukommen zu lassen, die sie brauchte. Ich wollte das Ganze so schnell wie möglich hinter uns bringen.

Vor allem durfte, wenn Lori geholfen werden sollte, nichts von diesem Zwischenfall bekanntwerden. Als Psychologe wußte ich, daß man sie sonst für lange Zeit, wenn nicht für immer, als psychisch gestört brandmarken würde. Ich wollte nicht, daß meine Tochter wegen einer unbedachten Kurzschlußhandlung stigmatisiert wurde. Ich glaubte, daß die Gefahr vorbei sei und sie jetzt das Krankenhaus verlassen und direkt mit mir nach Hause kommen könne.

Aber das Krankenhauspersonal wollte sie nicht gehen lassen. Ein Selbstmordversuch sei eine ernste Sache, sagten sie, und sie wollten Lori für einige Tage zur Beobachtung auf der psychiatrischen Station behalten. Doch das kam für mich überhaupt nicht in Frage. Ich wollte nicht, daß in Loris Akten irgend etwas stand, was ihr in ihrem späteren Leben einmal Schwierigkeiten bereiten konnte.

Wir mußten verhandeln, und zwar schnell.

Nancy und ich ließen unsere Tochter in Lori Winters' Obhut und gingen hinaus, um mit dem Krankenhauspersonal zu reden. Wenn sie im Krankenhaus bleiben mußte, wollte ich, daß sie in der internistischen und nicht in der psychiatrischen Abteilung untergebracht wurde. Wir diskutierten gerade auf dem Flur mit dem Personal darüber, als ein Freund von mir vorbeikam, ein Arzt, den ich aus dem Country Club in Scarsdale kannte.

»Was machst du denn hier?« rief Nancy ihm zu. Aber natürlich überraschte es ihn noch mehr, uns zu sehen. Er hatte ein Sprechzimmer im New York Hospital und kam gerade von seinen Patienten. Aber welchen Grund konnte ich haben, mich mitten in der Nacht in der Notaufnahme eines städtischen Krankenhauses herumzutreiben? Eilig erklärte ich ihm die Situation. Er ging, um mit der diensthabenden Ärztin zu sprechen. Ich weiß nicht, was er zu ihr sagte oder welche Fäden er zog, aber kurz darauf mußten Lori und ich die Formulare für die stationäre Aufnahme in die Abteilung für Innere Medizin ausfüllen.

»Es ist besser so, Liebes«, sagte ich. »So kannst du alles hinter dich bringen, ohne daß irgend jemand erfahren wird, daß du hier warst. Es wird bald alles vorbei sein.«

Ich hielt Loris Probleme nicht für ernst. Es gab keinen Grund, sie auf einer psychiatrischen Station unterzubringen. Sie war nicht psychisch krank. Sie hatte nur ein paar Probleme. Sie machte den schwierigen Übergang vom Teenager zur Frau durch, sie war auf dem schwierigen und anstrengenden Weg vom Studium in den Beruf, von der Sicherheit des College in die hektische Geschäftigkeit Manhattans. Sie hatte einfach einige Schwierigkeiten mit diesen Veränderungen. Ich wollte nicht glauben, daß es mehr als das sein konnte. Dies hier war nicht schlimmer als andere Phasen, die sie in ihrem Leben durchgemacht hatte – wie etwa jene, als sie Vegetarierin wurde oder als sie zuviel abnahm oder als sie wegen ihres Partners für den Schulball deprimiert war. All das hatte sich mit der Zeit von selbst erledigt, und ebenso würde auch diese Sache vorübergehen.

Ich habe unsere Kinder immer angespornt. Ich habe ihnen stets gesagt, sie sollten nach Perfektion streben, auch wenn sie sie nie erreichen könnten. Ich sah mir ihre Noten an und drängte sie, Zusatzkurse und Tutorien zu besuchen. Gut war nie gut genug. Ich wollte, daß sie bei allem, was sie taten, bis an die Grenzen ihrer Fähigkeiten gingen.

Ich habe in meinem Leben gelernt, daß eine gute Erziehung, Ehrgeiz und Eigeninitiative zum Erfolg führen. Meine Eltern kamen beide aus Europa. Mein Vater wurde im Jahre 1901 in einem Gebiet geboren, das einige Zeit zu Polen und einige Zeit zu Rußland gehörte. Er floh vor dem harten Militärdienst und kam auf einem Frachter mit einem Viehtransport nach Amerika.

Meine Mutter wurde in Österreich geboren. Da sie aber schon im Alter von sechs Monaten hierherkam, lernte sie ein akzentfreies Englisch. Von Kindheit an arbeitete sie in einem ausbeuterischen Betrieb, der Modewaren für Damen herstellte. Als älteste Tochter in einer neunköpfigen Familie wurde sie zu einer Art Ersatzmutter für ihre Geschwister.

Als ich geboren wurde, hatte mein Vater kein Geld, um die Krankenhausrechnung zu bezahlen und mich mit nach Hause zu nehmen. Also verpfändete er einen silbernen Kerzenhalter, den ihm seine Mutter aus Europa geschickt hatte.

Ich lernte früh, daß allein mein Verstand und meine Entschlossenheit mich weiterbringen würden. Mit Fünfzehn machte ich meinen Abschluß an der High-School und fing mit Sechzehn auf dem College an. Ich wollte aufs Cornell, aber meine Eltern hatten nicht genug Geld. Statt dessen ging ich aufs Queens College, eine Einrichtung der Stadt New York. Dort kostete mein erstes Semester nur siebenundachtzig Dollar, inklusive Bücher.

Nach einer Unterbrechung durch den Militärdienst schloß ich mein Grundstudium mit Auszeichnung ab und absolvierte so schnell wie möglich das Hauptstudium. 1956 begann ich, an der Michigan State University klinische Psychologie zu studieren. Drei Jahre später hatte ich meinen Magister und die Promotion und suchte mir eine Arbeitsstelle.

Als ich bei A.T. Kearney als Management-Berater anfing, wußte ich, daß ich es geschafft hatte. In kurzer Zeit stieg ich in der Firma auf. Als wir nach Los Angeles zogen, leitete ich das dortige Büro. Und nach New York kam ich als Leiter der dortigen Zentrale zurück. An jenem Tag, an dem wir uns zum Kauf des großen, schönen Hauses in Scarsdale entschlossen hatten, fuhren Nancy und ich in die Bronx zu dem Mietshaus, in dem ich aufgewachsen war. Ich wollte nicht vergessen, woher ich kam. Obwohl ich lange gebraucht habe, bis ich mich finanziell abgesichert fühlte, war Ende der siebziger Jahre Geld für unsere Familie kein Problem mehr.

Im Frühjahr 1982, als Lori ihre Krise hatte, spielte ich allerdings gerade ein riskantes Spiel, bei dem ich beruflich alles auf eine Karte setzte. Das Land machte eine Rezession durch, und unser Beratungsunternehmen wurde neu strukturiert. Ich hatte ebenso wie einige meiner alten Kollegen das Gefühl, daß wir nach zweiundzwanzig Jahren kaltgestellt werden sollten.

Es war eine traumatische Zeit. Wir Altgedienten beschlossen, einen Coup zu landen, um wieder die Macht in unserer Firma zu übernehmen. Ich lebte damals unter großem Druck. Meine Tage waren ausgefüllt mit heimlichen Konferenzen, Absprachen und Abstimmungen mit den Partnern, damit wir genügend Stimmen für eine Umgestaltung des Managements mit dem Ziel zusammenbekamen, die Schlüsselfunktionen zu übernehmen. Wenn wir gewannen, gehörte ich zur Führungsspitze. Wenn wir verloren, war meine Stellung gefährdet. Ich erzählte niemandem im Büro von Loris Schwierigkeiten, und ich bat Nancy, an ihrer Arbeitsstelle genauso zu verfahren. Unsere Arbeit und unser Privatleben waren getrennte Bereiche. Es konnte nichts Gutes dabei herauskommen, wenn wir unsere kleinen Sorgen an die große Glocke hängten. Sie gingen nur uns etwas an.

Als Lori aus dem Krankenhaus entlassen wurde, war sie immer noch ganz zerknirscht. Sie beteuerte immer wieder, daß es ihr leid tue und daß ihr klar sei, daß sie einen Fehler gemacht habe.

»Ich bin einfach durchgedreht, Daddy«, sagte sie. »Ich werde es nicht wieder tun.«

Nancy und ich versuchten sie zu beruhigen. Wir wollten sie nicht unnötig unter Druck setzen. Deshalb nahmen wir sie für ein paar Tage mit nach Scarsdale. Ich rief ihren Chef bei der Versicherungsgesellschaft an und erklärte ihm, daß sie krank geworden sei und eine Weile Urlaub brauche, daß sie aber bestimmt bald zurückkäme. Er reagierte sehr freundlich. Lori sei eine leistungsfähige Versicherungsvertreterin, sagte er. Sie könne jederzeit zurückkommen, wenn sie soweit sei.

Aber Loris Problem löste sich nicht einfach in Luft auf.

Obwohl sie wieder zurück in ihre Wohnung zog, konnte oder wollte sie nicht mehr zur Arbeit gehen. Und ihre Stimmungen schienen ständig zwischen wachsendem Aktionismus und wachsender Depression hin- und herzuspringen. Manchmal wirkte sie aufgedreht, manchmal ernsthaft depressiv. Auch ihr Aussehen veränderte sich. Früher hatte sie immer sehr auf ihr Äußeres geachtet. Sie teilte zwar nie Nancys Vorliebe für extrem weibliche und hochmoderne Kleidung, aber sie war immer gepflegt angezogen, trug hübsche Kleider und aufregende Haarschnitte. Jetzt kleidete sie sich nachlässig und sah aus, als hätte sie in ihren Kleidern geschlafen. Ihr Haar war früher glänzend und voller Spannkraft gewesen. Jetzt hing es in fettigen Strähnen herab, als hätte sie es wochenlang nicht mehr gewaschen.

Lori Winters war ausgezogen, darum fuhr Nancy oft in die Stadt, um nach unserer Lori zu sehen. Mit wachsender Bestürzung berichtete sie von der immer größeren Unordnung in Loris Wohnung sowie von ihrer Hektik. Lori war so unruhig, daß es manchmal schwierig war, sich mit ihr im selben Zimmer aufzuhalten. Sie war so aufgewühlt, daß sie ständig auf und ab lief und eine Zigarette nach der anderen rauchte, bis das ganze Zimmer verqualmt war.

Inzwischen ging sie nicht mehr zu ihrem Psychiater. Kurz nachdem sie aus dem Krankenhaus entlassen worden war, hatte er uns angerufen. Loris Probleme seien so ernst, daß er sich nicht mehr in der Lage sehe, sie weiterzubehandeln. Lori brauche mehr Hilfe, als er bieten könne, weshalb er uns empfahl, einen anderen Arzt zu suchen. Er sagte, daß Lori wirklich krank sei – weit kränker, als er anfänglich gedacht habe. Aber ich hörte nicht auf ihn. Ich wollte nicht auf ihn hören.

Zum Teil war es meine Liebe zu Lori, die mich blendete: Ich wollte nicht sehen, was sich da vor meinen Augen abspielte. Meine Tochter Lori war hübsch, intelligent und begabt. Sie war eine vorbildliche Studentin und ein liebenswerter Teenager. Alle mochten sie. Sie sollte aufs College gehen, einen wunderbaren Mann kennenlernen, ihn heiraten, Kinder bekommen und ein langes und glückliches Leben führen. Ich konnte nichts akzeptieren, was dieses Bild zerstörte.

Zum Teil war es auch mein beruflicher Hintergrund, meine psychologische Ausbildung, die, statt mir zu helfen, es mir beinahe unmöglich machte, den Tatsachen ins Auge zu sehen. In den fünfziger Jahren, als ich Psychologie studiert hatte, führte man alle psychischen Krankheiten, auch die ernstesten, auf eine Ursache zurück: auf Fehler in der Erziehung. Alles wurde darauf zurückgeführt, wie man aufgewachsen war. Natürlich gab es unterschiedliche Theorien. Einige folgten dem Freudschen Modell, nach dem das Verstehen von Es, Ich und Über-Ich den Schlüssel zu allen Fragen enthielt. Einige lehnten sich an Jung an, der die Bedeutung unterbewußter Mythen betonte. Aber alle glaubten, daß die Ursachen für psychische Störungen in den frühkindlichen Erfahrungen des Betroffenen zu suchen seien. Ein Patient mit ernsthaften psychischen Problemen war demnach in frühen Jahren einem unerträglichen Druck, verwirrenden Widersprüchen oder destruktiven Verhaltensweisen der Eltern ausgesetzt gewesen.

Meiner Ausbildung zufolge war ich also an Loris Krankheit schuld, wenn sie wirklich ernsthaft psychisch gestört war. Das konnte und wollte ich nicht glauben. Also weigerte ich mich einfach zu sehen, daß Lori tatsächlich krank war.

Dennoch waren Nancy und ich bereit, alles zu versuchen, was unserem kleinen Mädchen helfen konnte. Als ihr Psychiater vorschlug, es statt mit Psychotherapie lieber mit Medikamenten zu versuchen, waren wir nur zu gern bereit, auf ihn zu hören. In New York gab es einen Dr. Nathan Kline, der mit Psychopharmaka experimentierte. Er hatte sich für die medikamentöse Behandlung junger Menschen mit psychischen Problemen einen guten Ruf erworben. Es gab sogar eine Klinik, die seinen Namen trug. Nachdem ich in einigen Zeitungsberichten von seinen Heilerfolgen bei jungen Leuten wie Lori gelesen hatte, schickten wir unsere Tochter in seine Klinik an der East Side von Manhattan.

Nach einigen Wochen der Behandlung schien es Lori viel besser zu gehen. Sie schien nicht mehr so depressiv und viel ruhiger zu sein. Sie wirkte kontrollierter und entspannter. Ich hatte den Eindruck, daß die medikamentöse Behandlung Lori guttat. Doch Nancy war anderer Meinung.

»Marvin, das ist nicht Lori«, sagte sie eines Abends. »Das ist nicht sie selbst. Schau dir ihre Augen an«, sagte sie. »Sie ist nur vollgestopft mit Medikamenten, sie ist betäubt. Er gibt ihr viel zuviel. Sie nimmt zehn bis zwanzig Tabletten am Tag.«

Ich wußte, daß er ihr Medikamente gab, aber ich wußte nicht, was es war, wieviel sie davon nahm oder warum er sie ihr gab. Also sagte ich zu Nancy, daß ich Dr. Kline in seiner Praxis aufsuchen würde, die ganz in der Nähe meines Büros in Manhattan lag. Ich rief ihn an und vereinbarte einen Termin.

Aber in der Klinik redete ich dann mehr, als daß ich Fragen stellte. Dr. Kline war ein sympathischer, bärtiger Mann um die Fünfzig. Sein Büro war voll mit beeindruckenden afrikanischen Kunstgegenständen. Seine ganze Einrichtung war beeindruckend. Er wurde offensichtlich für seine Arbeit geschätzt. Die Zeit, die ich in seinem Büro war, nutzte ich lediglich, um ihm für die Hilfe zu danken, die er Lori angedeihen ließ. Er schien erfreut, das zu hören.

Aber dann klingelte wieder das Telefon.

Am Apparat war jemand vom New York Hospital. Lori war in der Notaufnahme. Wieder. Sie hatte zum zweitenmal versucht, sich das Leben zu nehmen. Wieder wollte man sie in die psychiatrische Abteilung einweisen. Diesmal war Nancy zu verstört, um mitzukommen. Also bat ich unseren älteren Sohn Mark, der über die Sommerferien vom College in New Orleans nach Hause gekommen war, mich zu begleiten.

Unterwegs im Auto sprachen wir nicht viel. Ich war zu sehr mit meinen eigenen Gedanken beschäftigt. Es war Mitte Juni, nur drei Monate waren seit Loris Entlassung aus dem Bellevue vergangen, und jetzt lag sie schon wieder im Krankenhaus. Was war los mit meiner Tochter?

In der Notaufnahme wiederholten sich die Szenen vom letzten Mal, nur war diesmal alles viel schlimmer. Anscheinend hatte sie nachmittags einen Termin bei Dr. Kline gehabt. Auf dem Weg zu seiner Praxis hatte sie eine Handvoll von den Beruhigungstabletten geschluckt, die er ihr verschrieben hatte. Dann war sie zu Fuß den Weg zur Praxis gegangen. Als sie dort eintraf, redete sie schon undeutlich und unzusammenhängend. Die Schwestern zögerten nicht lange. Sie riefen sofort einen Krankenwagen, der sie ins nahegelegene New York Hospital brachte.

Wieder hatten sie Lori schon den Magen ausgepumpt, als ich kam. Wieder war sie reumütig.

»Ich wollte mich nicht umbringen, Daddy, wirklich nicht«, sagte sie unter Tränen. »Ich habe mich nur so überdreht gefühlt und nahm das Zeug, um ruhiger zu werden.« Sie wirkte wie betäubt.

Ich ließ Mark bei Lori und ging hinaus, um die Situation mit den Ärzten zu besprechen. Sie kannten ihre Vorgeschichte vom Bellevue Hospital bereits. Ich versuchte, sie davon zu überzeugen, daß Lori die Wahrheit sagte: Sie hatte sich nicht umbringen, sondern nur beruhigen wollen.

Doch als ich an Loris Krankenbett zurückkehren wollte, traf ich auf Mark, der blaß und verstört war.

»Dad, sie will mich rausschmeißen«, erzählte er mir entsetzt. »Sie sagt, ich soll verdammt noch mal verschwinden; daß sie mich haßt, daß sie mich immer gehaßt hat.« Mark, damals zwanzig, vergötterte Lori seit ihrer Kindheit. Er war schockiert. »Sie hat versucht, sich auszuziehen und wegzugehen. Ich mußte sie festhalten.«

Und gerade in diesem Augenblick versuchte sie es noch einmal. Sie lag in einem Krankenhausbett und trug nur ein Baumwollnachthemd, das hinten offen war. Als sie mich hereinkommen sah, rief sie: »Mir fehlt nichts. Ich bin nicht krank. Ich werde nicht hierbleiben.« Und dann begann sie ihr Nachthemd auszuziehen, als ob ihr Bruder und ich nicht im Raum wären.

Da begriff ich endlich, daß sie ernsthaft krank war. Lori war ein sehr schamhaftes Mädchen, schüchtern und zurückhaltend. Solange es ihr gutging, wäre ihr nie eingefallen, sich vor mir oder ihrem Bruder auszuziehen. Aber jetzt schrie und brüllte sie und wollte nackt und ohne Schuhe in den Regen hinausgehen.

Ich bin von Natur aus ein sehr beherrschter Mensch, aber an diesem Abend im New York Hospital konnte ich nicht mehr. Ich flehte sie an. Ich bettelte. Ich tat, was ich konnte, damit sie freiwillig im Krankenhaus blieb. In der nächsten Stunde waren Mark und ich damit beschäftigt, sie wieder anzuziehen und sie zu beruhigen. Ich versuchte, sie zu überzeugen. Ich drohte ihr. Aber sie reagierte aggressiv und starrsinnig.

»Ich bin nicht krank, Daddy. Ich will nach Hause. Ich will hier raus.«

Ich versuchte, ihr die Situation zu erklären. Die Sache lag nicht mehr in unserer Hand. Wenn sie nicht selbst einwilligte, hier zu bleiben, konnte es gut sein, daß man eine Zwangseinweisung vornahm.

»Wenn du selbst unterschreibst«, sagte ich zu ihr, »hast du die Situation im Griff. Du kannst auch wieder gehen, wenn du willst. Wenn du es nicht tust, können sie dich zwingen, zu bleiben.«

Ich vermittelte ihr immer noch das hoffnungsvolle Bild, an das auch ich selbst nur zu gern glauben wollte. Sie sollte in die Payne-Whitney-Klinik überwiesen werden. Das war eine bekannte Einrichtung für akute Fälle. Dort wurden Leute mit kurzzeitigen psychischen Problemen eingewiesen. Mir war es nie in den Sinn gekommen, daß Leute aus solchen Kurzzeit-Einrichtungen später in Langzeit-Krankenhäuser überwiesen wurden. Ich dachte, Lori würde dort eingeliefert werden, könnte sich ausruhen und dann wieder gehen.

»Es wird nur für ein paar Tage sein, Lori«, tröstete ich sie.

Lori vertraute mir. Lori hat mir immer vertraut. Nach etwa einer Stunde gab sie erschöpft und unter Tränen nach. Sie willigte ein und unterschrieb. Sie wirkte sehr klein und hilflos, als man sie in ihrem Bett fortrollte, um sie in die Psychiatrie zu bringen.

Ich wußte, daß Mark verletzt war. Er konnte nicht verstehen, was mit seiner Schwester geschah. Er war verängstigt und geschockt durch das, was sich in dieser Nacht ereignet hatte. Aber auf dem Heimweg im Auto konnte ich ihm nichts Tröstliches sagen. Ich war zu sehr mit meinen eigenen widerstreitenden Gefühlen beschäftigt. Loris Probleme sind nur vorübergehender Natur, sagte ich mir immer wieder. Es war nur eine Krise, die schnell vorbeigehen würde. Sie würde im Krankenhaus wieder zu sich selbst finden und bald wieder zu Hause sein.

Aber dann machten die dunklen Gedanken, die ich beiseite geschoben hatte, diese Ausrede zunichte: Es ist alles dein Fehler, sagte ich mir. Lori ist sehr krank, und du bist schuld. Du warst nicht liebevoll genug. Du hast dich zu wenig um sie gekümmert. Du hast sie zu sehr angetrieben, hast sie überfordert. Du bist es, der ihre Probleme verursacht hat. Du. Du. Du. Im Geiste ging ich Loris ganze Kindheit durch und suchte nach einer Antwort.

Was hatte ich falsch gemacht? Was hatte ich nur falsch gemacht?

Die Payne-Whitney-Klinik des New York Hospital ist ein weiß gestrichenes, kalt wirkendes Gebäude, das über dem East River in Manhattan liegt. Ich mußte schon hunderte Male daran vorbeigefahren sein, denn es befindet sich oberhalb des Franklin D. Roosevelt Drive, aber ich hatte noch nie besonders darauf geachtet. Diesmal, als ich mit Nancy zur Payne-Whitney-Klinik fuhr, schaute ich genau hin. Ich wußte, daß hinter einem dieser dunklen, anonymen Fenster Lori war.

Man hatte versucht, das Krankenhaus ein bißchen freundlicher zu gestalten: Es gab einen kleinen Rundbau mit einem hübsch angelegten Garten, in dem roter Ahorn wuchs, und vor dem Haupteingang blühten ein, zwei dürftige Tulpen. Aber sobald wir das Krankenhaus betreten hatten, war uns klar, daß dies kein normaler Ort war, an den normale Menschen kamen, um gesund zu werden. Dies war eine geschlossene psychiatrische Einrichtung. Die Leute hier durften nicht einfach hinausgehen. Und wir durften nicht einfach hinein. Wir fuhren mit dem Aufzug bis zu Loris Stockwerk, drückten auf einen Klingelknopf und mußten uns erst durch ein Fenster in der Tür von oben bis unten mustern lassen, bevor man uns einließ.

Ich wußte nicht, was mich erwartete. Nach ihrem ersten Selbstmordversuch hatte sie einigermaßen normal gewirkt. Ja, es tat ihr leid, und sie hatte Angst, wir wären böse mit ihr. Wir hatten alles vernünftig durchgesprochen, und sie hatte ihr Verhalten zu erklären versucht. Wie würde sie sich diesmal benehmen?

Es war schlimmer als alles, was ich mir vorgestellt hatte. Wir wurden in einen Flur gelassen, in dem Menschen mit leerem Blick seltsame Dinge vor sich hinmurmelten oder mit ruhelosen Fingern nervöse Muster in die Luft zeichneten, auf und ab gingen oder in ihren Stühlen unaufhörlich hin und her schaukelten. Und hier, in einem Besucherzimmer, in dem gewiß schon Tausende am Boden zerstörter Eltern voller Entsetzen Tausende verwirrter Kinder besucht hatten, sah ich meine Tochter.

Die Lori, die ich kannte, gab es nicht mehr. Statt ihrer war da eine Fremde, eine Person, die nur zum Teil in dieser Welt zu leben schien, zum anderen Teil in einer eigenen, weit entfernten. Es gab keine Entschuldigungen mehr, keine Bitten, sie doch hier rauszuholen. Die Krankheit hatte von ihr Besitz ergriffen und war ein Teil von ihr geworden.

Wir umarmten sie und sprachen kurz von zu Hause und von ihren Brüdern. Wir sagten ihr, wie sehr wir sie liebten und daß wir hofften, es würde ihr bald besser gehen. Aber sie registrierte nichts. Sie schien mit Gedanken beschäftigt, die sie gleichzeitig in Verlegenheit brachten und in Erstaunen versetzten.

Sie beugte sich vor und flüsterte mir in vertraulichem Ton zu: »Ich weiß, du wirst mir nicht glauben, Daddy, aber ich kann fliegen.«

»Was?« Ich bekam eine Gänsehaut. Ich war mir nicht sicher, ob ich richtig gehört hatte. Aber ich befürchtete es.

»Ich kann fliegen, Daddy, wirklich.«

Es war keine stolze Behauptung oder Herausforderung. Ich sah, daß sie selbst diese Tatsache unglaublich fand. Sie sprach sehr leise, konzentriert, überlegt und ernst.

»Dann zeig es mir doch, Lori.«

Sie schaute sich prüfend um, entdeckte ein Sofa und stieg auf die Sitzfläche. Ich sah, wie die weichen Polster des Sofas unter ihrem Gewicht nachgaben. Mit einer überlegten, fast geübten Bewegung stellte sie sich aufrecht hin und breitete die Arme aus, als ob sie fliegen wolle. Sie schaute zuerst auf ihre Füße, dann auf den Boden. Dann zögerte sie.

»Es ist nicht hoch genug«, sagte sie. »Von hier aus geht es nicht.« Sie wandte sich um. »Wenn du mich zu diesem Fenster da bringst, werde ich es dir zeigen. Ich kann fliegen.«

Sie war fest davon überzeugt. Daran gab es keinen Zweifel. Wenn wir sie an ein offenes Fenster gestellt hätten, hätte sie sich mit ausgestreckten Armen in die Tiefe gestürzt.

Wir wußten nicht, was wir sagen sollten, also wechselten wir das Thema. Schon bald verließen wir das Krankenhaus. Auf dem Weg nach draußen klangen mir ihre Worte noch in den Ohren. »Ich kann fliegen, Daddy. Ich kann fliegen.«

6

Payne-Whitney-Klinik
New York City
Juni 1982

KRANKENBLATT

17.6.82, Krankenblatt-Eintrag des erstbehandelnden Arztes

Die Patientin sagt, sie habe am Tag ihrer Einlieferung Stimmen gehört. »Ich hatte Angst, ich könnte einen Hammer nehmen und meine Wohnung verwüsten.«

17.6.82, Krankenblatt-Eintrag der Pflegekräfte

Um 20.00 Uhr hatte die Patientin schwere akustische Halluzinationen, kombiniert mit intensiver psychomotorischer Aktivität: Sie wand sich, zog starke Grimassen, hielt sich mit den Händen die Ohren zu, strampelte wiederholt mit den Beinen und war völlig unzugänglich für äußere Einflüsse. Dieser Anfall dauerte ungefähr zehn Minuten. Danach sprach sie anfänglich nur zurückhaltend darüber, was geschehen war, gab später aber zu, daß sie akustische Halluzinationen gehabt hatte. Sie sagte, sie schäme sich und sei verzweifelt über die Halluzinationen. Sie habe das Gefühl, sie müsse gegen die Stimmen »kämpfen«. Das Sprechen über die Stimmen mache es ihr schwerer, sie zu bekämpfen.

21.6.82, Krankenblatt-Eintrag der Pflegekräfte

Die Patientin wirkte heute morgen ziemlich geistesabwesend und zornig. Sie wollte nicht darüber sprechen, was los war, und sagte, ihr gehe es gut. Sie wisse, was sie den Ärzten sagen müsse, damit sie entlassen werde. Sie wolle die Payne-Whitney-Klinik unbedingt verlassen und bleibe nur hier, weil ihre Eltern sie hergebracht hätten.

23.6.82, Krankenblatt-Eintrag des erstbehandelnden Arztes

Die Patientin ist weiterhin erregt und hat wiederholt starke Halluzinationen. Im Gespräch wurde deutlich, wie sehr sie diese Stimmen quälen und wie angestrengt sie dagegen kämpft, ihren Befehlen zu gehorchen. Ein großer Teil ihres Widerstandes gegen die Behandlung erklärt sich anscheinend aus der Angst vor den Folgen, falls sie Mitarbeitern von ihren Halluzinationen erzählt. »Sie werden mich umbringen, wenn ich etwas sage.«

7

Steven Schiller
Scarsdale, New York
Juli 1982

Als Lori zum erstenmal eingeliefert wurde, war ich sechzehn Jahre alt. Ich drehte durch, als meine Eltern mir erzählten, was sie getan hatten. Ich stand da in der Küche, und meine Hände zitterten vor Wut.

»Das ist nicht zu glauben!« schrie ich meine Eltern an. »Das könnt ihr nicht machen. So könnt ihr eure Tochter doch nicht behandeln.«

Mein Vater saß an dem blanken Holztisch. Meine Mutter machte sich hektisch in der Küche zu schaffen, stellte zwanghaft die Gegenstände in ihrem ohnehin makellosen Haushalt um und ordnete sie immer wieder neu.

»Steven«, begann mein Vater, »Lori ist krank.« Er stockte. »Es ist das beste für sie ...«

»Natürlich tut ihr nur, was das beste für sie ist«, sagte ich sarkastisch. »Ihr könnt nur nicht mit ihr umgehen. Ihr tut, was das beste für euch ist.«

»Wir wollen, daß ihr geholfen wird«, sagte meine Mutter.

»Ihr wollt sie aus dem Weg haben«, schrie ich. Es entstand wieder eine lange Pause. Es gab nichts mehr zu sagen. Ich begann zu weinen.

Ich glaubte damals wirklich, daß sie sie loswerden wollten. In dem Alter sah ich alles nur Schwarz oder Weiß. Es gab falsch oder richtig, und in meinen Augen war es falsch, Lori ins Krankenhaus zu stecken. Für mich war das mal wieder typisch Scarsdale. Ich wußte, wie die Leute hier unangenehme Dinge vertuschten wie Scheidungen, drogenabhängige Kinder oder Kündigungen. Daß meine Eltern Lori in eine psychiatrische Klinik steckten, kam mir genauso verlogen vor. Es war etwas, worüber man sich nur flüsternd unterhielt.

»Bringen wir sie irgendwohin, wo wir sie nicht sehen, damit wir nicht jeden Tag damit konfrontiert werden«, sagte ich bissig. »Bringen wir sie weg, damit sie auch sonst keiner sehen kann und keiner erfährt, daß sie Probleme hat.«

Offen gesagt, ich hatte keine Ahnung, was Lori fehlte. Ich bin sechseinhalb Jahre jünger als sie, also war ich noch ein Kind, als sich ihre Probleme auf dem College zeigten. Auch meine Eltern hatten damals anscheinend keine genaue Vorstellung von Loris Schwierigkeiten. Wenn sie etwas wußten, so sprachen sie jedenfalls mit mir nicht darüber. Ich erinnere mich nur noch dunkel, daß von Loris Studienproblemen die Rede gewesen war.

Als Lori ihr Examen gemacht hatte und wieder nach New York zog, hörte ich nur, wie vage darüber gesprochen wurde, daß sie bei einem Arzt in Behandlung war. Nicht einmal ihr Selbstmordversuch vor einigen Monaten wurde richtig registriert. Ich lag nachts im Bett, als das Telefon klingelte. Ich hörte, wie sich jemand anzog. Dann schaute mein Vater kurz in mein Zimmer.

»Wir müssen deine Schwester im Krankenhaus abholen. Sie hat versucht, sich umzubringen.«

Das kam wie aus heiterem Himmel. Ich begriff es nicht, und keiner erklärte mir, was geschehen war.

Jetzt stellte Lori plötzlich ein größeres Problem dar – so groß, daß keiner damit umgehen konnte. Da es keine

Lösungen gab, sprach auch keiner über die Fragen. Ich fühlte mich allein gelassen in diesem Schweigen und dieser Verwirrung.

Als meine Eltern Lori ins Krankenhaus steckten, brach eine alte Wunde in mir auf. Die Einsamkeit. Ich war immer noch böse darüber, daß meine Mutter seit einigen Jahren wieder arbeitete. Ich spürte noch immer ein Gefühl der Verlassenheit.

Als Lori in die Klinik kam, hatte ich mein vorletztes Jahr in der High-School fast abgeschlossen und fühlte mich oft sehr einsam. Mom kam immer später nach Hause, und Mom und Dad waren sehr beschäftigt. Und nun hatten beide noch weniger Zeit für mich als vorher.

In jenem Sommer war ich öfter mir selbst überlassen als jemals eines meiner Geschwister. Ich hatte einen Ferienjob in der Cherry Lawn Farm. Dort gab ich Tüten aus und bediente die Kunden. Abends fing ich manchmal schon an, das Abendessen zu machen. Früher hatte meine Mutter gekocht. Die Tatsache, daß sie es nicht mehr jeden Tag tat, betrachtete ich als Signal für das Ende einer glücklichen Zeit. Ich fing an, die Hamburger, Hühnchen oder Steaks zuzubereiten und Gemüse für den Salat zu schneiden.

Wenn sie dann spät abends heimkamen, saßen wir nur zu dritt am Tisch. Mark war auf dem College. Lori hatten sie weggebracht. Meine Eltern waren schweigsam und angespannt. Wir waren kaum noch eine Familie.

Meine Mutter kam jetzt immer mit Tränen in den Augen nach Hause, aber es fiel mir schwer, Mitleid mit ihr zu haben. Sie sprach nie über Lori. Ich glaubte, sie hätte Ärger im Büro. Sie sprach dauernd von ihrer Arbeit. Sie sagte, sie sei verärgert, weil jemand etwas Gemeines zu ihr gesagt habe oder weil jemand sich mit etwas gerühmt habe, das eigentlich sie getan habe, oder weil ihr irgendwelche Regelungen im Büro nicht paßten. Es wurde nie deutlich, daß sie immer so spät und weinend nach Hause kam, weil sie Lori besucht hatte.

Wenn ich älter gewesen wäre, wäre ich vielleicht auf den Gedanken gekommen, daß der ganze Streß meine Mutter belastete und sie deshalb mit anderen Dingen schwerer zurechtkam, die ihr sonst keine Probleme bereitet hätten. Aber daran dachte ich nicht. Ich fand, sie sei nicht dafür geeignet, arbeiten zu gehen, und glaubte, sie würde jetzt endlich einsehen, daß sie zu Hause bleiben sollte – bei mir. Lori hatte damit nichts zu tun.

Als meine Mutter nach sieben Jahren wieder mit dem Rauchen begann, nahm ich ihr keine ihrer Ausreden ab. War Rauchen eine Lösung? »Du und Dad, ihr benutzt Lori einfach als Vorwand für alles, was in unserer Familie schiefgeht«, sagte ich. Ich war unerbittlich. Ich wußte, daß ich hart war, aber das war mir egal. Ich wußte nicht, was eigentlich los war, und ich war völlig durcheinander.

Hinter all meinen Vorwürfen und meiner Kritik lauerte etwas sehr viel Tiefergehendes. Es war Angst.

Würde das, was mit Lori geschah, auch mir zustoßen? Würden meine Eltern auch mich eines Tages einsperren lassen? Wenn das mit Lori passiert war, warum sollte es mir dann anders ergehen? Sie sagten, dieses psychische Problem hänge mit den Genen zusammen, und ich hatte dieselben Gene wie sie.

Meine Angst war um so quälender, als Lori schon immer mein Vorbild gewesen war. Einer meiner frühesten Wünsche, an den ich mich erinnere, war der, daß ich älter sein wollte, so alt wie Lori. Als ich in der Grundschule war, ging sie auf die High-School, und das fand ich viel toller. Als ich ins Sommerlager fuhr, war sie schon Betreuerin, und das bedeutete Macht und Autorität. Als ich elf war, wünschte ich mir nichts brennender, als endlich siebzehn zu sein, weil Lori siebzehn war und alles hatte, was man sich wünschen konnte. Loris Leben sah von außen so glanzvoll aus, daß ich mir oft den Tag ausmalte, an dem ich all das tun konnte, was sie tat.

Das steigerte sich noch, als ich auf der High-School und sie auf dem College war. Ich habe deswegen in der Pubertät eine schlimme Krise durchgemacht. Aber Lori half mir. Sie lud mich über das Wochenende ins College zu ihren Freunden ein. Sie und ihre Mitbewohnerinnen Tara und Lori Winters unternahmen mit mir all die herrlichen Dinge, die College-Studenten in Boston so machen. Wir liefen durch den Park und schauten uns die Sehenswürdigkeiten der Stadt an. Wir gingen in Steve's Eissalon und stellten unsere eigenen Eisbecher aus dem hausgemachten Eis zusammen. Lori füllte ihre Taschen heimlich mit den Schokoladen-Chips, wenn der Typ hinter der Theke gerade nicht hinschaute. Einmal gingen wir sogar ins oberste Stockwerk des Hyatt-Hotels und schauten vom drehbaren Restaurant aus auf die Stadt. Wir pickten die Rosinen aus der Knabbermischung auf den Tischen in unserer Nähe. Wir machten Witze, als uns der Kellner hinauswarf, weil ich noch minderjährig war. Für mich, einen armen, unwissenden Schüler von der High-School, war das alles unglaublich aufregend. Ich verließ Boston mit dem Gedanken: In ein paar Jahren wirst du das alles auch tun. Was Lori jetzt macht, wirst auch du bald machen.

Jetzt, ein Jahr später, hatte ich Angst, daß ich auch in bezug auf diese Krankheit Loris Schicksal teilen würde.

Was mich auch beunruhigte, war das Verhalten meines Vaters. Seit Lori krank geworden war, benahm er sich mir gegenüber ganz anders. Jahrelang hatte er uns allen immer wieder eingehämmert, wir müßten etwas leisten und die schwierigsten Dinge tun, um uns zu beweisen. In diesem Sommer nun bereitete ich mich auf mein Abschlußjahr auf der High-School vor, und mein Vater drängte mich, die einfachsten Fächer zu wählen, ja, sogar die Förderkurse. Ich vermutete, daß Lori krank geworden war, weil meine Eltern einen solchen Druck auf sie ausgeübt hatten. Und ich hatte das Gefühl, daß mein Vater das gleiche dachte. Er glaubte, er sei an Loris Krankheit schuld, und er hatte Angst, das gleiche könne auch mit mir passieren.

Schließlich faßte ich mir ein Herz und sprach mit meinem Vater.

»Dad, ich habe Probleme, und ich glaube, ich muß zum Psychiater«, sagte ich. Dann hielt ich den Atem an und wartete.

Er schaute mich sehr lange an.

»Wenn du meinst, du brauchst einen Psychiater, kannst du natürlich zu einem gehen«, sagte er endlich langsam und ernst. »Aber, Steven, ich glaube nicht, daß du einen brauchst.« Er machte eine Pause. »Warum willst du zum Psychiater?«

Ich wußte eigentlich keine Antwort. Und ich bin dann auch nicht zum Psychiater gegangen. Ich glaube, ich wollte nur wissen, wie er reagieren würde. Ob er lachen oder zusammenzucken würde, oder ob er auch der Meinung war, daß ich Hilfe brauchte.

Meine Ängste hatten noch eine wichtige Wirkung: Ich weigerte mich, Lori in der Klinik zu besuchen. Zum einen war ich einfach egoistisch. Ich hätte nicht gewußt, was ich hätte sagen oder wie ich mich hätte verhalten sollen. Aber ich dachte auch über mich selbst nach. Als ich Lori am Tufts College besucht hatte, war es, als sähe ich meine eigene Zukunft in ihr widergespiegelt. Ich konnte nicht in die Payne-Whitney-Klinik gehen und in diesen Spiegel blicken.

8

Nancy Schiller
Payne-Whitney-Klinik, New York City
August 1982 bis September 1982

Klack, klack, klack, klack. Jeden Abend trommelten meine Stöckelschuhe über das heiße Pflaster, wenn ich von der U-Bahn zum Krankenhaus ging. Eins, zwei, drei, vier. Schultern zurück, Kopf hoch. »Wenn du für deine Kollegen und deine Kunden ein fröhliches Gesicht machen kannst, dann kannst du es auch für Lori«, sagte ich mir. Ich mußte mich zusammenreißen. Ich durfte nicht vor ihr weinen. Ich mußte fröhlich sein, optimistisch, gutgelaunt lächelnd. Ich mußte ihr helfen und diese Rolle spielen.

Den ganzen heißen Weg über probte ich, als müßte ich zu einem Verkaufsgespräch – dem schwierigsten in meinem ganzen Leben. Ich mußte mein krankes kleines Mädchen davon überzeugen, daß alles wieder gut werden würde, daß das Leben lebenswert ist. Aber vorher mußte ich mich selbst davon überzeugen.

Jeder Schritt auf diesem Weg war ein Kampf. Zuerst kaufte ich Eis im Peppermint Park, Ecke Sechsundsechzigste Straße und First Avenue. Lori liebte Eis. Wie oft hatten wir, als sie noch ein Teenager war, unsere etwas zu prallen Oberschenkel angeschaut und gelacht. »Das geschieht uns recht!« sagten wir dann immer. »Komm, wir essen einen Eisbecher mit heißer Karamelsoße.«

Was sollte das? Hoffte ich, sie mit Süßigkeiten zurückholen zu können? Ich kam mir dumm vor. Wie konnte ich annehmen, daß Lori ein Eis aufmuntern könnte, wenn ich schon beim Kauf fast in Tränen ausbrach. Die rosagrünen Markisen, die Stühle in der Eisdiele und die falschen Tiffany-Fenster machten mich wütend.

Ich hätte die dümmlich lächelnden Verkäufer am liebsten angeschrien: »Wißt ihr nicht, daß meine Tochter in einer geschlossenen Abteilung der Payne-Whitney-Klinik ist und denkt, daß sie fliegen kann? Wie könnt ihr es wagen, zu lächeln? Wie könnt ihr fröhlich sein, während es so viel Elend in der Welt gibt?« Und in meinem Hinterkopf keimte der häßliche Gedanke: »Wie könnt ihr es wagen, gesund zu sein, während meine Lori so krank ist?«

Von der Eisdiele ging ich zur York Avenue hinüber. Zwischen der Sechsundsechzigsten Straße und dem Krankenhauseingang an der Neunundsechzigsten gab es einen Blumenstand. Es war ausgefallen und dumm, Blumen für Lori zu kaufen. Sie hatte sich in ihre eigene Welt zurückgezogen und nahm kaum den Raum um sich herum wahr. Was scherte sie sich um Blumen? Trotzdem kaufte ich ihr jeden Tag welche. Ich mußte etwas tun. Irgend etwas.

Auf meinem Weg zur geschlossenen Abteilung im zweiten Stock warf ich einen kontrollierenden Blick in die Spiegeltüren des Aufzugs und machte mir noch einmal Mut: »Okay, Frau Strahlemann, jetzt kommt Ihr Auftritt!«

Lori war nicht einfach nur meine Tochter. Sie war alles, was ich mir je gewünscht hatte. Als sie noch klein war, war sie meine Puppe; als sie älter wurde, waren wir Spielkameraden. Sie war meine Freundin, meine Vertraute, meine Seelenverwandte. Sie verkörperte die Kindheit, die ich nie hatte.

In meiner Kindheit saß ich oft im Fliederbaum in unserem Garten und träumte von meiner Zukunft. Ich würde schlank und schön und mit einem Doktor verheiratet sein. Ich würde eine kleine Tochter haben, die ich in den Armen wiegen konnte. Ich würde ihr etwas vorsingen und mit ihr lachen, sie anziehen, sie an mich drücken, mit ihr spielen und sie mit all der Liebe überschütten, die ich mir selbst so sehr wünschte.

Meine Eltern nahmen mich kaum je einmal in den Arm oder auf den Schoß oder sagten mir, daß sie mich lieb hatten. Statt dessen stritten sie andauernd. Mein Vater war ein cleverer Geschäftsmann, kalt und berechnend. Meine Schwester sagte, er bete meine Mutter an. Ich hielt ihn für einen Opportunisten. Ich glaube, er hat meine Mutter – sie war sehr schön, sehr reich und sehr zerstreut – nur wegen ihres Geldes geheiratet.

Auf jeden Fall paßten sie überhaupt nicht zueinander. Mein Vater war sehr ordentlich, diszipliniert und konzentriert. Meine Mutter war eine Künstlerin, unbeständig, unordentlich und unentschlossen. Sie wirkte immer wie vom Leben überwältigt, unfähig, damit zurechtzukommen, meine Schwester und mich im Zaum zu halten oder einen Haushalt zu führen.

Spät abends, wenn ich hörte, wie sie laut miteinander stritten, lief ich weinend zu meinem deutschen Kindermädchen ins Zimmer, um mich trösten zu lassen. Morgens schrie mich meine Mutter dann an: »Du bist schuld an meinem ganzen Unglück.« Sie hatte nie Kinder gewollt und konnte nicht mit ihnen umgehen. »Du bist viel zu laut«, hörte ich immer. »Du bist zu dick.« – »Steh gerade!«

Meinen Vater betete ich an. Ich tat alles, damit er mich liebte – ich versuchte sogar, der Sohn zu sein, den er sich immer gewünscht hatte. Ich wusch seine Autos, kletterte auf Bäume, fragte ihn nach seinen Geschäften. Das überzeugte ihn natürlich überhaupt nicht, denn eigentlich war ich ein typisches Mädchen, beschäftigte mich fast nur mit meinen Puppen und lebte in meinen Träumen. Einmal forderte mein Vater mich bei einem Gemeindefest zum Tanzen auf, und ich fühlte mich wie eine Prinzessin, als wir so herumwirbelten. Aber er war ein Sadist, und für ihn war das Ganze nur ein Scherz. Er ließ mich stolpern und lachte, als ich vor allen gedemütigt am Boden lag.

War es ein Wunder, daß ich den ersten Mann heiratete, der gut zu mir war? In dem Augenblick, als ich Marvin im Tanzsaal einer Studentenverbindung sah, wußte ich, daß ich ihn heiraten würde. Er war dunkelhaarig, gebildet und älter als ich – ein Student im Hauptstudium. Als er quer durch den Raum auf mich zukam, fiel ich beinahe in Ohnmacht. Nach dem ersten Tanz mit ihm war ich total verliebt. Wir heirateten am 14. Dezember 1957, einen Monat vor meinem neunzehnten Geburtstag.

Nach seiner Promotion war er der Doktor aus meinen Träumen auf dem Fliederbaum. Und ich sollte mit seiner Hilfe die schlanke, schöne Ehefrau werden, die ich immer hatte sein wollen. Ich hatte ungeheures Glück. Eine so spontan geschlossene Verbindung hätte sich auch ganz anders entwickeln können. Aber wir liebten uns, und wir wurden ein Team. Von Anfang an lernten wir voneinander. Ich stammte aus einer Kleinstadt, er aus New York. Er führte mich in eine stärker intellektuell geprägte Welt ein. Seine Familie war arm gewesen. Meiner hatte es an nichts gefehlt. Ich hatte Tanzstunden, Klavierstunden und Gesangsunterricht bekommen. Ich brachte ihm bei, welche Gabel man bei welchem Gang nehmen muß, wie man Small talk macht und wie man

Dankesbriefe schreibt. Durch mich lernte er, weniger zurückhaltend, aber diplomatischer zu werden.

Als ich neun Monate später schwanger wurde, war mein einziger Gedanke, daß jetzt der Rest meines alten Traumes im Fliederbaum wahr wurde. Laß es ein Mädchen werden, dachte ich, laß mich eine Tochter bekommen.

Lori Jo enttäuschte mich nicht. Als sie geboren wurde, war ich zwanzig, und ich liebte sie über alles. Jeden wachen Augenblick verbrachte ich mit ihr. Ich zog ihr Röckchen und Kleidchen an. Sie entwickelte sich überdurchschnittlich schnell, konnte früh laufen und sprechen. Wir gaben ständig mit ihr an. Leider war sie kein anschmiegsames Kind, eher ein kleiner Wildfang, immer unterwegs und beschäftigt. Und sie war ungeheuer dickköpfig. Ein kleines Mädchen, das wußte, was es wollte, und sich so oft wie möglich durchsetzte.

Ich liebte sie sehr. Sie war das ideale Kind – intelligent, lustig, lebendig, hübsch, freigebig, warmherzig und lieb. Eine Freundin sagte einmal, Lori gehe einem unter die Haut.

Später klagten meine Freundinnen immer über ihre Probleme mit ihren halbwüchsigen Kindern. Sie stritten sich mit ihnen, es gab Geheimniskrämereien, Verdächtigungen und Machtproben. Zwischen Lori und mir jedoch war alles anders. Wir gingen zusammen ins Kino. Wir gingen einkaufen, probierten Hüte auf und bekamen dabei Lachanfälle. Wir lagen im Garten und sonnten uns. Und wir stritten uns nie. Die Teenager-Machtkämpfe und das übliche Mißtrauen gab es bei uns nicht. Wir waren uns als Mutter und Tochter sehr nahe.

Und jetzt?

Wenn ich im zweiten Stock aus dem Aufzug stieg, mußte ich klingeln. Eine Schwester schaute durch ein Fenster, bevor sie mich einließ. Sie schloß die Tür gewissenhaft hinter sich, damit niemand entkommen konnte. Es war ein trübseliger, kahler Ort mit abgeschrammten Wänden und Anstaltsmöbeln. Manchmal besuchte ich Lori in ihrem Zimmer, manchmal ging sie mit mir in ein Besucherzimmer am Ende des Flurs. Mir war das egal. Da saß ich nun mit dieser Hülle meiner Tochter. Die meiste Zeit war sie wie in Nebel gehüllt, als ob ein Schleier zwischen ihr und mir läge. Dann wieder sprach sie unzusammenhängend, mit einer eigenartigen Energie.

Wie konnte ich mit dieser Fremden reden? Was konnte ich sagen, um etwas zu verändern? Ich machte weiter mit meiner Show. »Mach dir keine Sorgen, Lulubelle.« Das war ihr Kosename gewesen, als sie klein war. »Du wirst wieder gesund. Bald wird es dir bessergehen. Alles wird gut werden.« Meistens wußte ich nicht, was ich sagen sollte, und murmelte nur tröstlichen Unsinn. Aber ich tat es. Ich mußte es tun. Um ihretwillen.

Das Fortgehen war jeden Abend eine Qual für mich. Wenn sich die Tür hinter mir schloß, hörte ich, wie sie flehentlich hinter mir herrief. Ihre Bitten schnitten mir wie Rasierklingen ins Fleisch.

»Geh nicht, Mommy«, weinte sie. »Laß mich nicht hier. Ich gehöre nicht hierher, Mommy. Bitte, nimm mich mit nach Hause. Ich werde auch bestimmt brav sein, das verspreche ich.«

Lange Zeit erzählte ich niemandem, wo Lori war. Die Jungs wußten es natürlich, aber sonst niemand in der Verwandtschaft. Auch meiner Schwester und meiner Mutter erzählte ich nichts, niemandem. Marvin hatte es mir verboten. Als wir das erste Mal aus dem Krankenhaus kamen, sagte er mit eisiger Miene: »Ich verbiete dir, irgend jemandem davon zu erzählen.«

Ich war sprachlos. Verbieten? Wir waren seit fünfundzwanzig Jahren verheiratet. Noch nie hatte er so etwas gesagt. Verbieten?

»Wenn wir den Leuten davon erzählen, wird sie es nie mehr vergessen können«, sagte er. »Sie wird gebrandmarkt sein. Wenn sie wieder rauskommt, wird sie das Ganze hinter sich lassen müssen. Das wird unmöglich sein, wenn alle wissen, wo sie war.«

»Aber Marvin, sie haben gesagt ...« Im Krankenhaus hatte man angedeutet, daß Lori schwerer krank war, als wir dachten.

»Es ist mir egal, was sie gesagt haben.«

»Wie sollen wir so eine Sache geheimhalten? Sie wird eine Weile dort bleiben müssen.« Tatsächlich wußte keiner von uns, wie lange sie in der Psychiatrie bleiben würde.

»Daran habe ich bereits gedacht. Von jetzt an erzählen wir, daß Lori zurück nach Boston gegangen ist, um weiterzustudieren. Das könnte doch gut sein.«

Mir leuchtete das nicht ein. »Aber sie hat doch die Wohnung hier. Und ihre ehemalige Mitbewohnerin weiß davon ...«

Er war nicht zu überzeugen.

»Ich kann das nicht geheimhalten. Du weißt, daß ich Geheimnisse nicht gut für mich behalten kann. Ich muß mit jemandem darüber reden. Ich muß reden.«

»*Wir* werden darüber reden«, sagte er. Und damit war das Thema erledigt.

Die Heimlichtuerei machte alles noch zehnmal schlimmer für mich. Ich wollte reden, Dampf ablassen, Mitgefühl und Unterstützung von meinen Freunden bekommen. Statt dessen konnte ich mich niemandem anvertrauen. Noch schlimmer, ich log sie alle an. Ich haßte es, meine Freunde anzulügen. Ich haßte es, so zu tun, als ob alles in Ordnung sei.

Ich begriff allmählich, woran Ehen zerbrechen können. Einem solchen Druck waren wir noch nie ausgesetzt gewesen. Wir waren immer noch Freunde. Wir waren immer noch gern zusammen. Aber unsere gewohnten Rollen galten nicht mehr. Ich war immer die Ehefrau und Mutter gewesen. Marvin hatte das Geld nach Hause gebracht. Er war genau und absolut verläßlich, ein Mann, auf den sich eine Familie verlassen konnte. Aber jetzt war alles anders.

Eines Abends kamen wir aus dem Krankenhaus, hielten uns bei den Händen und schauten uns an.

»Wird alles wieder gut werden?« fragte ich.

»Ich weiß es nicht«, sagte er.

Es war ein schrecklicher Augenblick. Noch nie hatte er »Ich weiß es nicht« gesagt. Er war stets zuversichtlich und optimistisch gewesen. Ich hatte nie irgendwelche Zweifel von ihm gehört. Wie konnte er so etwas sagen? Ich wollte, daß er wußte, es würde gut werden.

All diese Jahre hatte ich mich an Marvin orientiert. Jetzt war auch er plötzlich hilflos. Hilflos angesichts der schrecklichen Krankheit, die sein kleines, angebetetes Mädchen befallen hatte. Hilflos angesichts einer Tatsache, die er nicht ändern konnte. Er konnte nicht an irgendwelchen Fäden ziehen und alles verschwinden lassen. Er konnte es nicht einmal besser machen.

Loris Krankheit war etwas, worüber er keine Macht besaß. Er fühlte sich handlungsunfähig. Und so tat er alles in seiner Macht Stehende, um zu verleugnen, was geschah. Er erfand lächerliche Geschichten. Und er stürzte sich noch tiefer in seine Arbeit.

Ich glaubte nicht, daß er jetzt absichtlich öfter auf Reisen ging, um von zu Hause weg zu sein. Das Reisen gehörte zu seiner Arbeit als Unternehmensberater. Und zu seinen Aufgaben als Führungskraft gehörte es, immer wieder Tage und Nächte in der Zentrale des Unternehmens in Chicago zu verbringen. Dennoch war ich sehr ärgerlich, wenn er wegging und mich allein ließ. »Du bist nie da, wenn ich dich brauche«, dachte ich. Ich wußte, daß meine Vorwürfe unfair waren. Aber so dachte ich nun einmal. Ich konnte nichts dagegen tun.

Wenn ich nach meinen Besuchen bei Lori in das leere Haus zurückkam, war ich so einsam wie noch nie zuvor. Marvin rief jeden Abend an, und wir redeten. Obwohl er müde war und den ganzen Tag gearbeitet hatte, redeten wir miteinander, solange ich es brauchte. Er war sehr liebevoll und besorgt, aber er war zwölfhundert Kilometer weit weg, und ich war allein.

Wenn er nach Hause kam, führten wir endlose Gespräche. Er gab sich die Schuld an allem, und ich widersprach ihm nicht. Ich dachte das gleiche. Er *war* zu fordernd und zu streng mit ihr gewesen. Als sie aufwuchs, war er zu selten zu Hause gewesen. Er war zu wenig auf ihre Bedürfnisse eingegangen. Warum durfte sie nicht die Schule wechseln, als sie sich zu sehr unter Druck fühlte?

Er quälte sich in langen, schlaflosen Nächten. »Es ist alles meine Schuld«, sagte er.

Und ich widersprach ihm nicht.

Ich machte mir keine derartigen Vorwürfe. Ich hielt mich für eine wundervolle Mutter. Überdies war ich in meinem Job sehr erfolgreich. Ich verkaufte Anzeigenraum für eine Modezeitschrift. Aber als die Kinder noch klein waren, war ich zu Hause geblieben. Ich war immer für sie dagewesen. Ich war im Elternbeirat aktiv, hatte immer Milch und Kekse für alle dabei und organisierte die Fahrgemeinschaft. Ich hatte sehr viel Zeit für meine Kinder, und ich liebte sie sehr.

Nein, was mich quälte, war eine ganz bestimmte Frage: Wenn ich Lori so liebte, warum hatte ich das alles nicht kommen sehen? Wie hatte ich so blind sein können?

Ich durchforstete meine Erinnerungen an ihre Kindheit. Alles war mir so normal vorgekommen, aber jetzt, im kalten Licht dieser Krankheit, stellte ich diese Normalität in Frage. Lori war schon immer launisch gewesen, besonders später als Teenager. Manchmal sagte sie, sie sei deprimiert, fett und habe keine Freunde. Dann sprach ich mit meinen Freundinnen, und sie sagten, ihre Töchter hätten die gleichen Probleme. Wir führten es auf die Hormone zurück. Und ich war selbst manchmal ganz schön sprunghaft. Wenn Lori launisch war, erschien mir das damals normal. Aber war es das wirklich? Oder war es ein Zeichen, das ich nicht erkannt hatte?

Jetzt wurde mir klar, daß ich mir die ganze Zeit über niemals Sorgen um Lori gemacht hatte. Sie hatte so eindeutig überlegen gewirkt. Es war immer Mark gewesen, der mir Sorgen machte. Mark, unser mittleres Kind, war schüchtern und unbeholfen. Als wir nach Scarsdale zogen, waren Lori und der kleine Steven völlig unbefangen. Sie gingen ohne irgendein Anzeichen von Angst in ihre neue Schule und in den Kindergarten. Nur Mark hatte Anpassungsschwierigkeiten.

In der High-School war Lori eine gute Schülerin. Sie beteiligte sich an allen möglichen Aktivitäten, hatte immer eine Schar von Freunden um sich und war im großen und ganzen eher fröhlich. Mark dagegen war ständig deprimiert, hatte verweinte Augen, hörte Acid Rock und schrieb Gedichte über Tod und Selbstmord. Er war es, der mich damals nachts wach hielt, nicht Lori.

Jetzt hatte sich plötzlich alles umgekehrt. Mark blühte im College auf, wollte möglicherweise weiterstudieren und war allem Anschein nach glücklich und ausgeglichen. Und Lori war in einer Nervenheilanstalt. Wann waren die Dinge umgeschlagen? Welche Anzeichen hatte ich übersehen?

Und als ich schließlich erkannte, daß sie krank war, hatte ich mich da zu passiv verhalten? Hätte ich mehr tun können, um zu helfen? Insbesondere warf ich mir vor, daß wir Lori von Dr. Kline hatten behandeln lassen. Ich hatte den Mann nie kennengelernt, aber ich mochte ihn nicht. Ich fand ihn schrecklich. Ich glaubte nicht, daß er diesen Kindern half. Ich fand, er ging mit ihnen um wie mit Versuchskaninchen. Er hatte Lori lediglich immer mehr Tabletten gegeben.

Die Auswirkungen konnte ich an ihren Augen sehen. Schon wenige Wochen nach Beginn der Behandlung wurde ihr Blick glasig und leer, und sie bewegte sich wie eine Schlafwandlerin. Sie nahm fast neun Kilo zu. Ihr einst so schöner Teint war nun voller Pickel, ihr kastanienfarbenes Haar wurde fast über Nacht grau.

Aber wie schlecht es ihr wirklich ging, wurde mir erst eines Tages im späten Frühjahr klar. Ich kam oft in die Stadt, um Lori zu besuchen, und an diesem Tag war ich auf dem Weg zu ihr. Ich ging eine Straße entlang, zu der Ecke, wo wir uns treffen wollten. Da kam ich an einer Obdachlosen vorbei, einer Frau, die schwer mit allen möglichen Tüten beladen war. Obwohl es schon Frühling und sehr warm war, trug diese Frau noch Mantel, Hut und Stiefel.

Etwas an ihr brachte mich dazu, mich noch einmal

nach ihr umzudrehen. Ich bekam einen Schock. Es war Lori.

Warum bin ich auch damals nicht eingeschritten? Warum habe ich nicht darauf bestanden, daß sie sofort in ein Krankenhaus kam? Ich wußte, daß etwas falsch lief, aber ich konnte es nicht begreifen und war nicht in der Lage, etwas daran zu ändern. Hätte ich damals etwas tun können, um sie vor dem schrecklichen Los zu bewahren, das ihr jetzt aufgebürdet war?

Den ganzen Sommer lang ging ich diesen einsamen Weg, aus der U-Bahn heraus, an der Eisdiele und am Blumenstand vorbei, vorbei an anderen traurigen Eltern, die wie ich aussahen, hinein in die trübe Farblosigkeit von Loris Zimmer. Als es auf den Herbst zuging, brachte ich ihr heiße Brezeln von den Straßenständen und einen schönen Trainingsanzug von Bloomingdale's mit. Sie hatte so stark zugenommen, daß sie nicht mehr in ihre Kleider paßte.

Manchmal ging es ihr so schlecht, daß sie zusammengekauert und unansprechbar in ihrem Zimmer saß. Manchmal ging es ihr gut genug, daß sie mit den anderen Patienten zusammen nähen oder basteln konnte. Basteln! Ich konnte es kaum glauben. Meine Einser-Lori, die am Tufts College studiert hatte, die beinahe auch in Harvard angenommen worden wäre und die immer erfolgreich gewesen war. Und jetzt waren wir dankbar, wenn es ihr gut genug ging, daß sie Muster auf Teller malen konnte.

Was fehlte ihr? Wir wußten es immer noch nicht. Keiner sagte es uns. Hätten sie es uns sagen können? Auch das war uns nicht klar. Wir wußten nur, daß sie alle Medikamente ausprobierten, die sie kannten, und nichts schien zu helfen. Uns klangen die Namen der

Medikamente in den Ohren: Sie versuchten es mit Lithium gegen ihre Stimmungsschwankungen. Sie versuchten es mit Thorazin und Haldol gegen die psychischen Symptome. Sie steigerten die Dosis. Sie gaben ihr Medikamentenmengen, die einen Ochsen umgeworfen hätten. Aber nichts wirkte.

Lori irritierte die Ärzte anscheinend, weil sie auf keine Behandlung ansprach. Und die Ärzte irritierten uns. Zum einen wechselten die behandelnden Ärzte ständig. Die Payne-Whitney-Klinik war eine Uni-Klinik, ein Ableger des New York Hospital/Cornell Medical Center. Wir sahen uns immer wieder ernsten jungen Studenten gegenüber, die ihr Praktikum in der Psychiatrie absolvierten.

Zuerst war da ein junger Mann. Dann eine sehr kleine Frau. Dann wieder ein Mann. Dann wieder eine Frau. Bei jedem Wechsel mußten wir wieder von vorn anfangen: Ja, Lori hatte die meiste Zeit ihrer Kindheit normal gewirkt. Ja, manchmal wirkte sie niedergeschlagen. Nein, sie hat nie Probleme mit den Aufgaben gehabt, die ihr gestellt wurden. Schauen Sie ihre Noten vom College an! Ja, ihre Schwierigkeiten haben anscheinend in der letzten Phase des Studiums begonnen. Immer wenn wir das noch einmal durchkauen mußten, dachten wir: Und was ist mit Lori? Was taten sie, um ihr zu helfen?

Anfang Juni lernten wir eine weitere junge Frau kennen. Loris Fall sei schwer zu diagnostizieren, sagte sie. Phasen voll wilder Energie und tiefer Verzweiflung lösten einander ab. Die Ärzte überlegten, ob sie nicht an einer Zyklothymie litt, mit anderen Worten, ob sie manisch-depressiv war. Das leuchtete mir ein. Ich habe selbst manchmal abrupte Stimmungsumschwünge und verfalle von einer Hochstimmung in tiefe Niedergeschlagenheit, aber es hat mir nie etwas ausgemacht.

Dann ließ die Ärztin eine Bombe platzen. Sie sagte, Lori habe Halluzinationen.

Halluzinationen? Ich begann zu weinen.

»Ich verstehe das nicht«, sagte ich. »Ich verstehe nicht, was mit ihr vor sich geht, und ich habe Angst.«

Marvin war ruhiger. Er glaubte es nicht. Er wollte es nicht glauben. Er dachte wohl, daß einfach die Phantasie mit Lori durchging und daß sie das mit etwas Unterstützung wieder in den Griff bekommen würde.

Dennoch waren wir beide bestürzt über diese Nachricht und über die offensichtliche Unfähigkeit der Ärzte, Loris Symptome zu deuten und ihr zu helfen. Als die Ärzte eine Elektroschock-Therapie vorschlugen, willigten wir ein. Wir waren bereit, alles auszuprobieren. Sie versicherten uns, daß Elektroschocks nichts mit den Horrorbildern zu tun hätten, die man aus Filmen kannte. Es sei ein Strom mit einer sehr niedrigen Spannung. Manchmal reiche der Impuls aus, ein Gehirn von seinen wie auch immer verursachten Schwankungen zu befreien. Sie brachten die Formulare. Wir unterschrieben.

Bei den Schockbehandlungen selbst durften wir nicht dabeisein, also wußte ich nicht, was dort vor sich ging. Aber wenn ich Lori abends sah, wirkte sie viel gedämpfter in ihrem ganzen Verhalten. Vielleicht war sie auch nur erschöpft. An den Abenden nach der Behandlung war sie immer sehr weit weg. Nach sechs Behandlungen schien es ihr besser zu gehen, und sie mußte nicht mehr rund um die Uhr beobachtet werden. Eines Abends bekamen wir sogar die Erlaubnis, sie zum Essen auszuführen. Aber sie fiel sehr schnell in ihren alten Zustand zurück. Sie gaben ihr weitere sechs Elektroschocks. Dann nochmal sechs. Die Zeit verstrich. Es wurde Juli,

August, September. Insgesamt bekam sie zwanzig Behandlungen. Aber abgesehen von der Teilnahmslosigkeit abends nach der Behandlung konnten wir keine Wirkung feststellen.

Anscheinend wußte man in der Payne-Whitney-Klinik nicht mehr weiter. Es war eine Einrichtung für Kurzzeiterkrankungen. Zuerst hatten wir das als hoffnungsvolles Zeichen gedeutet. Sie würde dort hingehen, behandelt werden und wieder herauskommen. Wir hatten nie an die Alternative gedacht: daß es nicht besser würde. Daß die Psychotherapie nicht half. Daß auch Medikamente und Elektroschocks nicht halfen. Daß sie nicht nach Hause kommen, sondern in irgendeine Langzeiteinrichtung für wirklich schwerkranke Patienten überwiesen würde.

Plötzlich wurden wir mit dieser Alternative konfrontiert. In den ersten Herbsttagen bekamen wir die Nachricht, daß die Ärzte mit uns sprechen wollten – mit uns beiden.

Marvin und ich trafen uns in einem Raum zwischen zwei Sprechzimmern. Es war kein richtiges Büro, sondern eher ein Wartezimmer oder ein Aufenthaltsraum, in dem sich die Ärzte zwischendurch erholen konnten. Wir waren beide sehr nervös. Marvin wirkte besonders angespannt, auf Distanz bedacht und abwehrend. Vor uns saßen zwei Personen: eine junge Frau – die Ärztin, die Lori zuletzt behandelt hatte – und ein junger Mann, den ich ebenfalls schon vorher gesehen hatte. Er hatte ab und zu an unseren Gesprächen über Loris Behandlung teilgenommen. Aber angesichts der vielen an Loris Behandlung beteiligten Personen konnte ich mich nicht mehr an seine Funktion erinnern. Vielleicht war er Arzt, vielleicht auch Sozialarbeiter oder Wissenschaftler. Ich weiß nur, daß er sehr, sehr jung war, ein steifer, gehemmter Gelehrtentyp.

Die Ärztin begann: »Lori ist jetzt seit über zwei Monaten hier. Ich glaube, wir haben jetzt eine genauere Vorstellung von ihren Problemen.«

»Was fehlt ihr?« Marvin und ich platzten fast gleichzeitig mit unserer Frage heraus.

»Wegen der Kombination aus heftigen Stimmungsumschwüngen und Halluzinationen glauben wir, daß Lori an einer sogenannten schizoaffektiven Störung leidet.«

»Schizoaffektive Störung?« fragte Marvin ungläubig. »Was ist das?«

»Es ist eine Kombination aus mehreren Komponenten. Einige Symptome deuten darauf hin, daß sie manisch-depressiv ist, andere sprechen für eine Schizophrenie.«

»Heißt diese Diagnose nicht, daß Sie eigentlich gar nicht wissen, was ihr fehlt?« Marvins Stimme klang bitter. Ich glaube, er war einfach schockiert. Es war das erste Mal, daß das Wort Schizophrenie im Zusammenhang mit Lori erwähnt wurde. Die Ärzte hatten uns zwar von den Halluzinationen erzählt, aber sie hatten bisher gemeint, diese könnten eine Folge ihrer manischen Depression sein.

Die Ärztin zuckte mit den Schultern. »Was wir sicher wissen, ist, daß Lori ein sehr krankes Mädchen ist. Dieses Krankenhaus ist auf Kurzzeitbehandlungen ausgerichtet. Loris Problem ist nicht kurzfristig lösbar. Deshalb empfehlen wir, sie in ein anderes Krankenhaus, ins Westchester, zu überweisen. Es gehört auch zum New York Hospital, aber dort werden mittlere und Langzeittherapien durchgeführt. Es liegt auch näher bei Ihrem Wohnort.«

Marvin war nicht zu überzeugen. »Es fällt mir schwer, diese Diagnose zu akzeptieren«, sagte er. Sogar für mich klang seine Stimme kühl und geschäftlich. »Die ganze Zeit hat man uns glauben gemacht, es würde ihr bald bessergehen.«

»Sie wissen sicher, daß ihre Symptome immer sehr schwerwiegend waren …«, begann die junge Frau.

»Aber was sind ihre Symptome? Ich weiß nicht mehr, was ein Symptom ist und was von den Elektroschocks oder den Medikamenten verursacht wurde. Glauben Sie nicht, wir sollten all die Medikamente absetzen und sehen, wie sie darauf reagiert?«

Die Ärztin war anderer Meinung. Loris Probleme hätten mehr mit ihrem Gesundheitszustand als mit den Medikamenten zu tun, meinte sie. Und da Lori in der Vergangenheit so viel Aufsicht gebraucht habe, müsse in jedem Fall auch ein Absetzen der Medikamente unter ärztlicher Aufsicht durchgeführt werden.

»Könnten wir sie nicht mit nach Hause nehmen? Sie wissen, daß ich Psychologe bin. Wenn sie professionelle Aufsicht braucht, dann könnte ich mir freinehmen und sie selbst beobachten …«

Bisher hatten der junge Mann und ich dem Gespräch zwischen Marvin und der Ärztin schweigend zugehört, aber jetzt mischte er sich ein.

»Schizophrenie ist eine sehr schwere Erkrankung«, sagte er. »Es kann sehr lange dauern, bis es ihr bessergeht – wenn überhaupt eine Besserung eintritt. Vielleicht kann sie nie mehr selbständig leben. Es wäre besser, wenn Sie beide dieser Tatsache ins Auge sehen würden.«

Ich war entsetzt. Dieser junge Mann, den ich kaum kannte, hatte uns gerade gesagt, daß es keine Hoffnung gab. Keine Hoffnung für Lori. Die Ärzte gaben sie auf und empfahlen uns, dasselbe zu tun. Mein Magen krampfte sich zusammen. Ich blickte zu Marvin hinüber.

Er saß ganz steif da und sah sehr wütend aus. In seinen Augen standen Tränen, während ich, die den ganzen Sommer über geweint hatte, jetzt keine einzige Träne herausbrachte.

Schizophrenie? Was bedeutete dieses Wort? Ich verstand es nicht. Ich glaubte es nicht. Die ganze Zeit hatten sie von manisch-depressiven Symptomen gesprochen. Jetzt wußte ich nicht, wovon die Rede war. Was meinten sie damit, daß sie halluzinierte? Und was hatte das mit Schizophrenie zu tun?

Schizophrenie bedeutete doch Persönlichkeitsspaltung, oder? Ich hatte von Schizophrenie gehört, und ich hatte einige Filme darüber gesehen. Etwa diesen Film mit Joanne Woodward über eine Frau mit drei verschiedenen Persönlichkeiten, die ohne Vorwarnung kamen und gingen.

Und wie viele Persönlichkeiten hatte Lori? War das Mädchen, das uns sagte, es könne fliegen, eine andere Persönlichkeit als die Lori, die wir kannten und liebten? Wo war diese andere Lori hergekommen, und wie konnten wir sie wieder loswerden, um unsere Tochter zurückzubekommen?

Ich stellte diese Fragen nicht. Und die Ärzte glaubten offensichtlich, wir würden schon verstehen, wovon sie sprachen, oder könnten es wenigstens unverstanden akzeptieren.

An wen sollte ich mich wenden? Marvin kapselte sich immer noch ab und wollte mit niemandem sprechen. Also konnte er das Problem auch nicht wie sonst lösen, indem er seine Freunde und Kollegen anrief und sie um Rat und Auskunft bat. Er war Psychologe. Er wußte bestimmt, was Schizophrenie bedeutete. Aber er war zu aufgewühlt, um es mir genau zu erklären. Oder er wollte mich vor der Wahrheit schützen. Wieder fühlte ich mich verwirrt und allein gelassen.

Am nächsten Tag ging ich zu Doubleday und kaufte drei Bücher über psychische Krankheiten. Für mich waren derartige Krankheiten etwas Tragisches und Bestürzendes, und ich hatte mir immer vorgestellt, Lori sei nicht richtig krank, sondern habe letztlich ganz normale Probleme. Marvin und ich waren über Loris Zusammenbruch entsetzt gewesen, aber mehr war es für uns nicht als eben ein Zusammenbruch. Menschen wie Lori hatten Nervenzusammenbrüche. Sie hatte unter einem zu großen Druck gestanden. Sie war deprimiert gewesen. Sie war unglücklich gewesen. Sogar ihre Behauptung, daß sie fliegen könne, empfanden wir zwar als schrecklich, aber wir verstanden sie als eine streßbedingte, geistige Verwirrung und konnten sie auf diese Weise akzeptieren. Wenn ihre Symptome mit Medikamenten behandelt werden würden und sie vom Streß befreit war, würde auch ihre Verwirrung verschwinden, so glaubten wir.

Aber Schizophrenie? Allein das Wort klang schon schrecklich.

Ich begann in den Büchern zu lesen, während ich noch an der Kasse anstand. Ich las, soviel ich konnte, ehe ich zurück ins Büro ging, und ich las auf dem Heimweg im Zug.

All meine Vorstellungen waren falsch. Schizophrenie war keine Spaltung der Persönlichkeit. Es war eine Erkrankung des Gehirns, eine biochemische Störung. Schizophrene Menschen haben Halluzinationen. Sie hören Stimmen, die ihnen Befehle geben. Sie hören Stimmen, die über sie sprechen. Manchmal leiden sie unter Wahnvorstellungen, etwa, daß sie der Prophet Elias seien oder Moses. Schizophrene Menschen sind schwer krank. Die Krankheit beginnt meist in der Jugend, am

Anfang des Lebens. Manchmal gelingt es, die Halluzinationen durch Medikamente unter Kontrolle zu bringen. Manchmal helfen sie überhaupt nicht. Sehr oft bessert sich der Zustand von Schizophrenie-Patienten überhaupt nicht. Manche verbringen ihr ganzes Leben in Anstalten.

Plötzlich verstand ich, warum Lori von der Payne-Whitney-Klinik in ein anderes Krankenhaus verlegt werden sollte. All meine Befürchtungen waren berechtigt. Sie sagten uns damit, daß es keine Hoffnung gab.

9

New York Hospital, Westchester Division
White Plains, New York
September 1982 bis Oktober 1982

KRANKENBLATT

Name: Schiller, Lori
Einlieferungsdatum: 24.9.1982
Station: Nord Drei

PSYCHIATRISCHE KRANKENGESCHICHTE

Persönliche Daten
Geburtsdatum: 26.4.1959
Alter: 23
Geschlecht: weiblich
Rasse: weiß
Religion: jüdisch
Familienstand: ledig
Kultureller Hintergrund: weiß, obere Mittelschicht, jüdisch
Momentane Lebenssituation: lebt allein in einem Appartement in Manhattan
Beruf: Versicherungsagentin

Auskunft gebende Personen
Patientin, Angaben nicht verläßlich
Eltern, Angaben verläßlich

Fallbeschreibung
Die Patientin wurde von der Payne-Whitney-Klinik des New York Hospital für eine langfristige Behandlung von Depression, Erregungs- und Verwirrungszuständen sowie akustischen Halluzinationen an uns überwiesen. Die Patientin klagt über ein starkes Verwirrtsein, das sie auf die Elektroschock-Therapie zurückführt, der sie in der Payne-Whitney-Klinik unterzogen wurde. Sie hört Stimmen, die sie kritisieren und ihr befehlen, sich selbst zu verletzen.

Beschreibung der Patientin und ihres geistigen Zustandes
Bei ihrer Aufnahme wirkte die Patientin äußerlich vollkommen normal. Ihre Kleidung war ordentlich und unauffällig. Während des Gesprächs machte sie einen etwas verwirrten Eindruck … Sie sagte, sie habe Halluzinationen … Sie schien nicht an einer formalen Denkstörung wie Ideenflucht oder Denkzerfahrenheit zu leiden. Aufgrund ihrer Verwirrtheit war es schwierig, ihre Wahrnehmungsfähigkeit einzuschätzen … Ihr Erinnerungsvermögen war schlecht, vor allem ihr Langzeitgedächtnis. Ihr Kurzzeitgedächtnis war etwas besser.

Empfehlungen
Zunächst ist eine genaue Diagnose der Patientin notwendig. Ursprünglich wurde eine Zyklothymie diagnostiziert, es gibt jedoch auch Anzeichen für eine Schizophrenie …

27.9.82, Krankenblatt-Eintrag der Pflegekräfte, 22.30 Uhr
Status: Ständige Überwachung

Lori leidet häufig unter akustischen Halluzinationen. So schreien Stimmen sie an und befehlen ihr, aus dem Fenster zu klettern und zu »fliegen«. Sie wirkt verzweifelt und hält sich oft die Ohren zu. Sie geht dicht an die Fenster heran, läßt sich jedoch leicht dazu bewegen, von dort wieder wegzugehen. Sie wirkt deprimiert und äußert Entmutigung und Ärger über ihre schwachen Fortschritte. Aus diesem Grunde verweigerte sie die Einnahme der für 21.00 Uhr verordneten Medikamente, da sie »nicht helfen, die Stimmen fortzunehmen«. Als ihre Eltern zu Besuch kamen, schien sie sich zu freuen.

1.10.82, Krankenblatt-Eintrag der Pflegekräfte,
23.45 Uhr
Status: Ständige Überwachung

Als die Eingangstür für einen anderen Patienten geöffnet wurde, versuchte Lori fortzulaufen ... Sie wurde festgehalten, bevor sie hinausgelangen konnte. Die Mitarbeiter nahmen ihr daraufhin die Schuhe weg und kleideten sie in einen Schlafanzug des Krankenhauses.

3.10.82, Krankenblatt-Eintrag der Pflegekräfte,
15.00-23.00 Uhr
Status: Ständige Überwachung

... die Patientin gab an, zwei männliche Stimmen zu hören, die sie nicht identifizieren könne. Diese Stimmen sagten, sie solle aus dem Fenster springen, sie könne fliegen und sie solle das Krankenhaus verlassen. Die Patientin hat den Eindruck, daß die Stimmen aus einem

»Radio in meinem Kopf« kommen. Sie sagte, sie verdiene den Tod, da sie durch und durch schlecht sei. Sie meint, der Tod würde ihre Probleme lösen und die Dinge für sie einfacher machen.

15.10.82, Krankenblatt-Eintrag der Pflegekräfte, 15.00–23.00 Uhr
Status: Ständige Überwachung

Die Patientin hatte heute abend Besuch von ihrem Bruder, worüber sie sehr glücklich zu sein schien. Sie sprach kurz davon, daß sie noch immer Suizid begehen wolle, und fragte, warum sie ihr Leben nicht beenden dürfe; es sei doch ihres. Sie habe ihr Leben bereits gelebt, und es gebe nichts mehr, wofür es sich zu leben lohne. Von Zeit zu Zeit wirkte die Patientin wie weggetreten. Sie sprach auch über ihren Gedächtnisverlust und fragte, ob ihre Erinnerungen je vollständig zurückkommen würden …

20.10.82, Krankenblatt-Eintrag der Pflegekräfte, 22.00 Uhr
Status: Ständige Überwachung

Die Patientin sagte, die Stimmen seien ständig da und würden ihr manchmal befehlen, sich zu verletzen. Manchmal habe sie, auch ohne auf die Stimmen zu hören, das Gefühl, sie müsse sich Verletzungen beibringen. Sie erzählte, daß sie fliegen könne und daß sie vor zwei Jahren im College auch schon geflogen sei. Sie sei mit einem Fallschirm gesprungen. Beim erstenmal habe sie einen Fallschirm benutzt, das zweite Mal sei sie ohne Fallschirm gesprungen und auf ihren Füßen gelandet. Die Patientin hat nicht den Eindruck, daß dies etwas Seltsames sei …

10

Nancy Schiller
New York Hospital, White Plains,
New York
November 1982 bis April 1983

Es ist seltsam. Nie zuvor hatte ich bemerkt, daß dort hinten ein Krankenhaus liegt. Noch nie hatte ich der langen, eleganten Allee mehr als einen flüchtigen Blick geschenkt – obwohl das große Ziegelsteintor des Krankenhauses einige der Kaufhäuser überragt, in denen ich seit Jahren einkaufe. Saks, Bloomingdale's, Neiman-Marcus – es schien, als hätte ich dort schon immer Einkäufe erledigt, zu Mittag gegessen, mich unterhalten, alles im Schatten dieser großen und berühmten psychiatrischen Einrichtung. In das Westchester-Krankenhaus des New York Hospital in der Bloomingdale Avenue in White Plains wurde Lori am 24. September 1982 mit einem Krankenwagen eingeliefert.

Unter anderen Umständen wäre ich vielleicht froh gewesen, daß meine Tochter hierher gebracht wurde, denn die Payne-Whitney-Klinik in Manhattan und das Westchester-Krankenhaus in White Plains gehörten zwar beide zur gleichen medizinischen Versorgungseinrichtung, doch schon in ihrem Äußeren waren sie völlig verschieden.

Die Payne-Whitney-Klinik war ein schmuddeliges Stadtkrankenhaus mit Ausblick auf die rotgestreiften Schornsteine von Queens. Der Franklin D. Roosevelt Drive mit seinem endlosen Verkehrslärm lieferte die passende Geräuschkulisse. Das Westchester-Krankenhaus hingegen lag in der Nähe der wohlhabendsten Stadtteile New Yorks. Es war von weiten, gepflegten Rasenflächen, alten Bäumen und anmutigen Gärten umgeben. Verglichen mit dem Westchester wirkte die Payne-Whitney-Klinik mit ihren grauen, abgestoßenen Wänden und ihren altmodischen Möbeln düster und ungepflegt. In den Besucherräumen des Westchester befanden sich wunderschöne alte Polsterstühle, Vitrinen und Standuhren. Die Patientenräume waren im hellen skandinavischen Stil gehalten.

Die Ärzte in der Payne-Whitney-Klinik trugen zudem weiße Kittel, was eine kühle und abweisende Atmosphäre erzeugte. Im Westchester trugen die Ärzte Straßenkleidung. Und obwohl auch das Westchester an den Lehrbetrieb der Cornell University angeschlossen war, hatten wir hier weniger das Gefühl, nur ein Übungsfall für die Studenten zu sein. Wir hatten vielmehr den Eindruck, daß die Ärzte in diesem Krankenhaus professionell arbeiteten und versuchten, uns zu helfen.

Aber wir waren dennoch nicht dankbar, sondern wütend. In den letzten Wochen von Loris Aufenthalt in der Payne-Whitney-Klinik hatte sich unser Schmerz über die grausame Diagnose und Prognose in Zorn auf die Überbringer der Botschaft gewandelt.

Wenn ich wütend werde, ist das für alle deutlich erkennbar. Da ich ein extrovertierter Mensch bin, drücke ich meinen Ärger – wie auch meine Freude – immer offen aus. Ich war empört darüber, daß die Verantwortlichen der Klinik unseren Fall so jungen, unerfahrenen Ärzten überlassen hatten. Es mochte ja sein, daß hinter den Kulissen Erwachsene wirkten und darauf achteten, daß diese Anfänger keine Fehler machten – aber warum hatte keiner von ihnen mit uns gesprochen?

Jener junge Mann, der sich als Psychiater entpuppte,

hatte uns in einem Ton empfohlen, den »Tatsachen ins Auge« zu sehen, als würde er eine Verabredung zum Abendessen absagen! War ihm überhaupt bewußt, daß er über Lori sprach, über die Zukunft unseres Kindes, über das Leben und das Schicksal unserer Tochter? Wußte er, was Eltern empfanden, wenn sie mit einer solchen Diagnose konfrontiert wurden?

Lori als Mensch, so schloß ich, interessierte sie ebensowenig wie wir als ihre Familie. In der Payne-Whitney-Klinik mußten wir lediglich als Versuchskaninchen für unerfahrene Studenten herhalten.

Marvin wurde immer distanzierter, sein Ton noch beißender, seine Haltung noch fordernder. Die Ärzte meinten, wir sollten uns keine Illusionen machen. Wir gaben nicht auf. Sie sagten, sie könnten kurzfristig keine Veränderung ihres Zustandes erreichen. Wir forderten schnelle Fortschritte. Wenn die Payne-Whitney das nicht schaffen konnte, dann eben das Westchester. Auch wenn das Westchester eine langfristige Pflege anbot, wollten wir unsere Tochter so schnell wie möglich dort rausholen.

Wir nahmen unsere Wut mit und übertrugen sie einfach auf die Belegschaft des Westchester.

Und wir hatten oft Gelegenheit, wütend zu sein.

In der Payne-Whitney-Klinik hatten wir den Kontakt zu den psychosozialen Beratern der Klinik so weit wie möglich vermieden. Ständig hatten sie versucht, mit uns über unsere Gefühle zu reden, obwohl das so ziemlich das letzte war, was wir tun wollten: mit Fremden über unsere Gefühle reden.

Im Westchester bemühten sich die Mitarbeiter noch stärker um Marvin und mich. Von Anfang an versuchte die für uns zuständige Beraterin, Jody Shachnow, uns intensiver in die Behandlung von Lori einzubeziehen. Sie schlug Familiensitzungen vor, Sitzungen mit einzelnen Familienmitgliedern, Sitzungen zusammen mit Lori, Sitzungen mit unseren Söhnen, Telefonberatungen. Sie oder andere Berater und Betreuer riefen so häufig bei uns an, daß ich schließlich Angst davor hatte, ans Telefon zu gehen.

Es war eine neue Erfahrung für uns. Nie zuvor hatten wir mit psychosozialen Beratern oder Sozialpädagogen zu tun gehabt. Wozu auch? Das waren nette, wohlmeinende Menschen, die Leuten mit Familienproblemen halfen. Mit Familien wie der unsrigen aber hatten sie nichts zu tun. Durch Loris Krankheit hatte sich unser Status jedoch geändert. Jetzt waren auch wir eine Familie mit Problemen und brauchten ihre Hilfe. Deshalb zog ich jedesmal den Kopf ein, wenn ich den Telefonhörer abnahm und die professionell besorgte Stimme von Mrs. Shachnow hörte.

Der Ratschlag, »den Tatsachen ins Auge zu sehen«, war uns anscheinend aus der Payne-Whitney-Klinik gefolgt. Vielleicht hatte Mrs. Shachnow diese Schlußfolgerung auch selbst gezogen. Auf jeden Fall waren wir nicht bereit, auf das zu hören, was sie uns verdeutlichen wollte: daß wir Loris Krankheit nicht »akzeptierten«. Indem wir Druck auf Lori ausübten, schnell wieder gesund zu werden, verleugneten wir, so erklärte sie mit professioneller Freundlichkeit, den Charakter ihrer Krankheit. Alle würden sich besser fühlen, wenn wir endlich einsehen könnten, daß Lori schwer krank sei.

Natürlich wußten wir, daß es Lori sehr schlecht ging. Doch wir – und vor allem Marvin – konnten nicht akzeptieren, daß sie auf Dauer krank war und nicht wieder gesund werden würde. Ich konnte sehen, wie sich Marvins Rücken bei dieser Vorstellung verspannte. Und dann verwandelte er sich in einen kühlen, distanzierten Fachmann und begann damit, den Frager selbst auszufragen: Hatten sie schon dieses oder jenes Medikament ausprobiert, diese oder jene Behandlungsmethode, hatten sie diesen oder jenen Spezialisten konsultiert? Wenn er begann, sich als Therapeut aufzuspielen, nahm die Spannung im Raum deutlich zu.

Die Empfehlung, weniger Druck auf Lori auszuüben, brachte uns innerlich zum Kochen. Mrs. Shachnow erklärte – wie immer sehr freundlich –, Lori bete uns auf eine Art und Weise an, die nicht gesund sei. Innerlich jedoch verspüre sie eine unterdrückte Wut, die ihre Symptome verstärke.

Mrs. Shachnow sagte nichts, was wir uns nicht schon tausendmal selbst vorgeworfen hatten. Doch seltsamerweise fühlten wir uns von den Beratern in die Enge getrieben. Sosehr wir uns auch in der Abgeschlossenheit unserer eigenen vier Wände mit den Problemen herumquälten – wir wollten nicht von Fremden damit konfrontiert werden.

Um es auf den Punkt zu bringen: Wir wollten einfach nicht mit ihnen darüber reden. Wenn Marvin zu Hause war, unterhielten wir uns bis spät in die Nacht. Was hatten wir mit Lori getan? Was konnten wir für sie tun? Wir suchten Informationen und medizinischen Rat, und wir wollten ihre Krankheit verstehen. Aber wir wollten die Sache nicht wieder und wieder durchgehen.

Also spielten wir unsere kleinen Spiele mit den Beratern. Wenn Mrs. Shachnow versuchte, einen Termin mit uns zu vereinbaren, wichen wir aus. »Da werden wir leider nicht in der Stadt sein«, sagte ich, wobei es keine Rolle spielte, welchen Tag sie vorschlug. Wir trafen Verabredungen mit ihr und hielten sie dann nicht ein. Wenn wir schließlich doch irgendwann erschienen, hielt man uns Vorträge über den Sinn und Zweck von Terminen. Daraufhin benahmen wir uns nur noch unhöflicher. Ich klopfte mit dem Fuß auf den Boden, und Marvin holte Geschäftspapiere heraus. Auf Fragen gaben wir schnippische Antworten. Das war unsere kleine Rache. »Wir wollen nicht hier sein«, gaben wir auf diese Weise zu verstehen. »Ihr könnt uns zwingen, hierher zu kommen, aber ihr werdet nicht viel davon haben.« Wir benahmen uns wie trotzige Kinder, saßen mit verschränkten Armen auf unseren Stühlen und weigerten uns, zu reden.

»Sind Ihre Gefühle ein wenig feindselig, Mrs. Schiller?« fragte Jody Shachnow dann in ihrer pädagogischen Art.

»Feindselig?« konterte ich sarkastisch. »Das können Sie wohl sagen.«

Innerlich reagierte ich noch aggressiver. »Warum sollte ich nicht feindselig sein?« dachte ich. »Ihr kennt Lori nicht. Ihr wißt nicht, was für ein schönes, intelligentes, charmantes Mädchen sie war. Und jetzt ist sie in eurem Krankenhaus eingesperrt. Ich weiß nicht, was ihr fehlt. Ihr wißt es auch nicht. Und jetzt behandelt ihr mich wie eine Fünfjährige. Wärt ihr an meiner Stelle nicht auch feindselig?«.

Wenn wir allein waren, machten Marvin und ich die süßlichen Stimmen der Berater nach. »Und wie geht es *Ihnen* heute abend?« äfften wir sie im Wagen nach, um dann in schallendes Gelächter auszubrechen. Es war ungerecht. Sie meinten es gut, und sie taten nur ihre Arbeit. Aber für uns gab es in jener Zeit nichts, worüber wir sonst hätten lachen können, und es war immer noch besser, als zu weinen.

Inzwischen war es nicht mehr zu übersehen: Lori ging es immer schlechter. Man sah deutlich, daß sie halluzinierte. Seit uns die Ärzte in der Payne-Whitney-Klinik davon erzählt hatten, konnte ich die Anzeichen erkennen. Die Ärzte im Westchester taten, was wir von ihnen verlangten. Sie versuchten, die Medikamente so weit wie möglich zu reduzieren, um zu sehen, wie sich die Symptome dann entwickelten.

Als Lori überhaupt keine Medikamente mehr erhielt, waren die Symptome äußerst heftig. Sie war verängstigt und verfiel fast in Panik, wenn sie die Stimmen in ihrem Kopf hörte. Während einiger meiner Besuche war sie in der Lage, eine Unterhaltung zu führen. Sie erzählte mir von ihrem Tagesablauf, bat mich, ihr Zigaretten sowie Batterien für ihren Walkman mitzubringen. Sie überschaute die Zusammenhänge und wußte, was vor sich ging. Dann ganz plötzlich – bumm! – war sie weg, manchmal sogar mitten in einem Satz. Unvermittelt schob sich die Krankheit in den Vordergrund. Lori war da und doch nicht da. Ihr Körper saß immer noch bei mir, doch ihr Geist war in weite Fernen entschwunden. Sie sah mich an, aber sie sah oder hörte mich nicht wirklich. Sie hörte etwas anderes.

Manchmal, wenn sie während unserer Unterhaltung plötzlich begann, den Stimmen in ihrem Kopf zu lauschen, faßte ich sie bei den Schultern und schrie: »Lori! Lori! Hör mir zu. Bleib hier. Bleib hier bei mir. Lori! Schau mich an.«

Wenn sie mich dann jedoch ansah, war immer ein Geheimnis in ihren Augen. »Ich weiß etwas, das du nicht weißt«, sagten sie. Es war ein wissender, überlegener Blick, der große Distanz, großes Mitleid und gleichzeitig ein unendlich großes Leid ausdrückte. »Ich höre etwas, das du nicht hören kannst«, sagten ihre Augen.

Eines Tages erkannte ich diesen Blick.

Die Erkenntnis kam so plötzlich und so klar, daß ich mich fragte, warum ich nicht früher darauf gekommen war: Ich hatte diesen Blick schon vorher gesehen. Nicht bei Lori. Nein, meine Erinnerungen an diesen leeren Blick waren viel älter. Schon als ich aufwuchs, hatte ich solche Augen gesehen – distanziert, zurückgezogen, mitleidig, allwissend, überlegen, geistesabwesend. Ich hatte diese Augen bei meiner Mutter gesehen.

Meine Mutter! Auf einmal war mir alles klar. Meine arme zerstreute, verwirrte, nervöse Mutter. Als ich meine Tochter anschaute, sah ich meine Mutter vor mir und verstand plötzlich alles, was ich als Kind nicht hatte verstehen können. Plötzlich begriff ich ihre seltsame Hilflosigkeit. Ich begriff ihr eigentümliches Verhalten, über das zu Hause nie gesprochen worden war. Sie redete oft mit sich selbst und verzehrte ihre Mahlzeiten an den sonderbarsten Orten. Ich erinnerte mich daran, wie sie ihren Teller ins Badezimmer trug, um vor dem Spiegel zu essen und sich bei jedem Bissen genau zu beobachten. Nun sah ich die merkwürdigen Wutausbrüche, die aus dem Nichts zu kommen und keinen Grund zu haben schienen, in einem neuen Licht. Auch die Ohnmachtsanfälle, unter denen sie schon als Kind gelitten hatte, wie ihre Brüder und Schwestern erzählten – um sich wichtig zu machen, wie sie sagten –, waren nun erklärbar.

All das fügte sich jetzt zu einem vollständigen Bild. Etwa das regelmäßige Verschwinden meiner Mutter. Immer wieder hatte sie uns plötzlich verlassen, um ihre »Cousine« in Florida zu besuchen – um sich »zu erholen«, wie die Leute sagten. Nur ich wußte, was nie offen ausgesprochen wurde: Es gab keine Cousine in Florida. Sie besuchte einen Wunderheiler.

Bei armen Leuten sagt man, sie seien verrückt, während man bei reichen Leuten sagt, daß sie exzentrisch sind. Meine Mutter war reich, und somit galt sie als exzentrisch. Doch als ich Lori anschaute, wurde mir klar, daß meine Mutter krank gewesen war. Und nun kam diese Krankheit auch bei ihrer Enkelin zum Ausbruch. Wenn Lori schizophren war, dann war auch meine Mutter schizophren gewesen.

Mit Erschrecken erinnerte ich mich an die Scham, die ich als Kind oft empfunden hatte. Ich weiß noch, wie meine Mutter meine Freundinnen mit einem sonderbaren Lächeln begrüßte. »Es ist so reizend, euch kennenzulernen«, sagte sie mit einer kindlich hohen Stimme, während sie herumtanzte wie eine Marionette. Dann diese plötzliche Geistesabwesenheit, noch während sie sprach. Dieses allwissende, überlegene Lächeln, wenn sie sich in ihre eigene Welt zurückzog. Ich sah, wie meine Freundinnen heimlich grinsten, und schämte mich zu Tode.

Längst verdrängte Erinnerungen kamen zurück. Beunruhigende, furchterregende Erinnerungen, die mich entsetzten, als sie an die Oberfläche sprudelten. Meine Mutter war nicht die einzige Kranke in der Familie gewesen, wie mir jetzt klar wurde. Im Gegenteil.

Ich begann zurückzudenken. Cousine Sylvia. Wie lange war es her, daß ich an sie gedacht hatte? Sylvia hatte mich immer wieder in Furcht und Verlegenheit gestürzt. Als ich aufwuchs, sagten alle, Cousine Sylvia sei völlig verrückt. Sie war dick und schlampig und trug immer Schuhe, in die sie Löcher für ihre Schwielen und Fußballen geschnitten hatte. Sie hatte zerzaustes graues Haar und ein Doppelkinn. Wenn sie lächelte, konnte man ihre Zahnlücken sehen.

Als Kind hatte ich vor dieser Frau Angst gehabt. Sie kam jeden Tag in den Laden meines Vaters, setzte sich in die Schuhabteilung und schrie herum.

»Sie werden kommen und deine Füße wegnehmen«,

schrie sie eines Tages, als ich meine Füße in den Durchleuchtungsapparat steckte, um sie in meinen Schuhen zu sehen. Entsetzt rannte ich zu meinem Vater.

»Achte nicht auf sie«, sagte er. »Sie ist eine fette, alte, verrückte Kuh.«

Meine Gedanken wanderten zurück zu Lori. Als ich sie in New York auf der Straße gesehen hatte, so unordentlich und fahrig, was hatte ich da gedacht? »Oh, bitte«, hatte ich gedacht, als ich sie an jenem heißen Spätfrühlingstag in ihrem langen Wintermantel und in ihren Schneestiefeln, mit Einkaufstüten beladen, entdeckte, »bitte, laß niemanden sie so sehen! Bitte laß nicht zu, daß sie sich abgestoßen fühlen, daß sie mit dem Finger auf sie zeigen, sich vor ihr fürchten. Laß sie nicht über meine Tochter lachen. Laß sie nicht über mich lachen.«

Als ich mich an diesen Augenblick erinnerte, stieg Entsetzen in mir auf. Mit aller Kraft hatte ich versucht zu ignorieren, was direkt vor meinen Augen passierte. Ich hatte Lori angesehen und meine schlimmsten Ängste noch einmal durchlebt. Eine Kindheit voller Beschämungen und Demütigungen war vor mir aufgestiegen. Als ich Lori anschaute, hatte ich Cousine Sylvia vor Augen und meine Mutter, über die meine Freundinnen lachten. Ich hatte meine Vergangenheit gesehen. Das war etwas, was ich nicht noch einmal ertragen konnte.

Plötzlich schoß mir ein Gedanke durch den Kopf, der mich noch mehr ängstigte: Wenn ich nun nicht nur meine Vergangenheit, sondern auch die Zukunft meiner Söhne gesehen hatte? Schizophrenie war erblich, wie ich gelesen hatte. Es war klar, daß diese Krankheit in meiner Familie bereits vererbt worden war. Wenn Lori nun nicht mein einziges betroffenes Kind war?

Ich versuchte, mich so normal wie möglich zu verhalten. Mark gegenüber war das einfach. Er studierte in New Orleans und war anscheinend das erste Mal in seinem Leben richtig glücklich. Die pubertäre Depression, die ihn so lange gequält hatte, war vorüber, und er blühte richtig auf. Er hatte gute Noten, viele Freunde und viele Verabredungen mit Mädchen. Es ging ihm augenscheinlich gut, und ich war sehr glücklich darüber.

Steven wohnte noch zu Hause und absolvierte sein Abschlußjahr an der High-School. Ich wußte, daß ihm Loris Krankheit sehr zu schaffen machte. Dennoch war er anscheinend glücklich. Er war wirklich witzig und konnte mich immer zum Lachen bringen.

Steven war stets das Kind gewesen, mit dem ich mich am stärksten verbunden gefühlt hatte. Als die beiden anderen das Haus verlassen hatten, verbrachten Steven und ich unendlich viel Zeit miteinander. Er war mein Jüngster, und mein Leben drehte sich vor allem um ihn. Doch die Dinge änderten sich. Erst hatte ich angefangen zu arbeiten, dann war Lori krank geworden. Nun widmete ich ihr fast jede freie Minute; für Steven blieb da wenig Zeit.

Dennoch versuchte ich, das, was uns immer so viel Freude bereitet hatte, auch weiterhin mit ihm zu tun. Er kochte sehr gern, also bereiteten wir oft gemeinsam das Abendessen zu. Wir gingen in Museen, spielten Golf und redeten über die Schule und das Leben im allgemeinen.

Meinen Söhnen gegenüber erwähnte ich meine Befürchtungen nie. Ich wollte nicht, daß sie sich Sorgen machten. Sie wußten, daß meine Mutter etwas seltsam gewesen war, doch ich erzählte ihnen nichts von meinen neuerwachten Ängsten. Zu unserer weiteren Verwandtschaft hatten wir kaum Kontakt, so daß die Jungen nur wenig über sie wußten. Ich machte mir im stillen große Sorgen. Mark war einundzwanzig und, so dachte ich, wohl außer Gefahr, da die Krankheit meist im späten Teenager-Alter ausbricht. Steven hingegen war gerade siebzehn geworden. War er der nächste?

Wir sahen, was wir sehen wollten, und glaubten, was wir glauben wollten. Nach einiger Zeit und unter ausreichender Medikamentierung schien Lori ruhiger zu werden. Wir faßten dies als ein Zeichen ihrer Gesundung auf. Also fingen wir an, auf ihre Entlassung zu drängen.

Eigentlich war es Marvin, der drängte. Meine Gefühle waren gemischt. Ihr Verhalten hatte sich mit Sicherheit sehr gebessert. Ihre Wutanfälle wurden unter dem Einfluß der Medikamente immer schwächer, ihr hektisches Auf-und-Ab-Gehen ließ nach. Sie entspannte sich zusehends und begann an Veranstaltungen im Krankenhaus teilzunehmen. Zu Weihnachten und Silvester hatte sie sich so weit gefangen, daß sie mit uns in den Anlagen des Krankenhauses spazierengehen konnte. Im Februar trug sie das erste Mal seit ihrer Einlieferung Straßenkleidung statt der dort üblichen Jogginganzüge. Bald konnten wir sogar gemeinsam essen gehen. Schließlich verbrachte sie auch mal ein Wochenende daheim.

Was Lori nach Marvins Meinung nun brauchte, war Aktivität, ein Job, Freunde, Verabredungen. Er sagte, sie benötige einen Halt in der Realität, statt ihre Zeit in einem psychiatrischen Krankenhaus zu verbringen, wo sie nur von Kranken umgeben war. Es sei das beste für sie, wenn sie nach Hause in eine vertraute Umgebung zurückkehrte, wo wir beide ihr helfen konnten.

Lori selbst wollte unbedingt nach Hause. Bei jedem unserer Besuche flehte sie uns an, sie mitzunehmen. Oft drohte sie damit, das Krankenhaus auf eigene Verantwortung zu verlassen, und ein- oder zweimal hatte sie das auch schon versucht. Sie bestand darauf, daß sie keine Halluzinationen mehr hätte, und wollte aus dem Krankenhaus heraus, um ihr Leben weiterzuleben. Marvin hatte ihr versprochen, sie dürfe das Krankenhaus zu ihrem Geburtstag im April verlassen. Er war der Auffassung, sie brauche ein Ziel, auf das sie zuarbeiten könne. Lori klammerte sich an dieses Versprechen und ließ sich nicht mehr davon abbringen. An ihrem Geburtstag wollte sie zu Hause sein. An ihrem Geburtstag würde sie zu Hause sein …

Mein Verstand sagte: »Nein! Nein!« Es war noch lange nicht alles in Ordnung mit dieser benommenen Fremden mit den glasigen Augen. Wenn ich die Sache realistisch betrachtete, war mir klar, daß es Lori nicht wirklich besserging. Sie stand nur unter Drogen.

Andererseits konnte ich mein Urteil schlecht über das von Marvin stellen. Er war der Fachmann. Wenn er sagte, daß es Lori daheim bessergehen würde, dann glaubte ich ihm. Und obwohl klar war, daß Loris Ärzte nicht einverstanden waren, so taten sie doch nichts, um uns aufzuhalten. Sie plädierten für Loris Entlassung in ein halbstationäres Haus. Als wir diesen Vorschlag zurückwiesen, versuchten sie nicht, uns umzustimmen. Den letzten Ausschlag gab jedoch Loris Drängen. Sie war so unglücklich im Krankenhaus und wünschte sich so verzweifelt herauszukommen. Sie sagte, sie fühle sich besser, und wer konnte das besser beurteilen als sie selbst?

Außerdem hatten die Ärzte uns die ganze Zeit empfohlen, den Tatsachen ins Auge zu sehen. Vielleicht war es eine Tatsache, daß diese abwesende Schlafwandlerin meine Tochter war, daß sie von nun an immer so sein würde. Vielleicht waren meine Erwartungen zu hoch. Vielleicht hatten die Ärzte recht, und ich mußte mich anpassen und lernen, mit dieser fremden Person, die einst unsere Tochter gewesen war, zu leben.

So wurde Lori am 22. April 1983, vier Tage vor ihrem vierundzwanzigsten Geburtstag, aus dem Westchester-Krankenhaus entlassen.

Teil III

Mir geht es prächtig

11

Lori
Scarsdale, New York
Mai 1983 bis August 1983

Ich war froh, wieder daheim zu sein. Mein Vater hatte mir versprochen, daß ich meinen Geburtstag wieder zu Hause feiern würde. Er hielt Wort: Gerade rechtzeitig für den Geburtstagskuchen und die Eiscreme zog ich wieder in mein altes Zimmer über der Garage ein. Es ging mir gar nicht so sehr um meinen Geburtstag. Ich ertrug einfach das Krankenhaus nicht mehr.

Alles im Krankenhaus hatte mich wütend gemacht. Ich wußte nicht, warum ich dort war. Ich wußte nicht, wie ich dorthin gekommen war. Ich wußte nur, daß ich in der Falle saß, und fühlte mich wie eine Gefangene, die ihre Zeit abbüßte. Tag für Tag hatte ich nichts anderes zu tun, als aus dem Fenster zu schauen und auf die Freiheit zu warten. Da draußen wirkte alles so einladend. Ich bat darum, in den Anlagen des Krankenhauses spazierengehen zu dürfen. Es tat gut, die frische Luft einzuatmen, selbst wenn ich von ein oder zwei Aufsehern begleitet wurde. Ich haßte es, eingesperrt zu sein.

Und ich fand es furchtbar, daß jeder im Krankenhaus glaubte, ich sei krank. Nun, natürlich mußten sie das glauben! Wenn man sich in einem psychiatrischen Krankenhaus befand, mußte man doch krank sein. Deshalb wollte ich heraus. Ich wollte wieder normal sein.

Mir fehlte nichts. Warum also redeten sie mir ein, ich

sei krank? All diese Ärzte und Schwestern fachsimpelten ständig über mich. Die Worte wirbelten mir im Kopf herum.

»Wir haben es hier mit einer Zyklothymie zu tun. Wir sollten Antidepressiva geben.«

»Meiner Meinung nach ist sie definitiv schizophren. Eine paranoide Schizophrenie. Sie braucht Neuroleptika.«

»Manchmal scheint sie manisch zu sein. Geben Sie ihr Sedativa, um sie zu beruhigen.«

»Ich glaube, es zeigen sich Borderline-Symptome. Wir sollten die psychotherapeutische Arbeit intensivieren.«

Als sie sich schließlich darauf einigten, daß die Diagnose auf schizoaffektive Psychose lautete – ein bißchen Schizophrenie und ein bißchen manische Depression –, hörte es sich an, als würden sie die Zutaten eines dieser mit allen möglichen Dingen belegten Sandwiches aufzählen: Tomaten, Käse, Eier, Schinken, Salami, Zwiebeln, Knoblauch ... verrückt, weggetreten, unnormal, durchgedreht, bekloppt, wahnsinnig, ausgeflippt, blöd, irre ... man kann es sich aussuchen.

Im Krankenhaus erzählten sie mir andauernd, ich sei psychotisch und leide an Halluzinationen. Ich haßte diese beiden Worte, weil ich überzeugt war, daß sie auf mich nicht zutrafen. Ich verband den Begriff *psychotisch* mit dem Film *Psycho*, mit Norman Bates und dem Bates Motel. Das war krank und furchterregend. Aber das war nicht ich. Ich war keine *psycho*-tische Frau mit einem Schlachtermesser.

Und Halluzinationen? Ein weiteres Wort, das mich rasend machte. Halluzinationen sind Geräusche oder Bilder, die nicht wirklich existieren. Doch die Stimmen, die mich anschrien, waren ausgesprochen wirklich. Ich haßte die Ärzte und Krankenschwestern dafür, daß sie mir erklärten, ich würde mich außerhalb der Wirklichkeit bewegen und halluzinieren. Was machte mich zur Psychotikerin? Warum meinten all diese Leute, sie könnten mich beurteilen? Was machte sie zu Experten?

Es war mir klar, daß das Personal des Krankenhauses versuchte, mich auszutricksen, daß man versuchte, mich in den Wahnsinn zu treiben. Ich wußte, daß die Ärzte und das Pflegepersonal meine Gedanken lesen konnten und alles hörten, was die Stimmen über sie sagten. Sie meinten zwar immer wieder, die Stimmen seien nicht real. Aber wenn die Stimmen nicht real waren, wie konnten sie dann wissen, daß es die Stimmen gab? Die Pfleger erklärten mir auch immer wieder, sie könnten meine Gedanken nicht lesen. Aber wenn sie das nicht konnten, woher wußten sie dann alles, was die Stimmen sagten?

Meine Qualen waren real. Ich wollte niemanden um mich haben, der mir erzählte, sie seien falsch oder eingebildet. Ich brauchte jemanden, der mir half, die Stimmen loszuwerden. Die Leute im Krankenhaus halfen mir nicht dabei, also wollte ich so schnell wie möglich dort heraus. Ich war vierundzwanzig Jahre alt, und es wurde Zeit, daß ich mein normales Leben weiterführte.

Aber wie konnte ich das?

Ich wußte nicht einmal, was mein Leben war. Das Leben, das ich vor tausend Jahren zurückgelassen hatte, existierte nicht mehr. Ich hatte keinen Job, keine Wohnung, keine Freunde. Ich hatte kein Leben.

Seit fast einem Jahr hatte ich nicht mehr außerhalb der geschlossenen Abteilung gelebt. Ich wußte nicht mehr genau, nach welchen Regeln die Welt dort draußen funktionierte. Ich hatte mich daran gewöhnt, im Rhythmus des Krankenhauses zu leben. Ständig hatte mir irgend jemand gesagt, wann ich was zu tun hatte. Jetzt war ich daheim und wußte nicht mehr, wie ich diese Entscheidungen allein treffen sollte. Wenn ich morgens aufwachte, wußte ich einfach nichts mit mir anzufangen. Wohin sollte ich gehen? Was sollte ich tun? Ich ertappte mich dabei, daß ich einfach nur so dastand.

Die Medikamente, die ich einnahm, machten mich lethargisch und ruhelos zugleich. Darum blieb ich oft auf einer Stelle stehen und verlagerte nur mein Gewicht von einem Fuß auf den anderen. Die Dosierung der Medikamente war so hoch, daß ich sogar Schwierigkeiten hatte zu lächeln. Ich lief apathisch im Haus umher und erledigte meine Aufgaben wie ein Roboter.

Hier, außerhalb des Krankenhauses, wußte ich nicht, wie ich auf andere Leute reagieren sollte. Im Krankenhaus hatten sich meine Kontakte auf das Personal und die anderen Patienten beschränkt. Für das Personal war ich eine Patientin. Sie stellten mir Fragen, und ich beantwortete sie. Die anderen Patienten waren verrückt. Ich mied sie, soweit ich konnte. Außerhalb des Krankenhauses waren die Leute so normal wie ich, aber es fiel mir schwer, Zugang zu ihnen zu finden. Ich fühlte mich unwohl in der Gesellschaft anderer Menschen, sogar in der meiner Eltern.

Es gab niemanden, mit dem ich etwas hätte unternehmen können. Meine früheren Freunde konnten mir nicht helfen. Eigentlich wollte ich sie auch gar nicht sehen. Es tat zu weh. Als meine ehemalige Zimmergenossin Lori Winters mich im Krankenhaus besuchte, sah sie aus wie ein Mädchen aus einem Werbefilm, so schlank und hübsch mit ihrer reinen, samtigen Haut. Ich dagegen war so fett und häßlich, daß ich es kaum ertragen konnte, mit ihr im gleichen Zimmer zu sein.

Alles hatte sich geändert, sogar die Kindheitsträume, die ich mit Gail Kobre geteilt hatte. Seit ich denken kann, wollte jede von uns bei der anderen Brautjungfer sein, wenn sie heiratete. Wir redeten und lachten darüber, überlegten, was wir tragen und wen wir heiraten würden.

Bei einem ihrer Besuche im Krankenhaus überraschte mich Gail mit der Nachricht, daß sie und David im Frühjahr heiraten würden. Doch ich war nicht als Brautjungfer eingeplant. Es war nicht sicher, ob ich bis zur Hochzeit aus dem Krankenhaus entlassen werden würde, und außerdem glaubte niemand, daß ich der Aufgabe gewachsen sei.

Nun, ich wurde rechtzeitig entlassen. Gail heiratete im Mai, genau einen Monat nachdem ich aus dem Krankenhaus gekommen war. Ich saß irgendwo unter den Gästen, nicht vorne neben Gail, wo ich hingehört hätte. Nach der Zeremonie machte der Hochzeitsfotograf ein Bild von Gail und mir. Mein Lächeln war zu sehen, nicht aber die Stimmen, die in meinen Ohren hallten, und auch nicht das traurige Gefühl darüber, daß alle ihr Leben weiterführten und mich zurückließen.

Natürlich hatte ich noch meine Familie, aber selbst die hatte sich verändert. Wir saßen immer noch pünktlich um halb sieben am Abendbrottisch, genau wie ich es aus meiner Kindheit kannte. Doch es war ein ziemlich blasser Abklatsch der alten Zeiten. Wie meine Freunde hatten sich auch meine Brüder weiterentwickelt und führten ihr eigenes Leben. Mark war nicht zu Hause, sondern absolvierte gerade sein letztes Jahr an der Tulane University von New Orleans. Danach wollte er wieder nach New York zurückkommen, um hier Wirtschaftswissenschaften zu studieren. Steven wohnte noch zu Hause, doch er war beinahe schon mit der High-School fertig. Die Johns Hopkins University hatte ihm bereits eine Zulassung geschickt. Er hatte seine eigenen Freunde und lebte sein eigenes Leben.

So saßen nur meine Mutter, mein Vater und ich am Tisch. Es gab keine lebhaften Unterhaltungen mehr, es herrschte angespanntes Schweigen. Worüber hätte ich mich mit meinen Eltern auch unterhalten können? Ich fühlte eine tiefe Kluft zwischen uns. Sie hatten sich verändert. Sie waren nicht mehr stolz auf mich, sie haßten mich. Natürlich wußte ich, daß sie mich liebten, aber sie haßten mich auch. Und sie hatten Angst vor mir. Das sagten mir die Stimmen.

Als meine Entlassung aus dem Krankenhaus zum erstenmal besprochen wurde, machten die Ärzte den Vorschlag, eine private Pflegerin für mich zu engagieren. Meine Eltern fragten mich, ob es nicht besser sei, wenn ich jemanden um mich hätte, wenn sie nicht zu Hause waren? Ich wurde wütend. Das würde ich nie akzeptieren. Nie, nie, nie. Ich brauchte nicht schon wieder neue Leibwächter. Im Krankenhaus hatte ich genug davon gehabt. Jetzt war ich draußen!

In der ersten Zeit verbrachten meine Eltern abwechselnd viel Zeit mit mir. Zuerst nahm mein Vater Urlaub, dann meine Mutter. Es war immer jemand da. Was wird Lori tun? Ich wurde beobachtet wie eine Gefangene, wie eine Verrückte. Dann begannen die ersten zaghaften Versuche, mich für kurze Zeit allein zu lassen. Einmal mußte meine Mutter schnell in den Country Club in unserer Straße, um ihre Golfschuhe hinzubringen – in einer Rekordgeschwindigkeit von acht Minuten war sie zurück. Mir ging es gut. Am nächsten Tag dann eine Kamikazefahrt in den Supermarkt. Zurück in genau zwanzig Minuten. Mit mir war immer noch alles in Ordnung.

Wird Lori ausflippen und wieder versuchen, sich umzubringen? O nein, Mom und Dad. Das ist vorbei. Ich werde es nie wieder tun, ich verspreche es. Mir geht es jetzt besser. Wirklich.

Schon bald brachte ich sie dazu, mir zu vertrauen. Dad ging wieder ins Büro, und kurze Zeit später fing auch Mom wieder an zu arbeiten.

Sie gaben sich so viel Mühe, nett zu mir zu sein. Gutes Essen war eines der wenigen Vergnügen, die mir geblieben waren, also brachten sie mir alles mit, was ich mochte. Hühnchen, chinesische Gerichte mit Schweinefleisch, Pfannkuchen und würzige Saucen, Pizza mit allem Drum und Dran, Spaghetti, Krabben, Hamburger, Pommes frites – ich schlang alles hinunter.

Meine Eltern versuchten auch, die Bruchstücke meines Lebens wieder zu einem Ganzen zusammenzufügen. Meine Mutter bummelte mit mir auf der Suche nach hübschen Kleidern durch die Boutiquen und machte mir immer wieder Mut. »Geh doch aus und treff dich mit jungen Menschen!« sagte mein Vater. »Wenn du immer in deinem Zimmer hockst, kannst du dir keinen Freundeskreis aufbauen.« Er ermutigte mich sogar, in Bars zu gehen, in denen sich Leute meines Alters trafen. »Geh in eine Bar. Du mußt ja keinen Alkohol trinken. Bestell dir eine Diät-Cola. Sprich mit den Leuten.« Immer wieder versuchte er, mich zu motivieren. Und am Ende sagte er immer das gleiche: »Es ist immer noch besser, als im Krankenhaus zu sein.«

War es das wirklich? Ich wußte, daß ich das Krankenhaus gehaßt hatte, aber meine Erinnerungen an das vergangene Jahr waren so verschwommen, daß ich nicht genau wußte, was dort eigentlich so schlimm gewesen war.

Eine der letzten klaren Erinnerungen war ein Morgen in meinem Appartement im McAlpin. Lori Winters und ich lehnten uns aus dem Fenster, um die Erntedank-Parade von Macy's zu beobachten, die genau unter uns vorbeizog. Die Ballons schwebten – drei Stockwerke hoch – auf gleicher Höhe mit uns. Das nächste, woran ich mich deutlich erinnern konnte, war die Fahrt von der Payne-Whitney-Klinik ins Westchester-Krankenhaus. Ich war auf einer Liege festgeschnallt, und eine schwangere Krankenschwester saß neben mir. Man hatte mir erzählt, daß ich zwischen diesen beiden Erinnerungen zwei Selbstmordversuche unternommen hatte und mehrere Monate im Krankenhaus war. Ich wußte nicht, ob ich das glauben sollte.

Die Lücken in meinem Gedächtnis nahmen mir den Mut. Es war, als ob jeder meine Geheimnisse kannte. Die Menschen um mich herum – die Ärzte, die Krankenschwestern, meine Eltern und meine Freunde – erinnerten sich an Dinge, die mich betrafen, an die ich mich nicht erinnern konnte. Das machte mich paranoid und wütend. Was wußten sie sonst noch, das sie mir verschwiegen? Was verbargen sie vor mir?

Mir war auch klar, wo das Problem lag. Die Ärzte waren schuld und die Krankenhäuser. In der Payne-Whitney-Klinik war ich oft mit Elektroschocks behandelt worden. Ich wußte das, weil man es mir im Westchester erzählt hatte. Die Schocks hatten meine Gehirnzellen zerstört. Sie hatten mein Gehirn gebraten, mich gebraten, all meine Erinnerungen weggebraten. Ich war wütend und machte den Ärzten deswegen Vorwürfe. Sie antworteten immer das gleiche – daß die Schockbehandlung das Langzeitgedächtnis nicht angreifen könne.

Im Westchester machten sie Tests mit mir, nahmen

Messungen vor, schauten in mein Gehirn. »Der Gedächtnisverlust wurde nicht durch die Elektroschocks verursacht«, stellten sie fest. Schwachsinn, ihr Idioten! Ich wußte es besser. Sie hatten mein Gedächtnis weggebraten.

Es war furchtbar. Sie hatten mir einfach riesige Stükke meines Lebens weggenommen. Ich hatte nicht nur die Erinnerung an die Payne-Whitney-Klinik verloren, sondern auch die Erinnerung an frühere Zeiten. Gail Kobre hatte mich im Krankenhaus besucht und ein Album mit Fotos von unserer Zeit in London mitgebracht. Fotos von Gail und mir, vom Trafalgar Square, von der Palastwache, wieder von uns, wie wir lachend eine Straße entlanggingen. Ich mußte dort gewesen sein, das bewiesen die Bilder von mir. Aber die Bilder in meinem Gedächtnis waren völlig ausgelöscht. Ich fühlte mich wie ein außenstehender Beobachter, so, als schaute ich mir die Erlebnisse von anderen in einem Film an, der nichts mit mir zu tun hatte.

Welche Erinnerungen hatte ich an das Krankenhaus? Ich erinnerte mich an Krankenpfleger, die den Auftrag hatten, sich ständig in meiner Nähe zu halten, und an die Parkanlage, eines der wenigen schönen Bilder aus meiner Zeit dort. Ich erinnerte mich an Bingo-und-Pizza-Nächte im Veranstaltungssaal des Krankenhauses. Der Rest war nur eine Masse verschwommener Eindrücke, die in meinem Kopf herumtanzten: Geräusche. Stille. Klirrende Schlüssel. Die Essensglocke. Flüstern. Schreie. Beruhigungsmittel. Besuche. Außer Kontrolle. Duschen. Spaziergänge. Sonnenschein. Spiegelung einer Schneefläche vor dem Fenster, durch die sich frische Spuren ziehen. Mom. Dad. MEDIKAMENTE! MEDIKAMENTE! Auf die Waage, jeden Mittwoch. Lithium-Vampire, die mir jeden Dienstag Blut abzapfen. Gesichter, die aus dem

Schwesternzimmer herüberstarren. Zwei Schachteln Zigaretten am Tag. Das letzte Kapitel. Nichts zu tun. Weinende Babys. Ich weine. Tränen eines Clowns. Für immer und ewig. Schlüssel. Flucht. Alcatraz. Nichts zu tun. Kaffee am Morgen? Zwei »ff's«, zwei »ee's«. Nein danke. Gern geschehen. Lärmende Ruhe. Bombenflugzeuge. Himmelblau. Ich liebe dich. HALT DEIN VERDAMMTES MAUL! Lächelnde Gesichter. Die Sechziger. Schallendes Gelächter. Kriege keine Luft. Dieser Planet. Zu verängstigt. Charles Manson. Sterben, sagen sie. Sterben. Helft mir. Helft mir. Helft mir. Bitte. Tick. Tick. Tick. Auf Wiedersehen.

Zerschlag das Fenster.

Ich kann fliegen.

Ich hatte den verzweifelten Wunsch, das Krankenhaus zu verlassen, also erzählte ich jedem, der es hören wollte, die Stimmen seien verschwunden. Alles andere wäre dumm gewesen. Ich war sicher, daß ich den Rest meines Lebens in einem staatlichen Krankenhaus würde zubringen müssen, wenn ich erzählte, was die Stimmen wirklich taten und sagten. Wenn ich sie aber davon überzeugte, daß die Stimmen verstummt waren, durfte ich nach Hause zurück und ein normales Leben führen. Hatte ich eine andere Wahl?

Inzwischen konnte ich gut verbergen, daß die Stimmen mich heimsuchten. Aber ich mußte mein ganzes Geschick dafür aufwenden. Die Stimmen bombardierten mein Gehirn mit häßlichen, heiseren Rufen – manchmal tagelang. Im College war es nicht so schwierig gewesen, sie zu verbergen, da ihre Attacken selten waren und weit auseinander lagen. Inzwischen war alles viel problematischer geworden. Die Stimmen kamen häufiger und waren viel lauter, viel kraftvoller als zuvor. Ich hatte zwar mehr Übung darin, so zu tun, als ob nichts wäre, doch häufig funktionierte es trotzdem nicht. Wenn jemand mit mir sprach, während die Stimmen mir zusetzten, konnte ich nicht mehr reagieren. Die Macht der Stimmen war zu groß. Es gab fast nichts, was mich von ihnen ablenken konnte. Ich mußte ihnen zuhören, sie beherrschten mich. Solange die Stimmen mich festhielten, waren sie das machtvollste Element in meiner Welt.

Zwischen diesen Attacken war ich jedoch durchaus in der Lage, jedem, der mit mir sprach, angemessen zu antworten. Ich hatte gelernt, mich auf das Ende dessen zu konzentrieren, was andere – Ärzte, Krankenschwestern, meine Eltern, andere Patienten – zu mir sagten. Und darauf antwortete ich. Normalerweise war meine Antwort richtig. Anschließend konzentrierte ich mich dann wieder auf die Stimmen.

Die Stimmen waren zwar während meines Krankenhausaufenthalts sehr viel intensiver als zuvor, doch machten sie mir nicht mehr so viel angst. In der High-School und auf dem College hatten sie sich angeschlichen und plötzlich losgeschrien, meist ohne Vorwarnung. Inzwischen waren sie mir beinahe schon vertraut. Ich haßte sie. Ich litt unter ihnen. Doch sie waren fast zu einem normalen Bestandteil meines Lebens geworden. Ich kannte sie. Ich verstand sie, und sie verstanden mich.

Als ich aus dem Krankenhaus entlassen wurde, waren die Stimmen viel sanfter als zuvor, und sie kamen auch seltener. Im Krankenhaus hatte man erklärt, dies sei die Wirkung der Medizin, die ich bekam. Sie würde helfen, alles, was mit meinem Gehirn nicht stimmte, wieder einzurenken. Ich wußte es besser. Ich wußte, daß dies nur ein weiteres Zeichen dafür war, daß mich der Krankenhausaufenthalt verrückt gemacht hatte. War es nicht offensichtlich? Solange ich im Irrenhaus war, hörte ich Stimmen, die mich irre machten. Sobald ich draußen war, ging es mir besser.

Trotz allem war ich aber immer noch weit davon entfernt, die alte Lori zu sein, die jeder kannte und liebte. Ich wurde in einen Strudel des Selbsthasses hinabgezogen. Ich war fett. Ich war häßlich. Alle haßten mich. Meine Freunde haßten mich. Meine Eltern haßten mich. Sie sagten, daß sie mich liebten, aber ich wußte, daß sie nicht die Wahrheit sagten. Sie haßten mich, weil ich eine traurige Versagerin war. Ich wußte, daß sich meine Brüder vor mir fürchteten. Ich wußte, daß meine Mutter sich meiner schämte. Ich wußte, daß mein Vater von mir enttäuscht war. Ich war nicht länger der Star, den meine Eltern ihren Freunden vorführen konnten. Keine Gitarre mehr, keine Einsen, keine Vorführungen mit der Bauchrednerpuppe. Ich war nicht krank, ich war nur eine Versagerin. Jeder wollte, daß ich verschwand. Oder starb.

Zu dem Abkommen, das ich bei meiner Entlassung schließen mußte, gehörte auch mein Versprechen, dreimal pro Woche einen Psychiater aufzusuchen. Wen immer ich mir aussuchen würde, sagten sie, er würde mir helfen, meine Probleme aufzuarbeiten, und mir alles erklären.

In den letzten Wochen meines Aufenthaltes im Krankenhaus mußte ich mich für den Psychiater, den ich konsultieren wollte, entscheiden. Mein Vater hatte mir gesagt, ich solle immer das Beste wählen, mich für die professionellste Unterstützung entscheiden. Darum fiel meine Wahl auf Dr. Lawrence Rockland, den Chef der Abteilung Nord Drei, in der ich untergebracht war. Im

Krankenhaus hatten wir nicht viel miteinander zu tun gehabt, doch ich hatte ihn regelmäßig gesehen, wenn er Visite machte oder zu irgendwelchen Sitzungen ging. Er war immer freundlich, grüßte mich im Vorbeigehen und zeigte Interesse an meinem Zustand und meinen Fortschritten. Ich wußte, daß er der Chef war, also mußte er der Beste sein.

Als ich Dr. Rockland bat, mich als Psychiater zu betreuen, reagierte er überraschend erfreut. Ich kannte ihn nicht sehr gut, aber mir gefiel, daß er die Verkörperung der Freudschen Welt zu sein schien, ein Zigarren rauchender Arzt aus der guten alten Zeit. Er war in den Fünfzigern und kahl, und er hatte einen ausgeprägten Sinn für Humor. Er erinnerte mich an meinen Vater.

Ich wollte, daß Dr. Rockland mir half, doch unsere Sitzungen waren nicht besonders ergiebig. Was sollte ich einem Psychiater erzählen? Ich war fett und etwas verwirrt, doch ansonsten fühlte ich mich nicht anders als andere Menschen. Natürlich wurde ich von den Stimmen verfolgt, aber ich dachte, jeder wüßte das. Ich glaubte sogar, daß die meisten Menschen sie ebenfalls hörten. Die Stimmen waren ein normaler, wenn auch lästiger Teil meiner Existenz.

Ich versuchte immer wieder, Dr. Rockland die Stimmen zu beschreiben. Sie waren schon eine ganze Weile da, erklärte ich ihm. Auch wenn sie mir auf die Nerven gingen, hatten sie doch nichts mit einer Krankheit zu tun. Ich war wirklich gesund.

Er hörte sich meine Erklärungen stets ruhig an, ohne etwas dazu zu sagen. Wenn ich fertig war, stand er auf und ging zu den Bücherregalen, die mit verstaubten Lehrbüchern vollgestopft waren. Er nahm einen der dikken Bände und begann, mir eine Vorlesung über die Funktionsweise des Gehirns zu halten, über die Entstehung von Gedanken und darüber, was sogenannte normale Menschen in ihren Köpfen hörten und was nicht. Ich fühlte mich wie auf einem Operationstisch. Er sezierte mein Gehirn und stopfte Logik hinein. Und genau das wollte ich nicht. Ich wollte Hilfe. Ich wollte nicht, daß er an meinem Gehirn herumfummelte.

So setzte ich jede Woche dreimal fünfzig Minuten lang meine ganze Kraft ein, um jede Hilfe abzuwehren, die Dr. Rockland mir bieten konnte. Er versuchte, mit mir über meine Gedanken und Gefühle zu reden. Ich versuchte, genau diese Themen zu umgehen. Wir erzählten uns Witze, die wir die Woche über gehört hatten, und lachten zusammen darüber, als ob das eine Therapie sei. Wir unterhielten uns über Medikamente und den menschlichen Körper. Wir erörterten die unterschiedliche Wirkungsweise von Antidepressiva. Wir sprachen über Dystonien. Er erklärte mir wohl hundertmal, warum bestimmte Medikamente bestimmte Nebenwirkungen verursachen, zum Beispiel einen trockenen Mund. Ich hatte immer das Gefühl, diese Themen seien unverfänglich. Wenn wir über Medikamente sprachen, war ich nicht gezwungen, meine Gefühle, meine Gedanken, meine Symptome in Worte zu fassen oder zu begründen, warum zum Teufel ich überhaupt hier war.

Manchmal unterhielten wir uns über meinen Alltag. Einmal gestand ich, daß ich nicht allzuviel über Sex wußte, nicht einmal, wie er funktioniert. Dr. Rockland beruhigte mich. Wieder nahm er seine Lehrbücher zur Hand, doch diesmal waren es Anatomie- und Physiologie-Lehrbücher. Er setzte sich auf die Couch neben meinem Stuhl und erklärte mir alles ruhig und ausführlich. Ich fand diese Sitzung interessant und war ihm dankbar für seine Hilfe.

Aber meistens blockte ich ab.

»Ich weiß nicht, was ich erzählen soll, Doc«, sagte ich immer und immer wieder.

»Erzählen Sie mir nur, was Ihnen im Kopf herumgeht«, ermutigte er mich.

»Mir geht nichts im Kopf herum.«

»Ist Ihr Kopf leer?«

»Nein, ganz im Gegenteil.«

»Was meinen Sie damit?«

»Sie wissen schon. Die Dinge, die ich immer im Kopf habe.«

»Sie meinen die Stimmen?«

Schweigen.

»Was sagen sie?« versuchte er, mich aus der Reserve zu locken.

Schweigen.

»Wissen Sie, Lori, wenn Sie mir eine Chance geben, dann kann ich Ihnen vielleicht helfen. Wenn Sie sich nicht öffnen, kann ich Ihnen nicht helfen.«

»Lassen Sie mich in Ruhe, Doc.«

»Lori, sprechen Sie mit mir, arbeiten Sie mit mir zusammen. Gemeinsam können wir wenigstens versuchen, mit diesen schrecklichen Symptomen fertig zu werden. Sie quälen Sie doch ganz offensichtlich.«

Schweigen. Ein langes, langes Schweigen. Und dann versuchte ich zu tun, was er von mir verlangte.

»Die Stimmen sagen mir, ich soll Ihnen nicht vertrauen. Sie sagen, daß Sie mich sterben lassen werden.«

»Glauben Sie das?«

Was für ein Idiot! »Natürlich glaube ich es, sonst hätte ich es nicht erzählt. Was für Spielchen spielen Sie mit meinem Kopf?«

»Ich weiß, daß Ihnen die Stimmen real vorkommen, aber tatsächlich sind sie nur ein tief verborgener Teil von Ihnen, das sich in Form von Halluzinationen ausdrückt. Verstehen Sie das?«

Wie konnte jemand wie Dr. Rockland mir helfen? Er war zwar Psychiater, einer der besten. Aber die Stimmen wußten mehr als er. Er wußte gar nichts.

Er wußte nicht einmal genug, um offensichtliche Gefahren zu bemerken. Eines Tages saßen wir in seinem Büro, als ich bemerkte, daß sich der Raum mit schwebenden Figuren füllte, die sich zu Paisley-Mustern formten und uns beide töten wollten. Sie saugten den ganzen Sauerstoff im Zimmer auf. Der Doktor und ich würden bald ersticken. Es war furchtbar. Ich fühlte mich wie eine Mörderin. Ich mußte ihn warnen. Doch als ich ihm von der Gefahr erzählte, schien er nicht im geringsten besorgt zu sein. Er saß einfach da, als ob nichts wäre.

Was konnte ich von so jemandem lernen?

So saß ich meistens nur da. Fünfzig-Minuten-Sitzung für Fünfzig-Minuten-Sitzung, Woche für Woche saß ich da und schwieg, während er in seinem Stuhl seine Zigarre paffte, als wäre er Freud höchstpersönlich. Ich saß daneben, in einem großen, flauschigen Sessel, rauchte eine Zigarette nach der anderen und schwieg. Ich sagte nichts, und er fragte nichts. So verbrachten wir oft die gesamte Sitzung in Schweigen. Alles, was ich tat, war, die Armlehnen meines Sessels zu zerpflücken. Ich wollte lieber den Sessel zerstören, bevor ich auf irgendeine Weise zerstört wurde. Ich starrte auf die Uhr, die langsam vor sich hin tickte. Oft stellte ich mir vor, diese Uhr zu zerschmettern, oder ihn.

Meine Brüder waren keine Hilfe für mich. Normalerweise hielten sie Abstand. Sie mußten ihr eigenes Leben leben.

Manchmal sah ich Steven im Wohnzimmer sitzen, wo er mit seinen Freunden Cola trank und fernsah. Er ging völlig auf in seinen Plänen für das College und in seinem Nebenjob – er verkaufte Obst auf der Cherry Lawn Farm. Ich verübelte es ihm nicht, daß er sein Leben weiterlebte. Ich war schon auf dem College gewesen, ich hatte diese Erfahrung gemacht. Jetzt war er dran.

Mark allerdings nahm ich es übel, daß er das Leben führte, das ich mir wünschte. Er machte seinen College-Abschluß, ging an die Universität, zog in eine Wohnung in der Stadt und lebte im Stil der jungen Singles, in dem eigentlich auch ich hätte leben sollen. Ich wollte Marks Leben leben. Ich wollte Mark sein. Das war sicherlich besser, als mein eigenes Ich leben zu müssen.

Ich hatte nichts zu tun und keinerlei Ziel vor mir. Ich verbrachte den Rest des Sommers am Swimmingpool im Country Club meiner Eltern. Ich fühlte mich extrem unsicher. Seit ich ins Krankenhaus gekommen war, hatte ich stark zugenommen. Jetzt hatte ich das Gefühl, daß jeder mich anstarrte. Ich paßte nicht mehr hierher.

Das war nicht nur Einbildung. Die Leute wußten nicht, wie sie sich mir gegenüber verhalten sollten. Ich konnte hören, wie die Bekannten meiner Eltern über mich redeten, wenn ich zum Pool schlenderte.

»Hört sie jetzt Stimmen?«

»Erinnert sie sich an uns?«

»Kann sie überhaupt noch sprechen und eine Unterhaltung führen?«

»Wird sich ihre Persönlichkeit verändern?«

»Ich glaube, daß sie möglicherweise immer noch verrückt ist, auch wenn sie sie entlassen haben.«

»Ist es zu glauben, sie hat sogar Elektroschocks bekommen.«

»Arme Nancy, armer Marvin. Was für eine Tragödie …«

In solchen Momenten bekam ich beinahe Sehnsucht nach dem Krankenhaus. Dort war ich wenigstens eine Patientin und keine Verrückte.

12

Lori
Scarsdale, New York
September 1983 bis Mai 1984

Ich habe ständig Musik gehört. Morgens wachte ich dann auf und stellte fest, daß das Radio die ganze Nacht gespielt hatte. Im Auto drehte ich so lange an den Knöpfen des Radios herum, bis ich einen Sender fand, der mir gefiel. Wenn ich heimkam, ging ich sofort in mein Zimmer und stellte meine Stereoanlage an.

Manchmal hörte ich die Musik nur, um die Stimmen zum Schweigen zu bringen. Ich drehte die Lautstärke auf und konzentrierte mich auf die Melodie statt auf die Stimmen in meinem Kopf. Die Stimmen versuchten, die Musik zu übertönen, und manchmal schafften sie es auch. Meist konnte ich sie jedoch mit Hilfe dieses Tricks ausschalten. Dazu genügte oft schon die Musik aus der Stereoanlage. Doch wenn die Stimmen besonders kraftvoll waren, mußte ich zu anderen Mitteln greifen: Ich setzte die Kopfhörer des Walkman auf, drehte auf volle Lautstärke und dröhnte die Stimmen einfach weg.

Musik konnte die unterschiedlichsten Stimmungen bei mir hervorrufen. Sie war wie eine Droge, sie wühlte mich auf und beruhigte mich. Manchmal genügte ein Liedanfang, um mich in Superlaune zu versetzen. Ein bißchen Al Jarreau hob meine Stimmung. Neil Young machte mich weich und empfindsam. Pat Benetar brachte mich auf Touren, und um mich wieder zu beruhigen, legte ich *Bridge Over Troubled Waters* auf. Am frühen Morgen ließ ich es dann mit *Easy* von den Commodores ausklingen:

Everybody wants me to be
What they want me to be
I'm not happy
When I try to fake it.*

Alle wollen, daß ich so bin,
Wie sie mich haben wollen.
Ich bin nicht glücklich,
Wenn ich versuche, das vorzuspielen.

Die Musik von Stevie Wonder war optimistisch und aufregend. *Golden Lady* versetzte mich in Hochstimmung, und oft tanzte ich zu seinen Liedern unbeschwert durchs Zimmer. Elton John dagegen war nicht richtig einzuordnen. Mit seiner Musik beherrschte er das gesamte Spektrum der Gefühle – mit traurigen Songs wie *Funeral for a Friend* oder mit aufpeitschenden wie *Saturday Night's All Right for Fighting.* Elton John war mein Lithium. Elton Lithium John. Wir füllen ihn in Flaschen ab und stellen ihn ins Medizinschränkchen. Je nach Bedarf zu verwenden. Musik ist die beste Medizin, wie man so schön sagt.

Die Musik wirkte sehr stark auf mich, aber meine Stimmungen waren stärker. Meist war es nicht die Musik, die meine Gefühle bestimmte, sondern meine Gefühle, die die Musik bestimmten. Sie wirbelten um mich herum, sickerten hinaus in die Welt, bestimmten die Auswahl der

Songs und filterten die Melodien und Texte – nicht um sich selbst zu verändern, sondern um sich im Einklang mit ihnen zu verstärken.

Ich hatte nie den Eindruck, daß die Sänger oder ihre Songs direkt zu mir sprachen wie die Nachrichtensprecher damals in meiner High-School-Zeit. Dennoch verstärkten meine Gefühle die Texte und Melodien, und ich empfand sie wie Messer, die direkt in mein Gehirn schnitten. Die Songs sprachen meine Erfahrungen an, meine Gefühle. Es war, als ob die Außenwelt durch die Musik zu einem Spiegel meiner inneren Welt wurde. Die Grenzen zwischen der Musik und meinem Bewußtsein schwanden. Wenn ich mich in die Texte und Melodien versinken ließ, empfand ich die Musik oft als Gnade.

In einem Song von Pink Floyd ging es um einen Zeittick, den ich auch bei mir feststellte. Immer standen mehrere Uhren in meinem Zimmer, und ich war dauernd damit beschäftigt, die genaue Zeit zu ermitteln. Der Pink-Floyd-Song begann mit dem Klingeln Dutzender verschiedener Wecker, dann kam der rhythmische Ton eines Herzschlags hinzu und schließlich ein Durcheinander von Trommeln und Glocken. Ich hatte das gleiche Gefühl, wenn ich die Zeitanzeige auf meiner Armbanduhr und auf der Digitaluhr verglich, keiner vertraute und schließlich die Zeitansage anrief, um die tröstende Elektronikstimme zu hören, die auf die Sekunde genau die Zeit ansagte.

Ich hörte auch Billy Joels aufpeitschende Musik. Manchmal stellte er in seinen Liedern Fragen, um sie dann selbst zu beantworten. Das erinnerte mich stark an die Unterhaltungen, die meine Stimmen miteinander führten, wenn sie relativ entspannt waren. Manchmal, wenn er in seinen Liedern Depressionen, Wahnsinn oder euphorische Stimmungen beschrieb, klang es so, als kenne Billy Joel das schreckliche Chaos in meinem Inneren. Und wenn er von Einsamkeit sang, gab er genau meine Gefühle wieder.

Any Major Dude von Steely Dan schien direkt für mich geschrieben worden zu sein. Der Song erzählte von einer Frau wie mir, die sich am Rande eines Nervenzusammenbruchs befindet und versucht, die einzelnen Teile ihrer Welt zusammenzuhalten. – Sie alle lebten anscheinend in einer Welt des Wahnsinns. Crosby, Stills & Nash wußten alles über die Angst, die ich empfand, als meine Innenwelt mich einkreiste und schließlich realer wurde als die Außenwelt:

> Now I'm standing on the grave of a soldier
> that died in 1799,
> And the day he died it was a birthday,
> and I noticed it was mine.
> And my head didn't know just who I was,
> and I was spinning back in time …*

> Jetzt steh' ich am Grab eines Soldaten,
> der 1799 gestorben ist.
> Und der Tag, an dem er starb, war ein Geburtstag,
> und ich bemerkte, daß es meiner war.
> Und mein Kopf wußte nicht, wer ich eigentlich war,
> und ich trudelte zurück in die Vergangenheit …

Was für eine wunderbare Erfahrung, in tiefster Depression eine Kassette von Jackson Browne einzulegen und in seiner Selbstmordbesessenheit zu schwelgen. Meine eigene Obsession vermischte sich mit seiner. Durch seine

* *Winchester Cathedral* (Graham Nash) © Nash Notes. Reprinted by permission. All rights reserved.

Gefühle konnte ich meine verinnerlichen und verstärken. Ich konnte den Selbstmord eines anderen Menschen wie meinen eigenen empfinden:

Though Adam was a friend of mine,
I did not know him well.
He was alone into his distance,
He was deep into his well.
I could guess what he was laughing at,
But I couldn't really tell.
Now the story's told that Adam jumped,
But I'm thinking that he fell ...*

Obwohl Adam ein Freund von mir war,
kannte ich ihn nicht gut.
Er war allein in weiter Ferne,
er war allein in seiner Quelle.
Ich konnte mir denken, worüber er lachte,
ohne es genau sagen zu können.
Es wird erzählt, daß Adam sprang,
doch ich glaube, daß er fiel ...

Gegen Ende dieses ersten Sommers zu Hause begann ich, mich nach einer Arbeit umzusehen. Es war an der Zeit, irgend etwas zu tun. Sosehr ich die Musik auch liebte – ich konnte doch nicht ewig mit Kopfhörern herumsitzen. Und ich konnte den Rest meines Lebens auch nicht am Pool verbringen. Also begann ich, die Zeitungen nach Stellenangeboten durchzusehen. Im Spätsommer las ich die Anzeige eines Restaurants, das in Scarsdale eröffnen wollte. Sie suchten Kellnerinnen

* *Song for Adam* (Jackson Browne). Reprinted by permission of Atlantic Music Corp./Open Window Music.

und Barkeeper. Ich beschloß, mich zu bewerben, und meine Eltern ermutigten mich. »So ein Job bietet tolle Möglichkeiten, andere Leute kennenzulernen«, meinte mein Vater.

Ich war fest entschlossen, die Stelle zu bekommen, und ich bekam sie auch. Mit den Erfahrungen, die ich mit Tara und Lori im Mug 'N Muffin am Harvard Square gesammelt hatte, fühlte ich mich dem Job bestens gewachsen.

Doch seit damals hatte sich viel verändert. Zum einen war dieses Restaurant wesentlich anspruchsvoller. Das Mug 'N Muffin war wenig mehr als eine Frühstücksbar gewesen, in der sich die Bestellungen auf »zwei Kaffee, einer schwarz mit Süßstoff, einer koffeinfrei mit Milch und Zucker, und dazu zwei Blaubeer-Muffins« beschränkten. Das Restaurant gehörte zu den schicken, schummrigen Orten, die Geschäftsleute zum Mittagessen aufsuchen, an denen sich Yuppies nach der Arbeit in Scharen mit ihren Freunden treffen und ältere Leute – solche über Dreißig – abends erstklassige Steaks verzehren. Manchmal – normalerweise am Freitag oder Samstag – war es abends so voll, daß ich mich kaum noch durch die Menge schieben konnte und ständig »Entschuldigung!« vor mich hin murmelte. Ich schaffte meine Arbeit nur, indem ich die Hälfte meiner Kunden einfach ignorierte.

Ich hatte außerdem meine Fähigkeiten überschätzt. Was für Talente als Kellnerin ich früher auch gehabt haben mochte, sie waren mir im Chaos der vergangenen Jahre abhanden gekommen. Ich war jetzt eine lausige Bedienung. Ich kam mit meiner Arbeit nicht klar, fand das Tempo erschreckend hektisch und die Atmosphäre chaotisch. Alles an dem Job war fremd und schwierig, alles schien mir aus den Händen zu gleiten. Bei der Vorbereitung des Büfetts war ich nicht schnell genug mit dem Anrichten des Krautsalats und der Mixed Pickles. Ich war zu dick für meine Uniform. Wenn die Gäste abends eintrafen, fühlte ich mich der Herausforderung gerade noch gewachsen, wenn es Pärchen oder Singles waren, aber sobald sich mehr als drei Leute an einen Tisch setzten, geriet ich in Panik. Meine Gedanken waren so wirr, daß ich mich einfach nicht an die Bestellungen erinnern konnte. Wer hatte das Steak Teriyaki bestellt, und war die gewünschte Beilage gebackene Kartoffeln oder Pommes frites? Ich vergaß die Bestellungen nicht nur, ich konnte noch nicht einmal meine eigene Handschrift entziffern, wenn ich sie notiert hatte. Auch zitterten meine Hände so, daß ich unfähig war, mehrere Teller auf einmal zu tragen. Also mußte ich mehrmals hin und her laufen. Und beim Kassieren nannte ich ständig falsche Summen, denn wir hatten Computer-Kassen, mit denen ich nie klarkam.

Die Stimmen kommentierten unter ständigem Brüllen alles, was ich tat, und machten den Streß noch schlimmer. Ihr dauerndes Geschrei, das hohe Arbeitstempo, der tosende Lärm der Gäste, die sich alle gleichzeitig über die Metropolitan Opera, ihre samstagabendliche Verabredung, den Idioten Rodgers vom Marketing oder den letzten und den neuesten Film unterhielten – das alles brachte mich manchmal an den Rand eines Schreikrampfs.

Nach einiger Zeit ging ich an den Freitag- und Samstagabenden nach unten an die Cocktailbar, um dort zu bedienen. Das Tempo war ebenfalls hoch, doch die Arbeit war wesentlich einfacher. Ich konnte mir die Bestellungen leichter merken – mit Eis, pur, einen Margherita, mit Salz, ohne Salz. Ganz einfach.

Es gab allerdings auch eine Menge miese Typen hier unten, und manchmal fiel es mir schwer, nicht die Beherrschung zu verlieren. Eines Abends fing eine besonders laute Gruppe an einem der Tische an, Witze über mich zu machen und mich auszulachen. Es war eine gemischte Gruppe, und alle amüsierten sich über die Sprüche eines absolut widerlichen Typen, der offensichtlich der Anführer der Clique war.

Während ich versuchte, die höhnischen Bemerkungen zu ignorieren, übernahmen die Stimmen die Kontrolle. Sie brüllten mir Kommandos zu und zählten alle möglichen brutalen Gemeinheiten auf, die ich diesem Kerl antun sollte. Ich bediente die Gruppe so rasch wie möglich und versuchte, mich in der Zwischenzeit von ihrem Tisch fernzuhalten. Ich hatte Angst vor dem, was ich tun könnte. Es gab jedoch keine Möglichkeit, den Sticheleien auszuweichen. Das Lokal war voll, an den Nachbartischen waren Bestellungen aufzunehmen, und auch sie riefen mich immer wieder zu sich, um neue Getränke zu ordern.

Als sie eine neue Runde bestellten, versuchte ich mir bei der Zubereitung der Drinks möglichst viel Zeit zu lassen. Beim Servieren fing der Typ wieder an, Witze über mich zu reißen. Diesmal beschloß ich, mich zu wehren. Ich servierte die Drinks der Reihe nach und hob mir den des Anführers bis zum Schluß auf.

»Sie wollten Ihren Drink mit Eis, Sir?« fragte ich unterwürfig, und dann goß ich ihm das Ganze in den Schoß.

An diesem Vorfall konnte ich allerdings den Stimmen nicht die Schuld geben, das ging auf mein Konto. Und ich war stolz darauf.

Trotz solcher Zwischenfälle blieb ich. Sie brauchten mich offensichtlich, und ich brauchte das Geld. Außerdem gefielen mir die Leute, und nach kurzer Zeit gab es einen weiteren wichtigen Anziehungspunkt: Kokain.

In der High-School hatte ich ein bißchen mit Drogen herumexperimentiert. Mit Freunden hatte ich Hasch geraucht; die Samen hatten wir über einem aufgeklappten Plattencover aus den Blättern gepult. Auf College-Parties hatte ich dann Kokain versucht. Und als ich wirklich mies drauf war, versuchte ich Methaqualone. Alkohol hingegen vertrug ich nicht. Selbst wenn ich auf einer Party nur ein paar Schluck Bier trank, mußte ich mich übergeben. Die kleinen Pillen oder eine Nase voll Koks dagegen erzeugten ein unglaublich entspanntes Gefühl, wenn die Stimmen mich in die Zange nahmen. Aber bis ich aus dem Krankenhaus kam, hatten Drogen keine große Rolle in meinem Leben gespielt.

Kokain schien überall verfügbar zu sein. Ich mußte mich nicht einmal sehr darum bemühen, es drängte sich mir förmlich auf. Offensichtlich koksten auch viele Gäste des Restaurants. Einige Stammgäste boten mir sogar Trinkgeld in Form von Kokain an. Nach dem Essen luden die zufriedenen Kunden mich einfach ein, ein paar Prisen Koks mit ihnen zu schnupfen.

Am Anfang war ich vorsichtig. Das Restaurant war immerhin ein öffentlicher Ort, der nicht allzuweit vom Haus meiner Eltern entfernt lag. Wir wurden jedoch nie gestört, und nach einiger Zeit wurde ich lockerer. Ich hatte gelernt, zu erkennen, wer gutes Trinkgeld gab, und nun lernte ich, Koks-Konsumenten zu erkennen. Es gab wirklich viele.

Anfangs nahm ich nur ab und zu etwas Kokain, mehr so zum Spaß. Mit der Zeit aber wurde es zu einem wichtigen Bestandteil meines Lebens. Ich freundete mich langsam mit den Leuten an, die Koks nahmen. Ein Mann, der häufig an der Bar saß, war dafür bekannt, daß er im großen Stil mit Drogen handelte und immer wieder verhaftet wurde. Er rief mich oft zu sich und lud mich zu einer Prise Koks auf der Toilette ein. Es war praktisch, wenn Leute Trinkgeld in Form von Kokain gaben. Auf diese Weise kam ich leichter und billiger an den Stoff, als wenn ich ihn erst kaufen mußte. Gab mir ein Gast Trinkgeld in bar, rechnete ich es automatisch in Kokain um. Ein Viertelgramm Koks als Trinkgeld war dagegen viel wertvoller. So bekam ich mehr von dem Zeug, und ich hatte es sofort.

Ich probierte das alles nur aus, um mich besser zu fühlen. Die Medikamente vom Krankenhaus nützten nichts. Ich nahm sie, weil alle sagten, es würde mir dann bessergehen. Oft fragte ich mich, warum ich darauf hörte. Das einzige, was diese Handvoll dummer Pillen mir einbrachte, war das Gefühl, alles verschwommen und unklar zu erleben, als befände ich mich auf dem Grund eines Swimmingpools. Die Stimmen dagegen bedrängten mich nach wie vor, sie verhöhnten die Ärzte, die Pillen und mich.

Kokain aber half mir, die Stimmen zu ignorieren. Solange es wirkte, fühlte ich mich lebendig. Meine Sinne waren geschärft, ich konnte klar denken. Wenn ich eine Prise genommen hatte, fühlte ich mich gut. Ich fühlte mich in einer Weise vital, wie ich es nicht mehr erlebt hatte, seit die Stimmen in mein Leben getreten waren. Koks half mir, meine Aufmerksamkeit nach außen zu richten. Solange ich high war, besaß ich Kraft genug, die Stimmen zu ignorieren, die mich in ihre Welt zurückriefen.

Für kurze Zeitspannen fand ich durch Kokain die Erleichterung, die ich suchte. Ließ die Wirkung nach, begab ich mich auf die Suche nach mehr Koks. Als die Wirkung nach immer kürzerer Zeit nachließ, nahm die

Kokain-Beschaffung einen immer breiteren Raum in meinem Leben ein. Nach einiger Zeit wurde die Jagd nach Koks zu meinem einzigen Lebensinhalt.

Es war das Kokain, das mich zu Raymond brachte. Dann brachte Raymond mir Kokain. Schließlich verschmolzen Raymond und das Kokain zu einer Einheit, so daß ich das eine kaum noch vom anderen trennen konnte. Beide wurden unverzichtbar für mich.

Ich lernte Raymond durch meine Kollegin Nicole kennen. Sie wohnten beide im gleichen Haus. Nicole und ich hatten uns angefreundet, und wir hingen gern zusammen herum. Ich besuchte sie, wir redeten, hörten Musik, und ich sah ihr zu, wenn sie ihr Make-up in dicken Schichten auftrug. Meistens gingen wir dann hinunter zu Raymond. Er hatte fast immer Kokain. War einmal keines da, wußte er, wo wir welches bekamen.

Lange Zeit waren Nicole, Raymond und ich gute Freunde, und wir waren oft zusammen high. Aber mit der Zeit fing ich an, gar nicht erst Nicole, sondern gleich Raymond zu besuchen. Wie die Drogen und die Musik half mir auch Raymond, die ganze Qual für eine kleine Weile zu vergessen. Nach kurzer Zeit verliebte er sich in mich. Ich glaube, ich war auch in ihn verliebt. Er entsprach wohl kaum den Wunschvorstellungen meiner Eltern, doch ich mochte ihn. Er war schwarz, seine Haut hatte die Farbe von Milchschokolade. Sein Körper war großartig in Form, nicht so breit und wuchtig wie der eines Bodybuilders, sondern einfach gut proportioniert. Er hatte einen großen schwarzen Schnurrbart, und das Lächeln darunter konnte einen Eisberg zum Schmelzen bringen. Sogar ohne Kokain fuhr ich auf ihn ab.

Raymond war Techniker für den medizinischen Notdienst und kam aus New Rochelle. Er lebte mit seiner Freundin zusammen; vielleicht war sie auch seine Frau, er drückte sich nicht klar aus. Aber das machte ihn in meinen Augen nur noch aufregender und reizvoller.

Für eine Weile war Raymond etwas, worauf ich mich freuen konnte. Er war ein Lichtblick in meinem Leben, das ansonsten trist und freudlos war. In meinem Kopf herrschten Schmerz und Verwirrung. Ich war einsam und verloren. Irgend etwas stimmte nicht mit mir, doch ich wußte nicht, was es war. Ich versuchte, mich mit anderen Männern zu verabreden, doch die, die sich für mich interessierten, waren dumm und abstoßend. Und diejenigen, die mir gefielen, zeigten kein Interesse an mir, weil ich ihnen zu dick war. Raymond dagegen fand mich perfekt, knuddelig und wunderschön. Das sagte er mir dauernd. Wie konnte ich da widerstehen?

Meine Eltern versuchten mir zu helfen, wo sie konnten, doch wir hatten uns nicht viel zu sagen. Dad wünschte sich so sehr, daß es mir gutging. Ständig redete er auf mich ein, hielt mir Vorträge, stellte mir Fragen, versuchte mich zu motivieren, zu ermutigen. Ich wollte seinen Erwartungen entsprechen, was jedes Zusammensein ausgesprochen anstrengend für mich machte. Ich mußte mich ständig zusammenreißen, mich beobachten, meine Handlungen und Gefühle kontrollieren. Es war harte Arbeit.

Ich war so von Selbsthaß zerfressen, daß ich Schwierigkeiten hatte, mit meiner Mutter etwas zu unternehmen. Wie konnte ich mit ihr einkaufen gehen, wenn mich schon ein Blick in den Spiegel krank machte? Wie konnte ich in den Club meiner Eltern gehen, wenn mir bewußt war, wie fett und häßlich ich aussah. Es war fast unerträglich für mich, mit meiner schönen, schlanken, unternehmungslustigen Mutter zusammenzusein.

Raymond wollte nichts über meine Krankheit hören. Wann immer ich versuchte, über die Symptome zu sprechen, unterbrach er mich oder wechselte das Thema. Für Raymond war ich so normal wie jeder andere Mensch, und damit war das Thema beendet. Also sprachen wir über ihn. Das tat ich gern. Für mich war er etwas Besonderes, das ganz außerhalb meiner eigenen Welt stand. Wir sprachen über seine Arbeit, über seine Mutter, sein Haus, seinen kleinen Sohn Raymond junior, seine Freundin.

Den größten Teil der Zeit aber verbrachten wir damit, über Kokain zu reden oder es zu nehmen. Wo konnten wir uns welches beschaffen? Wessen Auto sollten wir nehmen? Wer fuhr? Wer hatte was? Wo war es gebunkert? Wer hatte Geld?

Wir waren fast ständig high. Wenn ich aus dem Restaurant kam, machten wir uns auf die Suche nach einem Ort, an dem wir das Kokain nehmen konnten. In seiner Wohnung ging es nicht, im Haus meiner Eltern noch weniger. Somit bestand der größte Teil unserer Beziehung aus Koks und endlosen Stunden in billigen Motelzimmern. Wir nahmen die Zimmer stets zum billigen Vier-Stunden-Tarif und verbrachten die Zeit damit, uns das Playboy-Programm anzusehen und Koks zu nehmen. Ich war so verrückt nach dem Zeug, daß ich ihn alles mit mir machen ließ, zumal ich sonst keine Beziehung hatte. Doch wenn der Koks verbraucht war, verschwand ich. Kein Kokain, keine Lori.

Kokain wurde allmählich zu meinem einzigen Lebensinhalt. Meine ständige Angst war, den Tagesbedarf nicht decken zu können. Raymond dealte ein bißchen, und oft teilte er sein Kokain mit mir, aber das war nicht genug. Ich arbeitete nach wie vor im Restaurant und bekam auch häufig Koks als Trinkgeld. Außerdem ging fast mein gesamter Lohn für Koks drauf. An manchen Tagen hatte ich nicht genug Geld für meinen Tagesbedarf, und so stahl ich kleine Summen aus der Restaurantkasse.

High zu bleiben war mein einziges Ziel. Egal, wo ich war, ich kokste überall. Im Aufzug. In der Grand Central Station. Wenn ich eine Straße entlangging. Sogar im Wartezimmer von Dr. Rockland. Ich war ständig high, ich kämpfte ständig gegen die Stimmen, ich fühlte mich ständig mies. Ich versteckte das Kokain in meinen Taschen, in meinen Socken, in meinen Turnschuhen, in meinem Zimmer und in meinem Auto, für Notfälle. Ich hatte schreckliche Angst davor, keinen Koks mehr zu haben, wenn ich welchen brauchte.

Kokain war eine Art selbstverordnete Medizin. Ich war von dem Gedanken besessen, so viel wie möglich zu nehmen, mehr, als mein Körper eigentlich verlangte. Ich war von allem besessen, was irgendwie mit Drogen zu tun hatte.

Sogar in der Musik, die ich hörte, begann ich Kokain zu entdecken. Eric Clapton sang über Kokain und Neil Young über Raymond und mich:

I love you, baby
can I have some more?*

Ich brauchte ständig mehr, denn es war furchtbar, wenn die Wirkung des Kokains nachließ. Ein richtiger Absturz, und man fühlte sich, als säße man in einer Achterbahn, die in vollem Tempo über die Brüstung schießt. Ich konnte nicht schlafen, weil mein Körper mit Koks

* *The Needle and the Damage Done* (Neil Young) © 1971 Broken Fiddle. Reprinted by permission. All rights reserved.

vollgepumpt war. Wenn ich nichts hatte, um wieder high zu werden, lag ich im Bett, und mein Hirn raste. Ich versuchte, die furchtbaren Gedanken abzuwehren, die in mein Gehirn eindrangen, diese Gedanken, die mir sagten, ich solle mich umbringen und diesem Elend ein Ende machen.

Eines Tages hatte ich keinen Koks mehr, nicht einmal in meinen Geheimverstecken. Ich geriet in Panik. Ich brauchte etwas, also beschloß ich, eine Lithium-Kapsel durch die Nase zu ziehen. Ich brach sie auf und zog das weiße Pulver hoch wie Koks. Es war furchtbar. Mein Gesicht brannte. Meine Nasenschleimhaut stand in Flammen. Ich versuchte, die Nase mit Wasser zu spülen, doch das funktionierte nicht. Es dauerte Stunden, bis der Schmerz nachließ. Ich hatte die ganze Zeit das Gefühl, meine Nasenknorpel würden implodieren.

Das Bedürfnis nach Koks trieb mich tiefer und tiefer in eine Welt, deren Existenz ich vorher nicht einmal geahnt hatte. Um an die Drogen heranzukommen, ging ich mit Raymond an Orte, vor denen ich mich normalerweise zu Tode gefürchtet hätte.

Am liebsten holten wir uns das Kokain in einem winzigen Laden in der South Bronx. Über dem Laden befand sich eines der schmutzigsten, widerlichsten Badezimmer, die ich je gesehen hatte. Nebenan war ein kleines Zimmer mit Fernseher und Bett – und jeder Menge Koks. Es war auf einem Spiegel aufgehäuft. Raymond und ich gingen hin, ich wartete, während er seinen Deal machte, dann schnupften wir eine Prise und nahmen so viel mit, daß es uns eine Weile reichte.

Das Zimmer war schrecklich. Bei einem unserer Besuche lag dort ein Gewehr herum. Raymond und sein Freund Carlos ließen mich oben allein, um irgend etwas zu erledigen. Ich war so weggetreten, daß ich mich überhaupt nicht um den Haufen Koks auf dem Spiegel kümmerte, sondern nach dem Gewehr griff. »Jetzt werde ich diesem miesen Leben ein Ende machen«, dachte ich. Ich würde mir das Gehirn herausblasen, es an die Wand klatschen. Ich versuchte, mir das Gewehr an den Kopf zu halten, doch ich schaffte es nicht. Es war unmöglich, mit dem Gewehr auf den Kopf zu zielen und mit der anderen Hand abzudrücken. Außerdem zitterte ich so sehr, daß ich es kaum ruhig halten konnte. Als ich Raymond und Carlos die Treppe heraufkommen hörte, legte ich es wieder hin. Ich zitterte am ganzen Körper.

Natürlich merkten die Leute um mich herum etwas von meinem Drogenkonsum. Dr. Rockland begann, mich intensiver zu befragen. Ich hatte ihm schon relativ früh erzählt, daß ich Kokain nahm, doch ich hatte es als nebensächlich dargestellt. Ich hatte nie erwähnt, wieviel ich nahm oder wie wichtig es für mich war. Statt dessen sagte ich, daß ich es nur ab und zu mit Freunden nahm, zur Erholung. Es war klar, daß er mir langsam nicht mehr glaubte. Inzwischen konsumierte ich manchmal in einer Woche Kokain im Wert von eintausend Dollar.

Gail Kobre – inzwischen Gail Kobre Lazarus – machte sich ebenfalls Gedanken. Trotz ihrer Ehe und ihres neuen Hauses versuchte sie nach wie vor, den Kontakt zu mir aufrechtzuerhalten. Es war nicht das gleiche wie früher, aber sie kam immer noch gelegentlich vorbei. Ich hatte ihr von dem Kokain erzählt. Ich hatte sogar versucht, sie zu überreden, es auch einmal zu probieren. Sie hatte empört abgelehnt. Einmal saßen wir nachmittags zusammen im Garten meiner Eltern. Ich lag in der Hängematte, Gail saß auf den Steinen beim Rosenbeet.

»Ich werde immer deine Freundin sein, Lori«, sagte sie. »Aber ich kann nicht danebenstehen und zusehen, wie du dein Leben ruinierst.«

Ich hatte versucht, meinen Eltern zu verheimlichen, daß ich Drogen nahm, doch sie waren nicht dumm. Noch hofften sie, daß ihre Befürchtungen reine Einbildung seien, aber sie kamen der Wahrheit immer näher. Raymond und ich telefonierten, sooft wir konnten. Ich rief ihn während der Arbeit in der Bronx an, er rief mich zu Hause an, manchmal sogar um Mitternacht. Das machte meine Eltern mißtrauisch. Ich schwindelte sie an, murmelte etwas von »falsch verbunden« oder sagte, daß Nicole angerufen habe. Doch ich wußte, daß sie mir nicht glaubten.

13

Marvin Schiller
Scarsdale, New York
Juni 1984 bis August 1984

Nancy und ich freuten uns zunächst wirklich sehr, als Lori den Job bekam. Es störte uns nicht, daß unsere Tochter als Kellnerin arbeitete. Es war eine ehrliche Arbeit, und wir wußten, daß sie ihre Sache gut machen würde. Sie schien den Job zu mögen. Nach kurzer Zeit verbrachte sie einen großen Teil des Tages im Restaurant. Sie arbeitete fast jeden Abend und häufig auch an den Wochenenden. Unsere einzige Chance, sie am Wochenende zu sehen, war ein Abendessen in ihrem Restaurant. Das machte uns nichts aus. Wir gingen abends dorthin und warteten auf einen Tisch in Loris Bereich. Ich bestellte einen Hamburger oder Spare Ribs, Nancy holte sich einen Salat von der Salatbar.

Meiner Meinung nach war Lori eine wirklich gute Kellnerin, wenn man bedachte, daß sie fast ein Jahr in einer psychiatrischen Klinik verbracht hatte. Während ich auf mein Essen wartete, beobachtete ich, wie sie sich geschickt durch die Menge bewegte. Sie wirkte lebhaft und aufmerksam. Ihr war bewußt, daß sie in einem Dienstleistungsbetrieb arbeitete. Ich sah, wie sie mit den Gästen lachte und schwatzte, wie fröhlich und schlagfertig sie war, wenn sie die Bestellungen aufnahm und servierte.

Irgendwann in diesem Herbst wurde Lori Mitglied in einer Video-Partnervermittlung, in unseren Augen ein weiteres gutes Zeichen. Nancy und ich waren der Auffassung, daß sie versuchen sollte, Leute ihres Alters kennenzulernen. Sie zahlte fünfhundert Dollar für die Vermittlung, und ich sagte ihr, daß sie dieses Geld meiner Meinung nach sinnvoll investiert hatte.

Lori erklärte mir, wie der Vermittlungsservice funktionierte.

»Da war eine Frau hinter der Kamera, und sie stellte mir alle möglichen Fragen. Was für Jungs ich mag, was ich so mache, was ich von verschiedenen Dingen halte.«

Anscheinend konnte sie ähnliche Videoaufnahmen von jungen Männern sehen und dann die auswählen, die sie kennenlernen wollte.

»Wenn ich mich dann für Andrew und Scott entscheide, ruft die Vermittlung sie an und sagt ihnen, daß jemand interessiert ist. Sie kommen in die Zentrale, schauen sich mein Video an und entscheiden dann, ob sie mich ebenfalls kennenlernen wollen.«

Lori war, wie ich, eher altmodisch. Sie fand es gut, daß bei gegenseitigem Gefallen der junge Mann die Telefonnummer der Frau erhielt, um bei ihr anzurufen. In diesem Herbst muß das Gefallen oft gegenseitig gewesen sein, denn ständig stand ein anderer junger Mann vor der Tür. Einer brachte sogar ein großes Rosenbukett mit. An einem anderen Abend kam Lori lachend nach Hause – sie hatte mit einem Zauberer gegessen, der seine Tricks während des Essens vorgeführt hatte.

Den Winter über klingelte das Telefon sehr oft für Lori. Ich liebte das Geräusch, denn es bedeutete, daß unsere Tochter wieder da war.

Ich war dankbar, daß Lori wieder bei uns war, daß sie das Krankenhaus hatte verlassen dürfen, und machte es mir zur Aufgabe, sie zu ermutigen, sie zu leiten, dafür zu sorgen, daß sie nicht im System der Kliniken stekkenblieb. »Mobilisiere deine Kräfte, Lori«, sagte ich immer wieder. »Es liegt an dir, wie du auf andere Menschen wirkst.«

Lori war eine Kämpferin, eine Gewinnerin. Sie konnte sich zusammenreißen und ihre Genesung beschleunigen.

Mir war klar, daß Lori noch nicht wiederhergestellt war, auch wenn sie den Tiefpunkt überwunden hatte. Ich mußte sie nur anschauen, um das zu erkennen. Vor allem ihre Augen zeigten es. Lori hatte schon als Baby faszinierende Augen gehabt. Sie funkelten etwas schelmisch und strahlten Intelligenz und Freude aus. Diese Augen waren jetzt stumpf, ihr Blick leer. Auch Loris Gang hatte sich verändert. Ihre Arme hingen leblos herunter. Wenn sie ging, wirkte sie wie ein Zombie oder eine Schlafwandlerin.

Sie war nicht die Lori, die wir gekannt hatten, aber sie war ihr schon viel ähnlicher als die Lori, die wir vor ein paar Monaten kennengelernt hatten. Meiner Meinung nach befand sie sich in einem frühen Stadium der Genesung. Ihr Therapeut Dr. Rockland war wie wir der Meinung, daß wir ihr jetzt vor allem helfen mußten, den Weg zurück ins alltägliche Leben zu finden. Mit einem Job, Freunden und einem Ziel vor Augen konnte sie sich wieder in den Alltag einleben, den sie zurückgelassen hatte. Lori schien genauso zu denken.

Im Mai, kurz nachdem Lori aus dem Krankenhaus gekommen war, veranstaltete Nancy eine phantastische Party zu meinem fünfzigsten Geburtstag. Wir feierten mit ungefähr zwanzig engen Freunden in einem Restaurant in Soho. Mark und Steven waren ebenfalls dabei, und so war die Familie zum erstenmal seit langer Zeit wieder vollständig versammelt. Die Jungs waren übermütig und alberten herum. Alle waren guter Laune.

Lori sah an diesem Abend mit ihrem neuen kurzen Haarschnitt sehr hübsch aus. Als dann die Toasts ausgebracht wurden, tat sie etwas, das mir die Tränen in die Augen trieb. Sie stand vor unseren Gästen auf und dankte mir für all die Hilfe, die ich ihr während der Zeit im Krankenhaus gegeben hatte.

»Es tut mir leid, daß ich dir soviel Ärger gemacht habe, Daddy«, sagte sie. »Danke, daß du mir geholfen hast, diese harte Zeit durchzustehen.«

Wenn man von Niveau eins auf Niveau drei springt, ist das nicht unbedingt das Niveau zehn, das man vorher hatte, aber es ist trotzdem ein Fortschritt.

Ich versuchte, die Beziehung zu Lori einfach und geradlinig zu gestalten. Oft spielten wir am Sonntag nachmittag zusammen Golf. Samstags erledigten wir die Einkäufe. Wir fuhren die Central Avenue hinauf zu Yonkers, um einige Dinge für das Haus, den Garten oder das Auto zu besorgen. Manchmal gingen wir anschließend zu Caldor's, wo ich sie zu einer Diät-Cola und einer dieser warmen, weichen Brezeln einlud, die sie zu mögen schien und nach denen ich geradezu verrückt war. Wir versuchten uns auf einfache Art zu amüsieren. So hatten wir einen kleinen Wettstreit: Wer konnte die billigste Tankstelle in Westchester County ausfindig machen? Ich fand eine in New Rochelle, Lori eine in Eastchester. Wir verglichen unsere Notizen und fuhren dann die weitesten Wege, um an der Tankstelle, die gewonnen hatte, zu tanken. Wir gaben vermutlich Dollars aus, um Pennies zu sparen, aber das war mir egal. Es schien ihr Spaß zu machen, und wir hatten etwas, worüber wir reden konnten.

Nancy war durch meine laienhaften Therapieversuche sehr irritiert. »Warum überläßt du das nicht den Ärzten?« fragte sie dauernd. »Misch dich nicht in ihre Therapie ein.« Doch ich hielt es für meine Pflicht, Lori zu geben, was ich konnte. Ich hatte eine gute Ausbildung genossen, und jetzt konnte ich sie einsetzen, um ihr zu helfen.

Ich versuchte, mit Lori über die Stimmen zu reden, über das, was sie sagten, wer sie waren, was sie für sie bedeuteten. Ich ermutigte sie, ihre Träume aufzuschreiben, und eine Zeitlang hatte sie Papier und Bleistift neben ihrem Bett liegen. Es fiel ihr sehr schwer, sich mitzuteilen und jemandem etwas über ihre Gefühle zu erzählen – ob nun wir das waren oder andere. Also ermutigte ich sie, soviel wie möglich aufzuschreiben. Wenn sie das Gefühl hatte, sie könne mir ihre Aufzeichnungen zu lesen geben, dann versuchte ich, sie zu interpretieren. Immer wieder betonte ich, wie wichtig es sei, daß sie sich später daran erinnerte, wie es ihr jetzt ging, so daß wir alle uns über ihre Fortschritte freuen konnten.

Ein Thema, bei dem ich darauf bestand, daß sie sich mitteilte, war Selbstmord. Sie hatte schon zweimal versucht, sich umzubringen, und im Krankenhaus hätte sie es ganz offensichtlich wieder probiert, wenn man ihr die Möglichkeit dazu gelassen hätte. Ich bemühte mich, mit ihr über den Tod und seine Endgültigkeit zu reden. Ich wollte ihr klarmachen, daß ein Selbstmordversuch auch gelingen konnte und daß sie selbst dann, wenn sie sich eigentlich gar nicht wirklich umbringen wollte, einen tödlichen Fehler begehen konnte.

»Ein Selbstmordversuch gehört nicht zu den Dingen, die du noch einmal versuchen kannst, wenn sie schiefgehen, Lori«, sagte ich. »Wenn du einen Fehler machst, bekommst du keine zweite Chance.«

Im Laufe der Wochen fragte ich Lori immer wieder: »Hast du vor, dich umzubringen, Lori? Du mußt es uns sagen, wenn du es vorhast.« Ich versuchte es ihr quasi aus der Nase zu ziehen. Meistens reagierte sie trotzig.

»Hör auf, mich in die Enge zu treiben«, schnauzte sie mich an. »Du willst mich nur provozieren. Du kapierst überhaupt nichts.«

Dennoch wurde, so seltsam es auch schien, die Beziehung zwischen Lori und mir mit der Zeit enger. Lori war immer mein kleines Mädchen gewesen, und jetzt brauchte sie mich noch mehr als früher. Sie brauchte Unterstützung, Sicherheit, Ermutigung, und sie bemühte sich auch darum.

Sie kam zu mir und sagte einfach so:

»Du bist wütend auf mich.«

»Nein, Lori, bin ich nicht.«

»Nun, du siehst aber aus, als wärst du's.«

Immer wieder mußte ich ihre Zweifel zerstreuen.

»Du haßt mich.«

»Lori, ich hasse dich nicht. Ich liebe dich.«

Schließlich dämmerte mir, daß sie mich mit ihren Fragen nicht provozieren wollte. Ihre Fragen waren ernst gemeint. Und sie brauchte die Antworten. Sie mußte hören, daß ich sie immer noch akzeptierte, daß ich immer noch für sie da war, daß ich sie immer noch liebte.

Während jener Zeit war mein Leben in jeder Hinsicht mit Problemen belastet. Wir hatten den Machtkampf in der Firma gewonnen. Das bedeutete mehr Einfluß, aber auch mehr Verantwortung, mehr Arbeit und mehr Geschäftsreisen. Ich war nun für fünfzehn Geschäftsstellen im ganzen Land verantwortlich, und ich mußte sie häufig besuchen. Ich bekleidete jetzt eine wichtige Position, und es gehörte zu meinen Pflichten, mich um die weitere Entwicklung der Firma zu kümmern. Natürlich beschäftigte mich das sehr, denn ich nahm diese Verantwortung sehr ernst.

Nancy und ich versuchten nach wie vor, uns gegenseitig zu helfen. Unser Leben hatte nicht viel von der heiteren Sorglosigkeit, die ich mir für die Zeit gewünscht hatte, nachdem die Kinder ausgeflogen waren. In jenen Tagen bestand das Leben für mich hauptsächlich aus Arbeit, Lori und Schlaf.

Im Frühjahr hatte ich die Firma von Loris Problemen unterrichtet. Ich war gezwungen, das Thema viel früher anzuschneiden, als mir recht war, weil es Schwierigkeiten mit der Krankenversicherung gab. Lori hatte das College abgeschlossen und war deshalb nicht mehr über mich versichert. Ihr Versicherungsschutz war einige Monate nach ihrer Einlieferung in das Krankenhaus abgelaufen. Sie hatte keine eigene Versicherung, und ihre Rechnungen gingen in die Zehntausende. Die Gesamtsumme war so hoch, daß ich Zahlungsprobleme hatte. Darum hatte ich mich im März an meine Firma gewandt und sie gebeten, mir auszuhelfen.

Das Schreiben wurde der Unternehmensleitung vorgelegt. Ich gehörte selbst dazu, aber das machte die Sache nicht leichter. Ich hatte Jahre gebraucht, mir mein Image als zielstrebiger, kostenbewußter und anspruchsvoller Mitarbeiter aufzubauen. Ich war der Typ, der sich an die Regeln hielt und nicht an Sonderrechte glaubte. Auf dieser Philosophie basierte meine Karriere, und mit ihr versuchte ich auch, am Aufbau des Unternehmens mitzuwirken. Und nun stand ich hier, ich, Marvin Schiller, der Macho-Manager, mit dem Hut in der Hand und sagte: »Bitte, Jungs, könnt ihr mir nicht aushelfen?«

Sie baten mich, den Raum zu verlassen, während sie diskutierten. Ich stand vor diesem großen Konferenzraum. Normalerweise saß ich drinnen und nahm an den Entscheidungen teil. Heute jedoch stand ich draußen und wartete, wie sie über meinen Fall entscheiden würden.

Nach fast einer Stunde wurde ich in den Konferenzraum zurückgerufen. Ein rasch diktiertes Protokoll wurde verlesen, das eine Reihe strenger Warnungen enthielt, einschließlich einer Aufforderung an die übrigen Angestellten, sich gewissenhafter um die Krankenversicherung ihrer Kinder zu kümmern. Das Unternehmen lehne eine Verantwortung für den Versicherungsschutz von Angehörigen ab, die nicht mehr durch die Familienversicherung abgesichert seien. Doch dann, nach einer Mahnung, daß dies eine einmalige Ausnahme sei, hieß es, man sei bereit, meinen Versicherungsschutz so zu erweitern, daß die Hälfte von Loris Arztrechnungen abgedeckt wurde.

Ich versuchte trotzdem so gut wie möglich, Loris Zustand geheimzuhalten. Als meine Sekretärin Anne Schiff bei uns anfing, hatte sie die Situation offenbar schon bald durchschaut, denn sie stellte Loris Anrufe stets ohne Wartezeit durch. Dennoch wurde das Thema nie angesprochen, weder von ihr noch von mir. Während unseres morgendlichen Geplauders vor dem Arbeitsbeginn erzählte ich von dem einen Sohn, der sich auf das College vorbereitete, oder von dem anderen, der weiterstudieren wollte – und dann erwähnte ich meine Tochter, die im Krankenhaus »beschäftigt« war. In meinen Augen war das nur ein Wortspiel, denn Lori war wirklich damit beschäftigt, gesund zu werden. Ich sah keinen Grund, nähere Erklärungen abzugeben. Es verunsicherte die Leute nur und damit auch uns.

Unseren Freunden gegenüber spielten Nancy und ich kein Theater mehr. Als Lori von der Payne-Whitney-Klinik in das Westchester überwiesen wurde, war uns klar geworden, daß es sich hier nicht um eine kurzfristige Erkrankung handelte, die man herunterspielen konnte. Die Ärzte von der Payne-Whitney-Klinik hatten uns gesagt, wir sollten die Hoffnung nicht aufgeben. Uns war daher klar, daß Lori nicht innerhalb einiger Wochen gesund werden würde. Sie litt an einer ernsten Krankheit, deren Heilung sehr lange dauern konnte. Der Gedanke, Lori würde nicht wieder gesund werden, war für mich nicht akzeptabel, doch mir wurde langsam klar, daß der Heilungsprozeß viel länger und schwieriger verlaufen würde, als wir es uns erhofft hatten.

Vor diesem Hintergrund beschlossen Nancy und ich, unsere engsten Freunde einzuweihen. Wir versuchten, so sachlich wie möglich zu bleiben.

»Erinnert ihr euch, daß wir erzählt haben, Lori würde in Boston arbeiten?« fragten wir sie. »Nun, das hat nicht gestimmt. Sie war in Wahrheit im New York Hospital. Sie hat einige Selbstmordversuche hinter sich, und sie ist sehr krank.«

Wir versuchten, so gut es uns möglich war, zu erklären, was Lori fehlte, und sagten, daß wir die Wahrheit verheimlicht hatten, weil wir sie schützen und vor der Schande bewahren wollten.

Unsere Freunde reagierten überrascht und besorgt. »Wann ist es denn passiert?« wollten sie wissen. »Wie geht es ihr jetzt?« – »Ich habe überhaupt nichts bemerkt.« Sie zeigten Mitgefühl, doch man merkte deutlich, daß sie schockiert waren. Einige schienen nicht zu wissen, was sie über diese Krankheit denken oder wie sie darauf reagieren sollten.

Uns überraschte das Verhalten der meisten Leute. Es

war so ganz anders, als wir erwartet hatten. Einige unserer engsten Freunde hatten große Schwierigkeiten, mit dieser Nachricht umzugehen. Ein Paar, mit dem wir eng befreundet waren und das auch unseren Kindern sehr nahestand, kam offensichtlich einfach nicht mit dieser Situation klar. Sie erkundigten sich nie nach Lori und besuchten sie nicht ein einziges Mal. Eigentlich fragten überhaupt nur sehr wenige Leute nach ihr, und kaum jemand kam, um sie zu besuchen. Sie wußten nicht, wie sie sich verhalten sollten.

Ich hätte mir von unseren Freunden mehr Verständnis oder Einfühlungsvermögen gewünscht. Doch andererseits konnte ich ihnen nichts vorwerfen, denn auch Nancy und ich hatten große Schwierigkeiten, die Situation zu akzeptieren. Wie also konnte ich von meinen Freunden mehr erwarten als von mir selbst? Was wußten sie denn schon über psychische Krankheiten? Sie hatten die weitverbreiteten bizarren Geschichten von kannibalistischen Massenmördern, Amokläufern oder jungen Männern gehört, die auf irgendwelche Türme stiegen, um von dort aus auf Menschen zu schießen. Unbewußt hatten sie wohl Angst vor Lori, vor dem, was sie tun könnte.

Nach einiger Zeit sahen Nancy und ich dann ein, daß Loris Erkrankung unser Problem war und nicht das unserer Freunde. Wir konnten nicht erwarten, daß uns jemand den Schmerz oder die Sorgen abnahm.

Lori schien sich bei ihrer Arbeit im Restaurant wohlzufühlen, und Nancy und ich redeten uns ein, daß es wieder aufwärts ging. Im Frühjahr 1984 jedoch fiel uns einiges Befremdliche an Lori auf. Sie wurde zu den unmöglichsten Zeiten von merkwürdigen Leuten angerufen. Manchmal flüsterte sie am Telefon. Manchmal verließ sie das Haus unmittelbar nach einem dieser Anrufe.

Nancy stellte fest, daß die meisten mysteriösen Anrufe von einem bestimmten Mann kamen. Ich hatte ihn einmal kennengelernt, als er Lori abholte. Er hieß Raymond und war schwarz. Das an sich störte mich nicht. Was mich störte, war sein merkwürdiger Background. Irgend etwas an seiner Ausstrahlung beunruhigte mich ebenfalls – seine heimlichtuerische Art und sein offensichtliches Unbehagen in unserer Gegenwart.

»Marvin, ich glaube, dieser Kerl verkauft Lori Drogen«, sagte Nancy eines Tages.

In dieser Zeit des exzessiven Drogenmißbrauchs wurden Eltern ständig darauf hingewiesen, daß auch ihre Kinder gefährdet waren. »Achten Sie auf ungewöhnliche Verhaltensweisen«, hieß es in der Drogenaufklärung. Unerklärliche Stimmungsschwankungen, laufende Nasen, Zittern, blutunterlaufene Augen galten als Warnzeichen. Wir beobachteten Lori, doch wie sollten wir ihre Krankheitssymptome von anderen Anzeichen unterscheiden? Loris Stimmungen waren so unberechenbar, daß sie ursprünglich als manisch-depressiv eingestuft worden war. Sie schlief so wenig, daß ihre Augen dauernd blutunterlaufen waren. Sie nahm so viele Medikamente, daß ihre Hände fast immer zitterten.

In der ersten Zeit gab es einige Zeichen für eine Veränderung, doch die waren eher positiv. Lori war sehr dick gewesen, als sie aus dem Krankenhaus kam, doch inzwischen hatte sie einiges an Gewicht verloren. Sie war viel häufiger guter Laune.

Lange Zeit hatte ich bei Raymond eher die Befürchtung, daß Lori eine sexuelle Beziehung mit ihm hatte. Das irritierte mich. Sie hätte eine bessere Wahl treffen können, und das sagte ich ihr auch.

»Gehst du mit diesem Typ?«

»Nein, Daddy, er ist nur ein guter Freund. Ich brauche Freunde. Du sagst doch immer, ich soll versuchen, Leute kennenzulernen. Jetzt habe ich jemanden kennengelernt.«

Die Bekanntschaften, die Lori über den Partnerservice gemacht hatte, waren nicht von Dauer. Sie erneuerte ihre Mitgliedschaft auch nicht mehr. Die seltsamen Anrufe jedoch gingen weiter. Nancy wurde immer unruhiger und vertraute mir ihre Sorgen an. Darum versuchte ich erneut, mit Lori zu reden. Ich saß im Wohnzimmer vor dem Fernseher, als sie hereinkam. Ich drehte mich um und sah sie an.

»Lori, warum ruft dieser Raymond dich immer zu allen möglichen und unmöglichen Zeiten an?«

Sie trat unruhig auf der Stelle. »Das habe ich dir doch erzählt. Er ist ein Freund.«

»Lori, hältst du mich für dumm?« Ich wurde nicht laut, doch sie wußte, daß es mir ernst war. »Da steckt mehr dahinter, da bin ich mir sicher. Wir machen uns Sorgen deswegen. Verkauft der Kerl dir Drogen?«

»Nein, Daddy«, erwiderte sie. Ihre Stimme klang überzeugend, doch ich spürte, daß sie log. »Er hat nichts mit Drogen zu tun. Er ist nur ein Freund, den ich vom Restaurant her kenne. Wir sind einfach oft zusammen.«

»Ich möchte nicht, daß du mit solchen Leuten zusammen bist. Ich will diesen Raymond nicht in unserer Nähe haben, und ich will nicht, daß er in deiner Nähe ist. Meiner Meinung nach ist er ein Dealer.«

»Nein, Daddy. Er ist nur ein Freund. Er hat nichts mit Drogen zu tun.«

Eine lange Pause. Ich sah ihr scharf in die Augen. »Das kann ich nur hoffen«, sagte ich.

Es dauerte jedoch nicht lange, bis sich herausstellte, daß Lori uns angelogen hatte. Selbst wir bemerkten Symptome, die deutlich über die ihrer Krankheit hinausgingen. Die Stimmungsumschwünge wurden krasser und fanden in immer kürzeren Abständen statt. (»Vielleicht hat sie ihre Medikamente abgesetzt«, dachte ich.) Das Zittern ihrer Hände wurde so stark, daß sie selbst mit einfachen Dingen wie dem Einschenken von Gläsern Schwierigkeiten hatte. (»Vielleicht nimmt sie zu viele Medikamente?«) Sie wurde immer hektischer. (»Nimmt sie genug Medikamente?«) Sie schien kaum noch zu schlafen. (»Braucht sie Schlaftabletten?«) Vielleicht schlief sie ja tagsüber, wenn ich nicht zu Hause war. Nachts jedenfalls konnte ich hören, wie sie um ein oder zwei Uhr nach Hause kam und dann bis zur Morgendämmerung im Haus herumlief.

Schließlich beschlossen Nancy und ich, es auf eine Konfrontation ankommen zu lassen. Lori war in irgend etwas Gefährliches verwickelt, und wir konnten das nicht länger ignorieren. Diesmal mußte ich herausfinden, was los war. Ich stellte sie wieder zur Rede.

Als sie endlich zugab, Drogen zu nehmen, explodierte ich. Ich sagte ihr, daß sie von nun an nichts mehr unternehmen dürfe, bevor sie nicht von den Drogen losgekommen sei. Wenn sie es nicht allein schaffe, müsse sie Hilfe bekommen. Auf eine Empfehlung von Dr. Rockland ließen wir Lori in Stamford, Connecticut, an einem Drogenprogramm teilnehmen. Dreimal in der Woche fuhr sie dorthin, um sich beraten zu lassen und an der Gruppentherapie teilzunehmen. Durch nicht angekündigte Urinproben wurde getestet, ob sie wirklich keine Drogen mehr nahm.

Ich wußte, daß sie es schaffen würde, und sie schaffte es. Im August war sie clean.

14

Lori
Scarsdale, New York
September 1984 bis März 1985

Im Frühherbst war ich so weit, daß ich mir wieder eine Arbeit suchen konnte. Diesmal dachte ich an etwas auf dem Gebiet der Psychiatrie, da ich mit diesem Bereich schon sehr vertraut war.

Dr. Rockland gab mir eine Liste von Krankenhäusern in der Gegend. Ich schrieb meine Bewerbungen – ohne meine Aufenthalte in der Payne-Whitney-Klinik und im Westchester-Krankenhaus zu erwähnen – und schickte sie los.

Ich glaubte eigentlich nicht, daß ich Erfolg haben würde, aber es klappte. Nach einer Reihe von Vorstellungsgesprächen und verschiedenen Angeboten entschied ich mich für das Rye Psychiatric Hospital Center. Es hatte am wenigsten Ähnlichkeit mit dem Westchester.

Das Westchester war mit über dreihundert Betten ziemlich groß, das Rye hatte nur dreißig Patienten. Die Auffahrt war kurz, aber mit Bäumen gesäumt, die Rasenflächen waren gepflegt. Die ganze Anlage strahlte etwas Beruhigendes aus. Es gab ein Haupt- und ein kleineres Nebengebäude, das »Landhaus« genannt wurde. Es sah auch wirklich wie ein kleines Landhaus aus.

Das Wichtigste war jedoch, daß das Rye im Gegensatz zum Westchester eine offene Einrichtung war. Solange die Patienten auf dem Grundstück der Klinik blieben, konnten sie tun und lassen, was sie wollten. Es gab keine Gitterstäbe oder Sicherheitsfenster, keine speziellen Schlüssel für die Sicherheitsbereiche, keine Wachen, die in Jeeps durch die Anlage fuhren.

Auf einen Schlag war ich von einer ehemaligen Psychiatrie-Patientin zur Pflegerin geworden, die für Psychiatrie-Patienten verantwortlich war. Nach einer kurzen Einarbeitungsphase bekam ich die gleichen Aufgaben zugeteilt wie die anderen Pflegekräfte. Ich unterstützte die Patienten beim Selbstsicherheitstraining. In den Bastel- und Zeichengruppen half ich ihnen, Geldbeutel und Ledermokassins zu nähen. Und während der Maltherapie ließ ich sie Bilder malen und half ihnen, sie zu analysieren.

Die Arbeit während der Spätschicht – von drei Uhr nachmittags bis halb zwölf Uhr abends – war leichter als die während der Frühschicht. Ich konnte spontaner auf die Wünsche der Patienten eingehen. Wir gingen in den Garten, spielten Hufeisenwerfen oder Krocket und gingen spazieren. Die Frühschicht war anstrengender. Die Patienten mußten morgens geweckt, gewaschen, mit Frühstück und später mit Mittagessen versorgt werden. Außerdem wurden zu dieser Zeit die meisten Neuzugänge eingeliefert. Während meiner Einarbeitung hatte ich gelernt, das Aufnahmeformular richtig auszufüllen und auch die übrigen Schreibarbeiten zu erledigen.

Viel von dem Papierkram blieb an mir hängen, weil ich diese Arbeit – im Gegensatz zu den anderen Mitarbeitern – gern machte. Es gefiel mir, den Patienten und ihren Familien die vorgegebenen Fragen zu stellen und dann die Angaben einzutragen. Ich fragte nach ihren Problemen und Beschwerden und schrieb alles sehr ausführlich auf. Ich half auch bei den täglichen Eintragungen in die Klinikunterlagen. Außerdem lernte ich, wie man ein EEG macht, das für die Aufnahme obligatorisch war, an welcher Stelle man die Elektroden anlegt und wie man die völlig schmerzlose Messung der Gehirnwellen durchführt.

Meine Vergangenheit hatte ich niemandem gegenüber erwähnt, und zu Anfang fragte auch niemand danach. Aber ein paar Wochen nachdem ich im Rye angefangen hatte, rief mich die Oberschwester, Eddie Mae Barnes, in ihr Büro. Sie war eine kräftige, respekteinflößende Frau, der man nichts vormachen konnte. Das Zittern meiner Hände war ihr aufgefallen, und nun fragte sie, ob ich deswegen schon einmal »jemanden konsultiert« hätte.

»Ja«, antwortete ich und hielt die Luft an.

»Nehmen Sie Medikamente?« wollte sie wissen.

»Ja.«

»Waren Sie deswegen jemals in Behandlung?«

»Ja.«

»Sind Sie immer noch in Behandlung?«

»Ja.« Inzwischen zitterte ich am ganzen Körper.

»Bei einem Psychiater?«

»Ja.«

»Waren Sie selbst je in der Psychiatrie?«

»Ja«, antwortete ich und wartete.

Doch wunderbarerweise kündigte sie mir nicht. Sie beschnitt nicht einmal meinen Aufgabenbereich. Sie beobachtete mich seit diesem Gespräch genauer, doch sonst passierte nichts. Ich war erstaunt und dankbar. Es war damals nicht gerade üblich, eine frühere Patientin der Psychiatrie ins Pflegepersonal aufzunehmen. Schwester Eddie Mae versuchte es mit mir, obwohl sie damit ein Risiko einging.

Innerhalb kurzer Zeit machte ich Marathonschichten im Rye. Normalerweise war ich für die Frühschicht eingeteilt, die um sieben Uhr morgens begann und um halb vier Uhr nachmittags endete. Fiel ein Mitglied der Spätschicht aus, die um halb zwölf Uhr abends endete, übernahm ich häufig auch diese Schicht. Manchmal blieb ich nach der Spätschicht die Nacht über in der Klinik, so daß jemand für Notfälle zur Verfügung stand. Es kam auch vor, daß ich die Schicht bis halb vier Uhr nachmittags machte, nach Hause fuhr, mich ein paar Stunden hinlegte und abends um elf Uhr wieder erschien. Ein paarmal rief mich Eddie Mae morgens um fünf zu Hause an, um zu fragen, ob ich in zwei Stunden da sein könne. Fast immer sagte ich zu.

Einmal schneite es während eines Blizzards so stark, daß ich nicht nach Hause fahren konnte und die anderen Mitarbeiter nicht zur Klinik kamen. Also blieb ich und arbeitete drei Schichten durch, vierundzwanzig Stunden am Stück.

Ich machte gern Überstunden. Teilweise wegen des Geldes. Nach kurzer Zeit verdiente ich durch die Extraschichten doppelt so viel wie mein Normalgehalt betrug. Vor allem jedoch machte die Arbeit Spaß, weil ich gut war. Ich konnte hart arbeiten, es fiel mir leicht, den Schreibkram zu erledigen, und ich war gründlich. Bei einer staatlichen Überprüfung des Krankenhauses zeigten die Prüfer den anderen meine Berichte als Beispiel dafür, wie so ein Bericht aussehen sollte.

Ich gab mir die größte Mühe, normal zu sein.

Einmal machten meine Mutter und ich Besorgungen im Golden-Horseshoe-Einkaufszentrum. Wir kauften Lebensmittel, gingen bei der Apotheke und der Reinigung vorbei, kauften Blumen. Das Einkaufen war unproblematisch. Wir mußten nicht miteinander reden. Wenn die Stimmen mich anschrien, ich solle aus dem Auto springen, konnte ich mich aufs Radio konzentrieren und mich so besser kontrollieren. Im Einkaufszentrum las meine Mutter die Liste der Dinge vor, die besorgt werden mußten, und ich suchte sie zusammen. Aber in der Apotheke erkannten mich weder der Besitzer noch sein Assistent, der schon seit mehreren Jahren dort arbeitete.

Okay, okay. Ich wußte es ja selbst. Ich war eine fette Schachtel. Ich haßte mein Gewicht. Ich haßte meinen Anblick im Spiegel. Vor allem haßte ich es, BHs und Badeanzüge zu kaufen. Ich fragte die Leute, wie ich aussah, aber niemand wagte, mir die Wahrheit zu sagen, um meine Gefühle nicht zu verletzen. Alles, was sie sagten, war, daß ich etwas Übergewicht hätte. »Mach dir keine Sorgen«, meinten sie. »Du wirst wieder abnehmen. Das kommt bestimmt nur von den Medikamenten.« Am schlimmsten war der Satz, der dann kam: »Du hast doch so ein hübsches Gesicht.« Das bedeutete im Klartext, daß ich eine wabbelnde Tonne war. Nur Dr. Rockland und meine Eltern sagten mir die Wahrheit ins Gesicht.

Dr. Rockland ermutigte mich, Sport zu treiben. Das sei die beste Methode, die Pfunde loszuwerden. Außerdem war es, wie er sagte, medizinisch bewiesen, daß viel körperliche Bewegung ein gutes Mittel gegen Depressionen ist.

Ich versuchte seinem Rat zu folgen. Jeden Sonntag lief ich mit meinen Eltern eine sechs Kilometer lange Strecke auf dem Golfplatz, ein äußerst langweiliges Unternehmen. Ich ging mit meiner Mutter zu Fuß zu Gails Mutter. Der Hin- und Rückweg, insgesamt sechs Kilometer, war zu viel für mich. Ich versuchte es mit langen Fahrradtouren. Manchmal fuhr ich die knapp elf Kilometer vom New York Hospital nach Hause mit dem Fahrrad. Die steile Strecke am Gedney Way brachte mich fast um, doch ich gab nicht auf. Ich trat im Stehen in die Pedale. Oft fuhr ich die acht Kilometer nach Mamaroneck mit dem Rad. Einmal überholte mich auf dieser Strecke Dr. Rockland, der in der Gegend wohnte, in seinem Wagen. Er hupte und schien sehr erfreut darüber, daß ich seine Ratschläge befolgte. Ich hatte das Gefühl, ich sollte mir einen Aufkleber auf die Jacke machen: Hupen Sie, wenn sich Ihre Patientin verausgabt.

Mein Vater sagte immer wieder, ich solle ausgehen, neue Freunde suchen, mich amüsieren. Also nahm ich an einer organisierten Gruppenreise nach Jamaika teil. Es war toll, am Strand von Negril zu schwimmen. Ich machte beim Fallschirmsegeln mit, weil es mich an das Fallschirmspringen erinnerte. Ab und zu wurde ich an einem der riesigen Büffets schwach, die den ganzen Tag über die leckersten Sachen boten. Wir spielten Bingo und Karten, veranstalteten Krabbenrennen und gingen schnorcheln. Aber die meisten waren vor allem am Trinken und daran interessiert, mit wem sie als nächstes ins Bett gehen sollten. Die Medikamente, die ich nahm, vertrugen sich nicht mit dem Alkohol, so daß mir nach einem Schluck den ganzen Tag lang übel war. Und ich hatte nicht die Absicht, mich mit irgendeinem dieser Typen einzulassen, die an der Reise teilnahmen.

Ich versuchte sogar, Kurse an der Schwesternschule zu belegen, um neben meinem College-Diplom einen Abschluß als examinierte Krankenschwester vorzeigen zu können. Das würde beweisen, daß ich normal war. Als ausgebildete Krankenschwester konnte ich doch gar nicht krank sein.

Zuerst mußte ich mehrere Einführungskurse belegen, also schrieb ich mich am Westchester Community College für Ernährungslehre und Chemie ein. Im Fach Ernährungslehre analysierten wir den Nährwert verschiedener Produkte. Unser Dozent brachte einen leeren Milchkarton mit, und wir beschäftigten uns mit den Nährwertangaben auf der Seite. Ich wollte den Lehrer mit meinem Wissen beeindrucken, also setzte ich mich in die erste Reihe und aß Snickers, denn in der Werbung wurden Snickers immer als besonders nahrhaft und als guter Energiespender angepriesen. Als wir einen Film über den bekannten Ernährungswissenschaftler Jean Mayer sahen, wurde ich ganz aufgeregt. Nach dem Unterricht ging ich zu unserem Kursleiter und erzählte ihm, ich würde Dr. Mayer persönlich kennen. Das stimmte nicht. Er war zwar während meiner Studienzeit Präsident der Tufts University gewesen, doch ich hatte ihn nie persönlich kennengelernt.

Während der neunzig Minuten des Chemieunterrichts verließ ich den Raum aus reiner Nervosität in der Regel zwei- oder dreimal. In den Pausen packte ich manchmal einfach meine Sachen und ging. Ich verpaßte die Klausuren und Tests, aber das war mir egal. Als ich den Klassenraum zum erstenmal betreten hatte, war mir dort die Tafel mit den chemischen Elementen aufgefallen. Mir war sofort das »Li« in die Augen gesprungen – Lithium. Ich wußte alles über dieses Element, wirklich alles. Ich hatte es eingenommen und sogar durch die Nase gezogen. Von da an war mir nichts, was in dem Kurs passierte, mehr wichtig. Die Tatsache, daß ich so vertraut mit Lithium war, gab mir den anderen gegenüber ein Gefühl der Überlegenheit.

Ich konnte mich nicht konzentrieren. Ich konnte nicht still sitzen. In meinem Kopf gingen zu viele Dinge durcheinander. Ich wollte Krankenschwester werden, aber ich wollte nichts lernen. Nach einiger Zeit hörte ich einfach auf, die Kurse zu besuchen.

Bei meiner Arbeit im Rye gab ich mir allerdings alle Mühe, nichts falsch zu machen. Einmal jedoch bewegte ich meine Hand langsam vor den Augen eines katatonischen Patienten hin und her. Ich wollte ihn ganz vorsichtig aus seiner inneren Welt herausholen. Eddie Mae beobachtete mich und rief mich in ihr Büro.

»Tun Sie das nie wieder«, schimpfte sie. »Er könnte zu sich kommen, Angst bekommen und außer Kontrolle geraten.«

Manchmal spürten die Patienten meine heftigen Stimmungsschwankungen. Eine Patientin ging verwirrt und aufgeregt zu Eddie Mae.

»Was habe ich falsch gemacht?« fragte sie. »Lori sah so traurig aus. Ich glaube, sie ist böse mit mir.«

Wieder rief Eddie Mae mich in ihr Büro. Sie wollte wissen, ob ich gegen die Grundregeln verstoßen und der Patientin etwa von meiner eigenen Krankheit erzählt hatte. Ich verneinte das. Und ich log, als sie mich nach meinen Stimmungen fragte.

»Mit mir ist alles in Ordnung«, behauptete ich. »Ich bin nur müde.«

Meist jedoch ging alles glatt. So glatt, daß ich mich nach ungefähr einem Jahr im Rye um eine Stelle im Westchester bewarb. Das sollte der endgültige Beweis dafür sein, daß mit mir alles in Ordnung war. Wenn ich jetzt zum Pflegepersonal des Krankenhauses gehörte, in dem ich Patientin gewesen war, dann mußte ich doch wieder gesund sein, oder?

In der Zwischenzeit hatte man in der Rye-Psychiatrie begonnen, die Elektroschock-Therapie im Hause selbst anzuwenden. Früher hatte man die Patienten dazu an andere Krankenhäuser überwiesen. Ich meldete mich freiwillig als Assistentin. Natürlich gab es hier etwas Neues zu lernen, aber ich hatte auch andere Gründe. In der Payne-Whitney-Klinik war ich selbst zwanzigmal mit Elektroschocks behandelt worden. Man hatte mir davon erzählt, aber ich konnte mich nicht mehr daran erinnern, und meiner Meinung nach waren diese Elektroschock-Behandlungen schuld an meinem Gedächtnisverlust. Jetzt wollte ich die Therapie an anderen Patienten beobachten, um zu sehen, was man mit mir gemacht hatte.

Ich fand es erschütternd.

Zunächst mußten wir sicherstellen, daß die Patienten nach Mitternacht nichts mehr zu essen oder zu trinken bekamen. Am nächsten Tag befestigte ich kurz vor Beginn der Behandlung die Elektroden an ihren Schläfen und sah zu, wie der Arzt die Narkose verabreichte. Die Patienten lagen zugedeckt auf einer Liege. Dann schaltete der behandelnde Arzt den Strom an. Es war wie eine Szene aus dem *Zauberer von Oz*, in der Dorothy und ihre drei Freunde den kleinen Mann hinter dem Vorhang entdecken, der es per Knopfdruck blitzen und donnern läßt.

Meine Aufgabe war es, mit anderen Helfern zusammen die Patienten nach unten zu drücken, wenn sie nach dem Stromstoß den üblichen Krampf bekamen und sich von der Liege hochwölbten, als wollten sie eine Brücke machen. Wenn der Anfall abklang, krümmten sich die Zehen, ein Zeichen dafür, daß alles gutgegangen war.

Es war fast unerträglich, diese Szene zu beobachten. Ich konnte den Gedanken nicht aushalten, daß dies auch mit mir geschehen war, und zwar nicht nur einmal, sondern viele Male. Ich fühlte mich hilflos und hatte Probleme, meine Beherrschung zu bewahren.

Also ließ ich mich so schnell wie möglich in den Aufwachraum versetzen, wo mich nichts derart Schrekkenerregendes erwartete. Wenn die Patienten aufwachten, waren sie rot im Gesicht und wußten nicht, wo sie sich befanden. Meine Aufgabe war es, ihnen bei der Orientierung zu helfen.

»Sie sind im Rye-Krankenhaus«, sagte ich sanft. »Sie haben eine Elektroschock-Behandlung bekommen. Es geht Ihnen gut. Heute ist Dienstag.«

Während sie langsam zu sich kamen, sprach ich mit leiser Stimme zu ihnen. Dann bekamen sie etwas Orangensaft und ein halbes Sandwich. Wenn sie sich besser fühlten, half ich ihnen in die Schuhe und führte sie zurück ins Hauptgebäude.

Es machte mir Spaß, den Patienten zu helfen, doch wenn ich versuchte, mich in ihre Lage zu versetzen, überfiel mich ein schreckliches Gefühl. Auf der anderen Seite gaben mir meine Erfahrungen die Möglichkeit, mich intensiver in sie hineinzuversetzen, als es anderen Menschen möglich war. Ich war keine ausgebildete Psychotherapeutin, aber ich konnte zuhören und vermittelte den Leuten ein gutes Gefühl.

Zu einigen Patienten entwickelte sich ein engeres Verhältnis. Debbie zum Beispiel war sechzehn Jahre alt und kam aus Puerto Rico. Sie war richtig lieb und nett, eigentlich der Typ von Mädchen, der sich darauf freut, das Leben in vollen Zügen zu genießen. Statt dessen wirkte sie verloren, als wüßte sie nicht, wo sie hingehörte. Aus irgendeinem Grund klammerte sie sich an mich, folgte mir ständig, wollte mit mir reden, wann immer sie dazu in der Lage war. Ich meinerseits war zutiefst berührt von ihrem Schicksal. Sie war so unschuldig, so traurig. Manchmal erkannte ich mich selbst in ihr, und ich konnte verstehen, was sie empfand, wenn sie davon sprach, sich umzubringen. Sie hatte es schon oft versucht. Sie brauchte Hilfe, und ich konnte ihr die Hilfe geben, die ich selbst all die Jahre lang bekommen hatte.

»Es wäre eine Tragödie, wenn du dich umbringen würdest«, sagte ich zu ihr, so wie es auch mir immer wieder, mit den gleichen Worten, gesagt worden war. »Es gibt Menschen, die dich lieben, die sich um dich sorgen. Deine Mutter, deine Schwester, dein Bruder – was würden sie empfinden, wenn du dich umbringen würdest?«

»Sie würden sich freuen«, erwiderte sie. Ich konnte mich daran erinnern, genau dasselbe empfunden zu haben.

»Nein, das stimmt nicht«, sagte ich mit Bestimmtheit. »Sie würden nie darüber hinwegkommen.«

Ich versuchte immer wieder, ihr Hoffnung zu machen, redete über die Zukunft, das Leben. Ich erklärte ihr, wie wertvoll sie war, was für ein schönes Leben vor ihr lag. Ich wählte die gleichen Worte, mit denen mir etwas Lebensfreude in mein deprimiertes Hirn gestopft worden war. Es schien sie zu trösten. Jedenfalls versuchte sie nicht mehr, sich umzubringen, und nach einer Weile wurde sie entlassen. Einiges von dem, was ich ihr erzählt hatte, muß sie wohl geglaubt haben. Das Problem war nur, daß ich selbst nicht daran glauben konnte.

15

Lori
Scarsdale, New York
April 1985 bis Oktober 1985

Ich dachte wieder an Selbstmord.

Einer meiner Lieblingsfilme war Frank Capras *Ist das Leben nicht schön?* Ich sah ihn immer wieder. Meine Eltern waren so froh darüber, daß ich einen fröhlichen, optimistischen Film liebte, daß sie mir das Video schenkten. Ich glaube, die meisten Menschen sehen James Stewart gern in seiner Rolle als George Bailey, der von einem Schutzengel aus seiner Not gerettet wird. Doch das war nicht das, was mir an dem Film so gut gefiel. Ich mochte vor allem die Stelle, an der James Stewart/George Bailey denkt, er sei tot mehr wert als lebendig. Das entsprach genau meinen Gefühlen. Ich war für alle nur eine schreckliche Last. Es wäre besser, wenn ich tot wäre.

Meine Gedanken waren voller Selbstmordphantasien. Die Stimmen in meinem Kopf benutzten inzwischen Lautsprecher. Sie nannten mich Abfall, Dreck, Mist, Abschaum. »Du bist nur ein Stück Scheiße«, brüllten sie. Ich erzählte Dr. Rockland, was sie schrien. Er versuchte, mich von dem Glauben an die Stimmen abzubringen, indem er ein Akronym für ihre Botschaft erfand. BÜMSS meinte er, Blödes Übergewichtiges Mieses Stück Scheiße. Ich weiß, daß er sich nur über die Stimmen lustig machen wollte, doch damals bezog ich seine Witze auf mich, und ich fühlte mich schlechter und schlechter.

Alles war so hoffnungslos. Es würde nie besser werden. Da ich schließlich doch tun würde, was ich tun mußte, war die Zeit bis dahin nur verschwendet. Stecke einen Finger in einen Eimer Wasser und ziehe ihn wieder heraus. Man würde mich genausowenig vermissen, wie ein Loch im Wasser zurückbleibt.

Mich selbst zu töten war mein Job, meine Aufgabe. Jeden Tag bestrafte ich mich geistig dafür, daß ich es noch nicht getan hatte. Die Vorstellung, daß Selbstmord gesetzlich verboten war, geisterte mir oft durch den Kopf. Was wollte die Polizei denn tun? Meine Leiche einsperren? Mir Handschellen anlegen, obwohl ich keinen Puls mehr hatte? Mich-Mord nannte ich es. Sie konnten meinen leblosen Körper ja vom Pflaster kratzen und ihn anklagen, wegen Mich-Mordes. Ha! Sie sollten nur versuchen, mich aufzuhalten.

Mehrere Male bemühte ich mich, mir eine Pistole zu besorgen, um mir das Gehirn rauszublasen. Für jemanden, der so weit entfernt von aller Gewalt aufgewachsen war wie ich, war es allerdings schwierig, eine Waffe aufzutreiben. Man konnte schlecht zu Bloomingdale's gehen und sich per Kundenkarte einen Revolver kaufen.

Ich wollte nicht einfach eine Überdosis Tabletten nehmen oder mir die Pulsadern aufschneiden. Ich wollte etwas Ungewöhnliches tun, das die Verzweiflung widerspiegelte, die ich jeden Tag durchlebte. Der Druck, der durch diese Gedanken entstand, wurde immer stärker. Meine Phantasie ging mit mir durch, wenn ich an die verschiedensten Wege dachte, mein Ziel zu erreichen. Ich überlegte, ob ich vor ein Auto oder besser vor einen Lastwagen oder, noch besser, vor einen Zug springen sollte. Ich dachte daran, mich aus einem fahrenden Wagen auf die Straße zu werfen oder auf einer Brücke

Benzin über meinen Körper zu gießen, mich anzuzünden und dann brennend in den Tod zu stürzen. Pflatsch. Steine in den Badeanzug und dann ab in den Ozean? Wie wäre es mit einem Sprung in das Gehege eines wilden Tieres im Zoo in der Bronx?

Zugleich versuchte ich verzweifelt, diese Zwangsvorstellungen zu unterdrücken. Hast du den Plan, vom höchsten Punkt der Galleria Mall zu springen? Dann bleib fort von da. Fahr nicht einmal daran vorbei. Dir kommt die Idee, alle Tabletten in einen Milchshake von McDonald's zu schütten? Dann geh nie mehr zu McDonald's. Nicht einmal wegen der Pommes frites.

So furchterregend diese Selbstmordgedanken auch waren, sie versprachen doch auch ewigen Frieden. Die Stimmen sangen abwechselnd »Sterben! Sterben! Sterben!« und »Frieden! Frieden! Sie warten, um dir Frieden zu bringen!« Es gab nur diesen einen Weg, Ruhe zu finden. Der Druck nahm zu. Schließlich wurde er unerträglich. Ich mußte handeln.

Es war Mitternacht, als der brodelnde Kessel meiner Selbstmordphantasien schließlich überkochte. Ich war in meinem Zimmer, die Stimmen explodierten wie die Knallkörper am vierten Juli, dem Nationalfeiertag. Sie verdammten mich zum Tode, sie gaben mir das Gefühl, nur noch ein Haufen Scheiße zu sein. Sie erstickten mich, es gab keinen Ausweg. Mein Verlangen, sie zum Schweigen zu bringen, war plötzlich so überwältigend, daß ich keine Zeit mehr hatte, eine meiner dramatischen Phantasien in Szene zu setzen. Ich nahm das, was gerade da war.

An der Wand hing ein großer Spiegel, und er beobachtete mich, während ich meinen Tod vorbereitete. Ich berechnete genau, wie viele Tabletten ich nehmen mußte. Ich hatte eine Packung Mellaril, einen Tranquilizer, den ich jeden Tag gegen meine psychotischen Symptome einnahm. Ich kannte die maximal vertretbare Dosis. Ich beschloß, etwas mehr als dreimal soviel zu nehmen. Wenn ich mehr schluckte, konnte das zum Erbrechen führen, bei weniger Tabletten war die Dosis möglicherweise nicht tödlich. So schluckte ich eine Tablette nach der anderen, bis die Packung fast, aber nicht ganz leer war. Ich würde überlegt sterben, als Expertin.

Nachdem die Tabletten ungefähr eine halbe Stunde Zeit gehabt hatten zu wirken, beschloß ich, eine zusätzliche Vorsichtsmaßnahme zu treffen. In der Küche suchte ich ein geeignetes Messer aus. Die Obstmesser waren zu klein, die Fleischmesser zu groß. Ich entschied mich für ein mittelgroßes gezahntes Messer, das ich dann vorsichtig erst über das eine, dann über das andere Handgelenk zog. Ich war hingerissen davon, daß es überhaupt nicht weh tat. Es kitzelte sogar. Es fühlte sich gut an! Ich beobachtete, wie sich die roten Flecken auf meinen Unterarmen ausbreiteten.

Ich ging wieder in mein Zimmer, um mein Blut – und mein Leben – davonrinnen zu sehen. Ich war in Hochstimmung. Ich hatte es getan! Ich hatte es endlich getan! Ich fühlte mich wie ein Ritter, der auf dem besten Weg war, seinen Kreuzzug zu beenden.

Eine Sekunde später geriet ich in Panik. Ich würde sterben. Wirklich sterben. Der Gedanke entsetzte mich. Ich hämmerte an die Schlafzimmertür meiner Eltern.

Es war kurz nach vier Uhr morgens, als ich mit blutverschmierten Handgelenken meinen Vater wachrüttelte. Ihm war sofort klar, was ich getan hatte. Er sprang aus dem Bett, warf sich ein paar Kleidungsstücke über und zerrte mich zum Auto. Auf dem Weg dorthin verspritzte ich überall kleine Blutstropfen.

Während der Fahrt ins Krankenhaus von New Rochelle schrie mein Vater ständig: »Übergib dich, Lori, los, übergib dich. Steck dir den Finger in den Hals.«

Ich konnte es nicht. Erst im Krankenhaus halfen sie mir, mich zu übergeben, dann pumpten sie mir den Magen aus und verbanden meine Handgelenke. Schließlich war ich außer Gefahr. Den Rest der Nacht blieb mein Vater an meinem Bett.

Die Menge der Beruhigungsmittel, die ich im Blut hatte, sorgte dafür, daß ich fast die ganze Zeit schlief. Wenn ich kurz wach wurde, bat ich meinen Vater, mich wieder mit nach Hause zu nehmen. Er legte die Verantwortung dafür in meine Hände: Wenn ich das Gefühl hatte, ich würde mir nicht noch einmal etwas antun, dürfte ich nach Hause.

Ich versprach es. Ich hatte nur Erleichterung gesucht, erklärte ich ihm. Erleichterung von was? Von diesen schwatzenden, nagenden, brutalen, gnadenlosen Stimmen. Und irgendwie waren sie durch den Selbstmordversuch zufriedengestellt. Die wilde Raserei, die vor einigen Stunden ihren Höhepunkt erreicht hatte, legte sich nun. Ich war müde. Es tat mir leid, daß ich meinen Vater so erschreckt hatte, aber ich fühlte mich ruhig und friedvoll, wie die Stimmen es versprochen hatten.

Während der nächsten paar Monate ging es mir ganz gut. Irgendwie schien mein Selbstmordversuch ein ausreichendes Opfer für die Stimmen gewesen zu sein. Ihre furchtbare Wut war zum Ausbruch gekommen und hatte sich dann wieder gelegt. Ich war ruhiger, kontrollierter. Im Frühling beschloß ich, wieder einen Urlaub zu machen.

Ich buchte eine Reise mit der Tufts Alumni Association. Meine Eltern meinten, daß Leute meines Alters und von meinem ehemaligen College daran teilnehmen würden, daß ich andere Menschen kennenlernen, Freundschaften schließen, mich amüsieren würde. Ich wählte eine Reise nach Marokko, hauptsächlich wegen der Musik – der Song von Crosby, Stills & Nash über den Marrakesch-Express hatte mich schon immer fasziniert. Marokko war ein exotischer, abenteuerlicher Ort. Das war genau das, wohin ich wollte: an einen exotischen Ort, wo niemand aus meinem Bekanntenkreis je gewesen war.

Die Reise war eine Katastrophe, von Anfang an. In der Reisegruppe gab es keine ehemaligen Tufts-Studenten und auch keine jungen Singles. Die Teilnehmer waren ältere Leute, Pärchen oder Familien mit kleinen Kindern. Ich hatte Angst und fühlte mich verlassen von dem Moment an, in dem ich das Flugzeug bestieg.

Ich haßte Marokko. Die Leute auf den Straßen sahen so schrecklich arm aus, und ich gab mein ganzes Essen den hungrigen Kindern. Das Hauptverkehrsmittel waren Mopeds, deren hektisches Geknatter mich verwirrte.

Das Schlimmste jedoch war die Sonne. Sie war entsetzlich intensiv und brannte den ganzen Tag auf die weißen Häuser herab. Es war so heiß, daß es sogar für gesunde Menschen, die nicht daran gewöhnt sind, anstrengend und gefährlich war, sich im Freien aufzuhalten. Für mich war es noch schlimmer. Nach meinem Selbstmordversuch mit Mellaril hatte mich Dr. Rockland wieder auf Thorazin gesetzt. Ich nahm sehr hohe Dosen davon, und eine der Nebenwirkungen war eine Überempfindlichkeit gegen Sonnenlicht. Schon normales Tageslicht machte mir zu schaffen. Die marokkanische Sonne aber brachte mich fast um.

Ich cremte mich mit Sonnenmilch ein und trug langärmlige Hemden, aber am schlimmsten war es an der

Kopfhaut. Ich rieb meinen Scheitel mit Sonnencreme ein und wickelte, da ich keinen Hut auftreiben konnte, ein Handtuch um den Kopf. Selbst das half nichts. Nach einer Besichtigungstour am ersten Tag kam ich weinend ins Hotel zurück, weil meine Kopfhaut entsetzlich brannte.

Also setzte ich das Thorazin ab.

Am Sonntag waren wir in Marokko angekommen. Am Mittwoch war ich bereits hochgradig psychotisch. Um mich herum schrien Menschen. Mein Zimmer war voller Kerzen, auf dem Bett, dem Boden, an den Wänden. Sie brannten Tag und Nacht. Beim Duschen schrie mein Vater mich aus dem Duschkopf an. Er benutzte Worte, die mir unbekannt waren, und eine Sprache, die ich nicht verstehen konnte. Dann wurden aus seiner Stimme viele Stimmen, die ich ebenfalls nicht verstand. Ich versuchte, das Rätsel zu lösen. Ich war in einem fremden Land, und vielleicht sprachen die Stimmen die Landessprache. Aber das glaubte ich eigentlich nicht. Ich wurde allmählich verrückt, das war's. Meine Stimmen wurden von anderen Stimmen übertönt. Es war fürchterlich. Ich sehnte mich nach der Erleichterung, die mir ganz normale Drogen bringen konnten. Bei der ersten Gelegenheit würde ich versuchen, welche zu bekommen.

Die Gelegenheit bot sich fast sofort. Wie Raymond mir daheim Drogen besorgt hatte, so bot Mohammed sie mir in Marokko an. An jenem Nachmittag suchte ich nach einer Lederjacke. Ich hatte gehört, daß Leder in Marokko sehr günstig sei, doch alles, was ich fand, war ziemlich teuer. Vor dem Hotel traf ich auf Mohammed. Er sagte, er sei Fremdenführer. Sein Tarif war nicht allzu hoch. Als Beweis für seine Ehrlichkeit zeigte er mir seinen Führerschein. Dann brachte er mich zu einem Geschäft für Lederwaren außerhalb der Innenstadt, wo ich eine rote

Lederjacke fand, die mir sofort gefiel. Ich handelte ein bißchen. Man servierte mir Pfefferminztee. Als wir gingen, hatte ich das Gefühl, mit meiner neuen Lederjacke ein Schnäppchen gemacht zu haben.

Dann kaufte ich noch ein paar Kleinigkeiten, wir machten eine Besichtigungstour, und schließlich brachte Mohammed mich zurück zum Hotel. Er wirkte vertrauenswürdig. Als er mich beim Abschied fragte, ob ich am Abend mit ihm eine Mopedtour machen und echtes marokkanisches Haschisch rauchen wolle, sagte ich sofort zu.

Am Abend holte Mohammed mich ab, allerdings in einem Taxi, nicht auf seinem Moped. Wir fuhren durch die Stadt, und nach kurzer Zeit kannte ich mich nicht mehr aus. Wir waren in einer Wohngegend, die ich noch nie gesehen hatte. Die Gebäude sahen fast unwirklich aus. Nirgends brannte Licht, niemand war zu sehen. Mohammed sagte, er müsse kurz nach Hause, und lud mich höflich ein, ihn zu begleiten. Meine Alarmglocken klingelten, und ich blieb im Auto. Er gab dem Fahrer ein paar Anweisungen, die ich nicht verstand, dann verschwand er.

Ich bekam es mit der Angst zu tun. Ich versuchte, mit dem Fahrer zu reden, und bat ihn, mich ins Hotel zurückzubringen, aber er sprach kein Englisch. Ich saß im Auto und redete mir ein, daß alles in Ordnung sei. Schließlich kam Mohammed zurück. Wieder gab er dem Fahrer Anweisungen, und wir fuhren los. Nach kurzer Zeit sagte er etwas, und das Auto hielt am Straßenrand.

»Wir werden von hier aus zum Hotel zurücklaufen«, sagte Mohammed. Das Taxi fuhr fort.

Es war völlig dunkel. Wir befanden uns am Rande eines riesigen Feldes, das von großen Bäumen umstanden war. Mohammed nahm meinen Arm und zog mich unter die Bäume, preßte mich auf den Boden und zog ein Messer.

»Wenn du Lärm machst, bring' ich dich um.«

Mir war schlecht, und ich fühlte mich verstört. Seit mehreren Tagen hatte ich keine Medikamente mehr genommen. Die Stimmen schrien, daß ich sterben würde, diesmal aber nicht von eigener Hand. Ich versuchte mich zu wehren, doch ich hatte zuviel Angst vor dem Messer.

Ich mußte alle Kleider ausziehen und mich auf den Boden legen. Mohammed legte sich auf mich. Ich weinte und versuchte ihm klarzumachen, daß ich noch Jungfrau sei und daß ich Angst hätte. Doch entweder verstand er mich nicht, oder es war ihm egal. Er versuchte, in mich einzudringen, wo immer es möglich schien.

Wie durch ein Wunder schaffte er es nicht, trotz seiner verbissenen Anstrengungen. Schließlich stand er auf und half mir, mich wieder anzuziehen. Wir machten uns auf den Rückweg zum Hotel. Während wir das Feld überquerten, forderte er immer wieder, ich solle ihm sagen, daß ich ihn liebe, und seine Hand halten. Ich empfand Ekel, Angst und Wut. Er wollte mich küssen, aber ich hatte das Gefühl, ich müsse mich übergeben.

Sobald ich das Hotel sah, begann ich zu rennen. »Ich seh' dich dann morgen!« rief er hinter mir her.

In meinem Zimmer zog ich alle Kleidungsstücke aus und warf sie in den Mülleimer. Immer wieder badete und duschte ich abwechselnd, in der Hoffnung, alles abspülen zu können. Ich fühlte mich widerlich, schmutzig und unrein.

Körperlich fehlte mir nichts, doch psychisch war ich am Boden zerstört. In meinem Kopf wirbelten die Strafen, die die Stimmen und meine wilde Phantasie Mohammed zukommen lassen wollten, nur so durcheinander. Ich wollte ihn an einen Baum binden und kastrieren. Oder ihn zwingen, über ein Minenfeld zu laufen.

Es ging mir so schlecht, daß ich beschloß, Dr. Rockland anzurufen. Ich schlich hinunter zur Rezeption. Die Leute dort sprachen kaum Englisch. Es schien Stunden zu dauern, bis die Auslandsverbindung stand. Dann hörte ich das Klingeln. Einmal. Zweimal. Dreimal. Viermal … und dann schaltete sich Dr. Rocklands Anrufbeantworter an. Ich war so aufgewühlt, daß ich nur meinen Namen sagen konnte und daß es mir schlecht ging.

Ich versteckte mich wieder in meinem Zimmer. Immer noch hörte ich die verrückten Stimmen, und ich hatte Angst, Mohammed würde zurückkommen. Mein Flugzeug ging erst am Samstag. Die nächsten zwei Tage verbrachte ich in ständiger Angst im Hotel. Wenn das Telefon klingelte, nahm ich nicht ab. Wenn es klopfte, machte ich nicht auf.

Das war der Anfang vom Ende.

Noch während ich in Marokko war, begann ich wieder, Thorazin zu nehmen, doch ich ging nicht mehr so vorsichtig damit um wie bisher. Inzwischen haßte ich es. Es machte mich buchstäblich krank. Es betäubte mich, machte mich schwerfällig und gab mir das Gefühl, am Rande eines Komas zu stehen. Und das Thorazin hatte so viele Nebenwirkungen, daß ich immer mehr andere Tabletten nehmen mußte, um sie zu bekämpfen. All diese Medikamente wirbelten in meinem Gehirn herum wie ein Hurrikan.

Als ich wieder zu Hause war, wurde ich leichtsinnig. Dr. Rockland hatte mir neben dem Thorazin auch Nardil verschrieben, ein Antidepressivum. Es gehörte zu den MAO-Hemmern, die eine bestimmte Diät erfordern, wie Dr. Rockland mir in den endlosen Unterhaltungen über unverfängliche Themen erklärt hatte. Kein Käse, keine Schokolade, kein Koffein, sonst gerät der Blutdruck außer Kontrolle. Ich schwelgte jetzt in Festessen, die aus Pizza mit extra viel Käse, Diät-Cola und M&Ms bestanden. Dann begab ich mich in Dr. Rocklands Praxis und erzählte triumphierend, was ich gegessen hatte.

Ich wurde immer waghalsiger. Die Old Mamaroneck Road fuhr ich mit Höchstgeschwindigkeit entlang. Manchmal kam ich von der Straße ab, doch wen kümmerte das? Das Leben war furchtbar. Das Leben mit ein bißchen Risiko war nicht schlimmer. Ich haßte meine Krankheit, haßte mich selbst, haßte jede Stunde des Tages. Was sollte es also?

Als Dr. Rockland mir vorschlug, wieder ins Krankenhaus zu gehen, wurde ich maßlos wütend. Bevor ich dorthin zurückkehrte, würde ich mich umbringen, sagte ich. Er erwiderte, daß ich dies ja schon die ganze Zeit über versucht hätte.

Es sei nur für eine kurze Zeit, versprach er. Nur für etwa eine Woche, um »die Dosierung meiner Medikamente richtig einzustellen«. Danach werde es mir bessergehen. Er versuchte, mich zu beruhigen. Mom und Dad stimmten ihm zu. Nur ein kurzer Aufenthalt, sagten sie. Überhaupt nicht zu vergleichen mit dem letzten Mal. »Du bist ja nicht so krank wie damals. Du brauchst nur ein bißchen Hilfe.«

Schließlich gab ich nach. Ich ließ mich ins Westchester einweisen. Eine Woche später brachten mir Mom und Dad einen Brief. Er kam vom Westchester. Eine Zusage auf meine Bewerbung als Pflegerin in der Psychiatrie. Klar, ich nehm' den Job, dachte ich. Warum nicht? Schließlich bin ich ja schon hier. Und ich lachte und lachte und lachte.

Teil IV

Der Beruhigungsraum

16

Lori
New York Hospital, White Plains, New York
November 1985 bis Februar 1986

Jetzt war ich also wieder hier, und alles kam mir so bekannt vor.

Zuvor war ich auf einer Station für mittelfristige Aufenthalte gewesen. Diese hier war für akute Fälle bestimmt. Beide Stationen hatten einen langen und einen kurzen Flur, die in T-Form angelegt waren. An der Schnittstelle befand sich das verglaste Schwesternzimmer. Jede Station hatte einen eigenen Speisesaal und einen Bereich, in dem man Musik hören konnte und in dessen hinterem Teil man rauchen durfte. Und es gab einen Tagesraum mit einem Fernsehgerät und einem Tisch für Spiele und Puzzles.

Männer und Frauen waren in derselben Abteilung in getrennten Zimmern untergebracht. Jedes hatte ein Bett, eine Kommode, einen Kleiderschrank und einen Nachttisch mit Leselampe. Ich bekam unter Umgehung der üblichen Warteliste sofort ein Einzelzimmer. Mit mir konnte niemand zusammenwohnen, weil mein Status immer so niedrig war, daß er gerade noch den Aufenthalt auf dieser Station zuließ.

Status! Ha! Ich war doch gewiß keine Anfängerin mehr. Als ich das erste Mal eingeliefert wurde, dachte ich, Status habe etwas damit zu tun, ob man ledig oder verheiratet ist und wieviel Geld man verdient. Jetzt kannte ich ihr Kauderwelsch. Status beschreibt den Rang und die Privilegien, die man sich mit seinem Verhalten verdient hat. Der höchste Rang war »Offene Abteilung«, das bedeutete, man konnte nach der Einlieferung kommen und gehen, wie man wollte. Am anderen Ende der Skala – und hier hatte ich meine Erfahrungen gemacht – stand die »Ständige Beobachtung«. Das bedeutete, daß immer ein Wärter in Reichweite sein mußte.

Ich hatte auch eine Menge anderer neuer Worte gelernt. So nette Begriffe wie »Entweichung«. »Achtung! Entweichungsgefahr!« stand auf den Türen in der Station, damit sie jeder sorgfältig hinter sich abschloß.

Ja, ich war ein alter Hase hier. Aber das war kein gutes Gefühl. Um mich herum sah ich Patienten, die ich von meinem letzten Aufenthalt her kannte. Ich wollte nicht wie sie werden. Ich wollte mein Leben nicht immer wieder im Krankenhaus verbringen.

Ich hatte jedem gegenüber selbstbewußt behauptet, daß Lori Schiller nie wieder in die Psychiatrie kommen würde. Das sei nur ein einmaliges Zwischenspiel gewesen. Und ich hatte selbst daran geglaubt. Also würde dieses zweite Mal kein Spaß werden. Alle, die für meine Einlieferung verantwortlich waren, sollten es noch bereuen. Dafür würde ich sorgen.

Diesmal würde ich nicht auf die Ärzte und Schwestern hören, die mich in diese Falle gelockt hatten. Diesmal würde ich auf die Stimmen hören. Sie waren meine Verbündeten. Sie würden mich beschützen. Sie würden mich leiten und mir sagen, was ich zu tun hatte.

Von Anfang an waren meine Tage im Krankenhaus quälend lang, öde und leer. Lange Zeit durfte ich nicht frei herumgehen. Ich war eine zu große Gefahr für mich selbst und für andere. Also schaute ich jeden Tag zu, wie die anderen Patienten die Station verließen, um zur

Musiktherapie oder in die Bibliothek zu gehen oder um in Gruppen durch die Gartenanlage beim Krankenhaus zu spazieren oder um nach White Plains ins Kino oder zum Einkaufen zu fahren.

Es wurde Winter. Draußen wurden die Tage kürzer. Ich sah die Blätter von den Bäumen fallen, sah, wie die Menschen zuerst Pullover und Mützen, später warme Winterkleidung trugen. All das geschah, ohne daß ich auch nur einen Atemzug lang draußen gewesen wäre oder in den blauen Himmel hätte schauen können.

Ich wachte jeden Tag früh auf. Manchmal war ich die erste, die sich zum Frühstück anstellte. Manchmal vergrub ich mich auch unter meinen Decken und dachte an den langen Tag, der vor mir lag. So oder so wünschte ich immer, daß er schon vorüber wäre. Nach dem Frühstück stellten wir uns immer in einer Reihe auf und bekamen die kleinen Becher mit den Tabletten ausgehändigt. Dann gab es um acht Uhr dreißig ein Gemeinschaftstreffen, an dem alle – Ärzte, Sozialarbeiter, Schwestern, Pfleger und Patienten – teilnahmen und bei dem so weltläufige Dinge besprochen wurden wie die Höhe der Einkünfte aus dem Kaffee- und Kuchenverkauf in der vergangenen Woche, wann eine bestimmte Krankenschwester das Krankenhaus verlassen oder daß am Wochenende ein Ausflug zum Flohmarkt in Nyack stattfinden würde.

Nach dem Gemeinschaftstreffen begannen meine langen, unruhigen Tage. Ich konnte mich nicht auf das Fernsehprogramm konzentrieren. Niemand war besonders erpicht darauf, mit mir zu sprechen, und ich wollte erst recht mit keinem anderen Patienten reden. Also tigerte ich auf und ab. Ich lief immer zuerst den kurzen Flur hinauf, dann den langen Flur hinunter. Um die Ecke und dann zurück. Auf und ab, auf und ab. Alle anderen verließen die Station, um sich irgendwie zu beschäftigen. Meine Beschäftigung war es, auf und ab zu gehen.

Wenn ich müde wurde, ging ich in den Tagesraum und rauchte. Nach einer Stunde wurde mir auch das langweilig, und ich fing wieder an, herumzugehen. Ich ging zum Schwarzen Brett und studierte fünf Minuten lang die Anschläge, als wären sie das Faszinierendste, was ich je gelesen hatte. Dann ging ich weg, lief weiter herum und kam wieder für fünf Minuten zum Schwarzen Brett, als würden mich die Notizen dort magnetisch anziehen. Dann ging ich wieder in den Tagesraum und rauchte.

Wenn ich dann die zehnte Kippe ausdrückte, war es Zeit für die Mittagspillen, und danach gab es Mittagessen. Ich schluckte meine Pillen, schlang meinen Hot dog hinunter und war keine Viertelstunde später wieder im Tagesraum, um meine Verdauungszigarette zu rauchen. Die Nachmittage zogen sich hin, als wollten sie niemals enden.

An drei Nachmittagen in der Woche traf ich mich mit meinem Psychiater. Nach den Regeln des Krankenhauses durften die Patienten nicht privat behandelt werden, also konnte ich jetzt nicht mehr zu Dr. Rockland gehen. Ich mochte den Arzt nicht, der mir zugewiesen worden war. Er verstand mich nicht. Es war mir auch egal, ob er mich verstand oder nicht. Also waren unsere Sitzungen meist nur elende Zeitverschwendung.

Um fünf Uhr gab es nochmals Tabletten, und dann wurde meine Laune ein bißchen besser. Das Abendessen wartete, und um sechs Uhr konnte ich ans Fenster gehen und mich auf die Ankunft meiner Eltern freuen.

Sie kamen fast jeden Tag und brachten mir immer viele Päckchen Kaugummi mit, außerdem Schokolade,

Sweatshirts und Jogginghosen in verschiedenen Farben. Sie schenkten mir kleine Spielsachen zum Aufziehen, die ich so gern mochte. Und sie brachten mir ihre Liebe und Ermutigung mit.

Gleich nach der Besuchszeit stellte das Personal Süßigkeiten bereit. Das fand ich immer besonders rührend. So viele von uns waren aufgewühlt von den Besuchen oder weil sie keinen Besuch bekommen hatten. Es war anscheinend der Versuch, uns ein bißchen zu trösten. »Euer Besuch ist weg und nach Hause gegangen«, schien der Tisch mit den Süßigkeiten zu sagen. »Eines Tages werdet auch ihr wieder nach Hause gehen.« Vielen von uns half das. Ich begann mit dem italienischen Kirscheis, machte mit einer Schale Knabbermischung weiter, danach kamen Waffeln und Schokoriegel.

Um neun Uhr gab es zum letztenmal Tabletten. Die meisten Patienten schliefen fast sofort danach ein. Ich nicht. Ich blieb bis elf Uhr wach, um noch das Tablett mit den Mitternachtsleckereien plündern zu können. Was für ein lächerliches Leben, dachte ich mir.

Der nächste Tag verlief dann genau wie der vergangene, einschließlich der Gefühle, Stimmen und überwältigenden Angstzustände. Der einzige Unterschied war vielleicht, daß es Spinatquiche zu Mittag gab.

Meine Wutanfälle waren die einzige Abwechslung in der Öde meiner Krankenhaustage. Ich wurde fuchsteufelswild, als ich nach Weihnachten 1985 auf eine Station für schwerere Fälle verlegt wurde.

Sie hatten mich hereingelegt. Dr. Rockland hatte mich mit einem Trick wieder ins Krankenhaus gebracht. Ich sollte doch nur die Medikation neu einstellen lassen. Es hatte alles so einfach geklungen: Hier eine Tablette weniger, dafür da eine andere mehr – und schon wäre ich wieder zu Hause. Aber aus einer Woche waren zwei geworden, aus zwei Wochen zwei Monate, und jetzt sollte ich mich auf einen noch längeren Aufenthalt einrichten. Ich war gefangen.

Ich bekam große Lust, Dr. Rockland so richtig zu verprügeln. Er hatte mich angelogen. Das durften Psychiater doch nicht tun. Die Stimmen schworen Rache und schürten meinen glühenden Haß noch weiter.

Zu allem Übel verhielt sich das Personal der neuen Station mir gegenüber auch noch völlig gleichgültig. Nur einige wenige Schwestern und Pfleger mochten mich anscheinend wirklich. Abends waren die Krankenschwester Jean und die Pflegekräfte Jay Jay, Gladys und Danny immer auf meiner Seite. Jay Jay war ein riesiger Farbiger. Er war auch noch freundlich zu mir, nachdem ich seinen Lieblingspullover bei einem meiner Kämpfe völlig zerrissen hatte.

Er und die anderen waren immer sehr verständnisvoll. Einmal riß ich nachts aus und wurde barfuß in einer Schneewehe aufgefunden. Aber ich hörte kein Wort des Vorwurfs, als sie mich fanden. Danny wollte wissen, warum ich abgehauen war. Jay Jay machte mir Mut: »Du weißt doch, du wirst nicht ewig im Krankenhaus bleiben.« Und Gladys gab mir ein Stück Kuchen, das sie aus der Küche stibitzt hatte.

Aber die meisten anderen erschienen mir unfreundlich, gleichgültig und unangenehm. Ich hatte den Eindruck, sie betrachteten mich einfach als Problem, das gelöst werden mußte. Also waren sie alle besonders hart gegen mich. Eine der Krankenschwestern, die zur Beobachtung an meiner Tür saßen, haßte mich geradezu.

»Hören Sie endlich auf, sich selbst zu bemitleiden«,

bellte sie zur Tür herein, als ich eines Tages wieder weinend auf meinem Bett saß. »Sie führen sich auf wie eine chronisch Geisteskranke.«

Eine andere Frau, eine Sozialpädagogin, schien ihre Freude daran zu haben, mich von oben herab zu behandeln. Ich hatte ihr erzählt, daß ich dringend aus dem Krankenhaus heraus wollte.

»Nun, wenn Sie Stimmen hören, dann gehören Sie in ein Krankenhaus«, sagte sie ungerührt und mit einem schnippischen Ton in der Stimme.

Und mein Psychiater war zu dem Schluß gekommen, daß ich mein Verhalten wohl kontrollieren konnte, mich aber nicht zusammenreißen wollte.

»Sie sind unkooperativ«, sagte er.

Ich bekämpfte sie, wo ich nur konnte. Tief in meinem Innern, unerreichbar für mein Bewußtsein, hatte ich mich mit den Stimmen in geheimer Mission zusammengeschlossen: Wir wollten uns so schlimm aufführen, daß man mich aus dem Krankenhaus werfen würde. Genau wie beim letztenmal war ich der festen Überzeugung, daß ich nicht krank war und nicht in ein Krankenhaus gehörte.

Aber je mehr Macht ich den Stimmen einräumte, desto weniger hatte ich mich in der Gewalt. Zuerst hatte ich mich nicht unter Kontrolle halten wollen, schließlich konnte ich es nicht mehr. Aus dem Spiel wurde Ernst.

Am Anfang versuchte ich nur, die anderen mit unverschämten Kommentaren zu provozieren.

»Wer wird die Kuh schon vermissen?« sagte ich beim Stationstreffen, wenn der Weggang einer Schwester angekündigt wurde. »Meine Güte! Wen interessiert schon, wieviel dumme Kekse und Kuchen für siebenunddreißig

Dollar und fünfzig Cent verkauft wurden?« kommentierte ich die Ergebnisse des Kuchenverkaufs.

Nach einer Weile steigerte sich meine Wut bis zur Gewalttätigkeit. Ich warf ein Backgammon-Spiel, mit dem andere gerade spielten, durch das Zimmer. Ich hämmerte gegen Wände und Fenster. Ich warf Möbel um. Ich versuchte ständig wegzulaufen.

Einmal rannte ich bis in Dr. Rocklands Büro. Es war früher Abend, aber es war bereits dunkel, und am Himmel waren noch keine Sterne zu sehen. Jemand hatte beim Hereinkommen oder beim Verlassen der Station unvorsichtigerweise die Tür offengelassen; sie war den Bruchteil einer Sekunde zu lange offen, und schon war ich weg, die Treppen hinunter, die Flure entlang und dann aus dem Krankenhaus hinaus. Ich spürte den kalten Boden unter den Füßen. Das Personal hatte mir die Schuhe weggenommen, um solche Fluchtversuche zu verhindern. Glücklicherweise mußte ich nicht weit laufen. Dr. Rocklands Büro war gleich im alten Anbau Nord Zwei.

Als ich ankam, dachte ich, ich hätte Glück gehabt, denn Dr. Rocklands Sekretärin Elaine saß noch da und arbeitete. Sie war meine Freundin, und ich freute mich, sie zu sehen. Ich zitterte am ganzen Körper. Sie gab mir eine Zigarette.

Ich dachte, wir würden uns jetzt unterhalten, bis Dr. Rockland kam. Schließlich hatten wir das schon oft gemacht. Ich hatte viele Nachmittage mit Elaine zusammengesessen, wenn Dr. Rockland zu spät zu den Sitzungen erschien. Sie hatte mir Kaffee und Süßigkeiten angeboten, um mich für sein Zuspätkommen zu entschädigen. Ich dachte, ihr könnte ich vertrauen.

Aber ich hatte mich geirrt. Sie war wie die anderen. Sie rief auf der Station an. Sofort kamen sie und trugen mich weg wie ein Tier. Warum hatte Elaine mich verraten? Ich suchte doch nur jemanden, der mir half. Wenn ich nur an Dr. Rockland herankommen könnte, würde er ihnen sagen, daß es mir gutging und daß ich nicht mehr ins Krankenhaus gehörte. Er hatte mich hier hereingebracht, also konnte er mich auch wieder herausholen. In meinen Augen war Elaine eine Verräterin. Die Stimmen wurden schärfer.

»Hexe! Miststück! Schlampe!« schrien sie Elaine an, während die bulligen Pfleger mich die Treppen hinauf zurück auf die Station schleppten.

Immer heftiger stachelten die Stimmen mich an, nie waren sie zufrieden. Nie war ich gut genug für die böse singenden Dämonen in meinem Kopf. Das einzige, was ihnen wirklich zu gefallen schien, war, wenn ich mir selbst weh tat. Auf ihren Befehl hin legte ich mir das Kabel meiner Nachttischlampe um den Hals und versuchte mich zu strangulieren. Ich schraubte nachts, als mich niemand sehen konnte, eine Glühbirne heraus und versteckte sie in meinem Zimmer. Ich wollte sie zerschlagen und mich damit schneiden. Ich versuchte, mich mit der Spitze des kleinen Talismans zu erstechen, den mir mein Vater von einer Reise nach Hongkong mitgebracht hatte.

Schließlich befahlen mir die Stimmen, keine Medikamente mehr zu nehmen. Sie sagten, es sei Gift. Ich stellte mich also weiterhin gehorsam für meine tägliche Dosis an, nahm die Tabletten vor dem Krankenpfleger, der sie austeilte, in den Mund und ging weiter. Aber dann ging ich um die Ecke und spuckte sie in meine Hand. Ich nannte das »Hamstern«. Auf diese Art wollte ich genügend Tabletten sammeln, um mich später damit umzubringen.

Ohne Medikamente gerieten die Stimmen außer

Rand und Band. Nach fünf Tagen hatte ich jegliche Kontrolle über mich verloren. Das Personal fand mein Versteck, und es war klar, was ich mit den Tabletten vorhatte. Daraufhin verordnete man mir flüssige Medikamente.

Das flüssige Thorazin, das ich gegen die Stimmen bekam, brannte tiefe Furchen in meine Zunge. Ich haßte es, und den Stimmen ging es ebenso. Aber sie sagten mir, was ich tun sollte. Bei der nächsten Gelegenheit schüttete ich das Medikament gehorsam aus dem Becher in meinen Mund – und spuckte das Ganze der Krankenschwester ins Gesicht. Die Stimmen brachen in brüllendes Gelächter aus. Und ich landete wieder im Beruhigungsraum.

Der Beruhigungsraum.

Ich hatte von diesem Ort schon gehört, bevor ich ihn zum erstenmal sah. Die anderen Patienten machten böse Witze über ihn, nannten ihn »Hotel California« und erzählten, daß man nie wieder von ihm wegkomme.

Der Gedanke machte mir angst. Wo war dieser Ort? Was mußte man anstellen, um dorthin zu kommen? Eines Tages sah ich dann einen Pfleger auf einem Barhocker sitzen und durch das Fenster einer geschlossenen Tür schauen. Es sah nicht so aus, als sei das, was er dort beobachtete, besonders aufregend oder besonders interessant für ihn. Als ich das nächste Mal auf den Flur kam, stand der Hocker nicht mehr da, kein Mensch war in der Nähe und die Tür nur angelehnt. Ich steckte den Kopf hinein und sah nur einen leeren Raum mit einer grünen Schaumstoffmatratze auf dem Boden. Das Fenster war mit kräftigem Maschendraht vergittert. Zwischen diesem Maschendraht und dem Fenster war ein Ventilator eingebaut worden. In einer Ecke an der Decke war ein Spiegel so angebracht, daß die Person draußen am Fenster den ganzen Raum überblicken konnte. Das war also der Beruhigungsraum.

Der Beruhigungsraum sollte Sicherheit und Ruhe vermitteln. Die Patienten konnten dort allein sein, sich nach einer Krise entspannen und beruhigen oder sie schon im Vorfeld verhindern. Manchen gefiel das. Sie fühlten sich dort sicher vor dem, was sie quälte. Manche gingen freiwillig hinein und blieben, bis sie sich wieder stark genug fühlten, um herauszukommen.

Ich wurde immer gegen meinen Willen dorthin verfrachtet. Ich haßte es. Es war schon fast Routine. Ich hörte die Stimmen, fühlte den Drang zu handeln und tat sofort irgend etwas Destruktives. Daraufhin wurde ich zum Aufenthalt im Beruhigungsraum verurteilt. Ein oder zwei Pfleger führten mich den Flur hinunter, vorbei an den anderen Patienten, die meine Demütigung mitverfolgen konnten. Ich war überdreht und nervös, kurz davor, die Beherrschung zu verlieren. Ich kämpfte gegen die Pfleger, um nicht wieder dort hinein zu kommen.

An der Tür fand immer die gleiche Prozedur statt: Zuerst bekam ich eine Dosis Sodium Amytal, ein Langzeitberuhigungsmittel. Dann nahm mir das Personal alles ab – den Schmuck, die Schuhe, alles, was ich in den Taschen hatte. Sie nahmen mir jede Möglichkeit, mir etwas anzutun, so verzweifelt ich auch war.

Sobald ich erst einmal in dem Raum war, konnte ich nichts mehr machen. Wenn ich wirklich nervös war, ging ich auf und ab. Acht Schritte vor, acht zurück. Manchmal war ich ruhiger, legte mich auf die Matratze und dachte nach. Und manchmal legte ich mich einfach hin und schlief.

Das schlimmste am Beruhigungsraum war die Einsamkeit. Es durften nie zwei Patienten gleichzeitig dort sein, und das Personal kam gewöhnlich nur herein, um einem Medikamente zu verabreichen oder nach Lebenszeichen zu sehen. Wenn der Beruhigungsraum mich tatsächlich einmal von den Stimmen erlöste, war die Stille überwältigend. Wenn nicht, dann lag ich da, meinen Peinigern hilflos ausgeliefert.

Man brachte mich in diesen Raum, um die Außenreize während meiner Anfälle zu reduzieren und mich zu beruhigen. Ich blieb jedesmal eine Weile dort. Wenn ich schließlich wieder ruhig war und meine Selbstbeherrschung zurückgewonnen hatte, durfte ich wieder in mein Zimmer zurück.

Für mich war der Beruhigungsraum eine Folterkammer, und die Stimmen waren die Folterknechte. Sie verhöhnten mich, stichelten und machten sich über meine Gefangenschaft lustig. Wenn ich endlich ruhig genug war, das Zimmer zu verlassen, fingen sie wieder an mit ihrer Quälerei. Ich wollte dieser Plage ein Ende setzen und schlug wild um mich. Daraufhin landete ich sofort wieder im Beruhigungsraum.

Ich saß fest und konnte mich nicht aus der Herrschaft der Stimmen befreien. Das Spielchen wiederholte sich innerhalb weniger Stunden. Manchmal brach ich bereits auf dem Weg vom Beruhigungsraum in mein Zimmer erneut zusammen und mußte gleich wieder zurück. Es war ein Teufelskreis.

Ich bekam immer höhere Dosen Sodium Amytal, manchmal mehrmals am Tag. Bald wirkte es in Tablettenform nicht mehr schnell genug, also bekam ich Spritzen.

Meine Aufenthalte im Beruhigungsraum wurden immer länger. Nach einer Weile verlor ich jegliches Zeitgefühl. Durch das vergitterte Fenster konnte ich zwar sehen, ob draußen Nacht oder Tag war, doch selbst diese Unterschiede verwischten sich manchmal. Im Beruhigungsraum mußte nachts Licht brennen, damit die Nachtwache hineinsehen konnte. Ich hätte die Mahlzeiten zählen können, die man mir auf Plastiktabletts brachte, aber meist war ich zu verwirrt, um den Überblick zu behalten. Es kam mir vor, als würde ich wochenlang ohne Unterbrechung gefangengehalten, allein mit den Stimmen, die sich erhoben hatten, um mich aufzusaugen wie ein Schwamm das Wasser.

Ich fand es seltsam, daß sich manche Patienten über die Stimmen in ihren Köpfen freuen konnten. Ein junger Mann auf meiner Station hörte Stimmen, die ihm sagten, er sei der Messias. Eine junge Frau saß immer allein herum und lachte zufrieden. Einmal fragte ich sie, worüber sie denn lache.

»Hubert erzählt mir Witze«, antwortete sie. Sie nannte ihn ihren Spielgefährten und erzählte oft, wie sehr sie ihn mochte.

Das machte mich neidisch. Meine Stimmen hatten überhaupt nichts Nettes an sich. Ich hatte versucht, mich mit ihnen gegen das unfreundliche Personal zu verbünden. Aber eigentlich machten sie mir angst. Manchmal sagte ich dem Pflegepersonal, die Stimmen seien weg, aber das war gelogen. Sie waren bei mir, wenn ich mich anzog. Sie waren bei mir, wenn ich aß. Sie waren bei mir, wenn ich im Tagesraum herumsaß und überlegte, was ich tun konnte. Nicht einmal der Schlaf brachte Erleichterung. Die Stimmen schrien so gellend laut, daß ich davon aufwachte und vor Angst zitternd im Bett saß.

Am freundlichsten war noch die Stimme des Erzählers. Er beschrieb meine Handlungen haargenau, ohne auch nur die kleinste Einzelheit auszulassen. Hundertmal am Tag kommentierte er meine Bewegungen.

»Jetzt geht sie durch die Tür«, sagte der Erzähler. »Sie tritt sich die Füße ab, die kleine Idiotin. Sie tritt sich ihre Füße auf der Schuhmatte am Eingang ab. Sie geht in die Küche. Haha! Du fette Tonne. Geh zur Hölle. Haha! Du bist ein jämmerlicher Anblick. Du siehst aus wie Scheiße. Du bist Scheiße! Jetzt geht sie in den Tagesraum. Sie wird den Fernseher leiser stellen. Sterben, du Arschloch! Hahaha! ...«

Der Erzähler verhöhnte mich, machte sich über mich lustig, und manchmal drohte er mir sogar ein bißchen. Aber meistens sprach er nur über das, was ich gerade tat. Er war nicht so aufdringlich laut und furchteinflößend wie die anderen. Ihn fürchtete ich am wenigsten von allen. Nur seine bissigen Kommentare ärgerten mich.

Manchmal hörte ich eine Stimme lachen. Es war eine einzelne, hexenartige Stimme, die höhnisch kreischte und gackernd lachte. Manchmal gesellten sich eine zweite und eine dritte Stimme dazu. Sie sangen immer wieder die gleichen Worte vor sich hin, als ob sie ein Theaterstück probten.

»Sterben! Sterben!« sangen sie. Ich muß das tausendmal am Tag gehört haben.

Manchmal fielen immer mehr Stimmen mit ein, bis schließlich eine gewaltige Menge, ein scheußlicher, wildgewordener Chor mich umgab und schmerzhaft laut brüllte. Wenn ich sie kommen hörte, griff ich immer gleich zu meinem Walkman. Aber oft war das sinnlos. Sie schrien und tobten lauter als die Rockmusik, selbst wenn der Walkman auf voller Lautstärke lief.

Aber mehr noch als den Erzähler und den Chor fürchtete ich die Männer, die von der Hölle sprachen.

Ich erinnere mich nicht, daß ich als Kind viel an die Hölle gedacht hätte. Juden glauben eigentlich nicht an die Hölle, und meine Familie war sowieso nicht sehr fromm. Meine Brüder haben zwar an der Bar Mizwah teilgenommen, und ich an der Bas Mizwah, der von amerikanischen Jüdinnen erkämpften Entsprechung für Frauen. Aber davon abgesehen waren wir eher »Zweimal-im-Jahr-Juden«. Das heißt, wir erschienen nur zum jüdischen Neujahrsfest Rosch Haschana und an Jom Kippur, dem Versöhnungstag, in der Synagoge. Niemand hatte mir beigebracht, mich vor der ewigen Verdammnis zu fürchten.

Das war, bevor ich die Stimmen hörte. Die Stimmen erzählten mir von einer Hölle jenseits aller religiösen Vorstellungen. Sie war schlimmer als der furchtbarste Horrorfilm, den ich je gesehen hatte, schlimmer als der grausamste Alptraum. Sie lag jenseits der Vorstellungskraft, jenseits menschlicher Hoffnung.

Und sie existierte. Das sagten die Stimmen. Und sie sagten, sie würden mich dorthin bringen.

Wenn ich im Beruhigungsraum war, klang die Stimme, die gerade zu mir sprach, so deutlich wie jede andere Stimme sonst um mich herum. Eigentlich noch deutlicher, weil der Sprecher gleichzeitig in mir und außerhalb von mir war. Mit rauher, heiserer Stimme sprach er mich direkt an, leise und feierlich, ein echter Dämon der Hölle.

»Komm zu mir«, sang er leise. »Komm mit mir in die Hölle.«

Ich wollte nicht zuhören. Ich wollte nichts hören. Aber ich hatte keine Wahl. Wohin sollte ich gehen? Wohin konnte ich fliehen? Er schien das zu wissen. Dann beschimpfte er mich.

»Komm in die Hölle, du Fotze. Du Hure. Du Schlampe. Du Arschloch. Zur Hölle! Zur Hölle!«

Ich fühlte, wie sich hinter ihm die Hölle seiner Vorstellung auftat, um mich zu verschlingen. Rote und gelbe Teufel waren darin. Überall war Rauch und Feuer. In der Hölle gab es nur Folterer und Gefolterte.

Fast wie am Fließband wurden überall Männer kastriert und ihre Hoden auf Holzpflöcke gespießt. Frauen wurden von ganzen Horden widerlicher Männer vergewaltigt. Der Lärm dieses Infernos tobte in meinen Ohren, in meinem Kopf und schließlich in meinem ganzen Körper: Kreischen, gellendes Schreien der Opfer und hysterisches Gelächter der Peiniger. Das würde auch mein Schicksal werden. Das war meine Bestimmung. Die unendliche Hölle griff nach mir, um mich zu verschlingen.

Es wurde noch schlimmer.

Eine andere Stimme kam hinzu, und ein Streit brach los. Sie schrien sich böse an und stritten über mein Schicksal. Es würde geschehen, was sie befahlen. Ihrem Zorn war ich hilflos ausgeliefert. Ihr Streiten umgab mich:

1. STIMME: Sie muß in die Hölle.
2. STIMME: Sie wird bestraft werden.
1. STIMME: Sie muß bestraft werden.
2. STIMME: Sie wird bestraft werden, die verdammte Hure.
1. STIMME: Sie muß in der Hölle bestraft werden.
2. STIMME: Hahaha! In die Hölle! In die Hölle! In die Hölle mit der Hure! Nein!
1. STIMME: Heul nicht, du kleine Schlampe. Die Hölle wird kommen.
2. STIMME: Die Hölle wird nicht kommen.
1. STIMME: Die Hölle wird kommen.
2. STIMME: Es gibt Schlimmeres als die Hölle. Es gibt die Hölle aller Höllen, und sie wird uns dorthin begleiten.

1. STIMME: Sie muß STERBEN, und wir werden diese Schnalle mit in die Hölle nehmen. Diesen Abschaum!

2. STIMME: Warum jetzt schon? Sie muß noch mehr leiden. Sie muß unsere Gegenwart ertragen.

1. STIMME: Sie muß sterben! Hahaha!

2. STIMME: Zur Hölle!

1. STIMME: In die Hölle jetzt! Komm zu mir. Komm zu mir, du verdammte Schlampe.

2. STIMME: Hahaha! Du Hure. Du wirst bestraft werden und in die Hölle kommen …

Ich versuchte zu entkommen, zu fliehen. Ich wollte sie schlagen, mit ihnen ringen, sie erwürgen. Erst jetzt, zu spät, versuchte ich, aus ihrer Welt herauszukommen, zurück in die andere Welt, zu den Patienten, den Krankenschwestern und den regelmäßigen Mahlzeiten. Ich schrie die Stimmen an, sie sollten verschwinden.

»Hört auf! Hört auf!« kreischte ich. »Seid ruhig! Seid endlich ruhig!«

»Hahaha!« höhnten sie. »Nimm die Schnalle mit in die Hölle!« sagte der eine.

»Nicht jetzt, später, später, später«, sagte der andere.

»Fahr zur Hölle! Zur Hölle! Zur Hölle!«

Ich schrie und wand mich. Ich kämpfte gegen sie. Ich hielt mir die Ohren zu, um ihrem Hohn zu entgehen. Es half nichts.

»Komm zu mir … , komm zu mir …«, rief Nummer eins.

»In die Hölle! In die Hölle!« rief Nummer zwei.

»Nein! Nein! Nein!« schreie ich. Ich versuche zu rennen. Ich kann nirgendwo hin. Ich will mich verstecken. Nirgends bin ich sicher. Sie sind überall. Ein Stuhl. Ein

Fenster. Ich muß weg. Muß etwas schlagen. Oder besser noch: zerschlagen. Ich schlage und trete um mich. Die Schreie der Gepeinigten. Der Alarmknopf wird gedrückt. Ich höre eiliges Laufen, lautes Rufen. Sie kommen, sie kommen! Ich kann sie nicht aufhalten! Ich kann sie nicht aufhalten!

Ich muß etwas zerschlagen, etwas zerstören. Ich muß jemanden verletzen. Ich muß mir selbst etwas antun.

Halt! Halt! Halt!

Anstatt mich zu beruhigen, bot die Leere des Beruhigungsraumes den idealen Hintergrund für diese schrecklichen Vorstellungen. Die Stimmen sprachen zu mir durch Risse und Löcher in der Wand. Das Deckenlicht übermittelte mir Botschaften. Ich konnte nicht atmen. Mein Schädel öffnete sich, und die Stimmen wurden so laut, daß ich davon taub zu werden glaubte. Ich geriet in Panik. Ich mußte sie zum Schweigen bringen. Ich besaß übermenschliche Kräfte. Ich schlug ein Loch in die Wand. Ich schlug meine Hände so lange gegen das Drahtgitter am Fenster, bis die Knochen sichtbar wurden und mir das Blut an den Armen hinunterlief.

Ich hatte sogar den Beruhigungsraum überwunden.

Von weither hörte ich den Alarm durch die anderen Stationen tönen. Wenn in unserer Station auf den Knopf gedrückt wurde, gingen die Alarmsignale im ganzen Krankenhaus los. Das Stationspersonal hatte Verstärkung angefordert. Die kräftigen Männer kamen angerannt, ich hörte ihre stampfenden Schritte auf den Treppen und Fluren. Ich hörte dumpfe Schläge und Ächzen, ich hörte die Eiswürfel im Kühlgefäß klirren.

Es war wieder soweit. Ich bekam eine kalte Packung.

Die kalte Packung sollte besonders gewalttätige und tobende Patienten ruhigstellen. Die meisten Patienten konnte man mit anderen Mitteln ruhig bekommen. Wenn der Beruhigungsraum nicht ausreichte, um Patienten daran zu hindern, sich selbst zu verletzen, wurden ihnen Beruhigungsmittel gespritzt. Dann wurden sie für eine bestimmte Zeit an den Händen gefesselt oder auch an Händen und Füßen zugleich ans Bett gebunden. Manchmal wurden die Patienten in Rollstühle gesetzt und dort festgebunden. Ich hatte bereits drei solcher Rollstühle auseinandergebrochen. In meinem Fall half also nur noch eine kalte Packung.

Diese Packungen sollen den Patienten durchkühlen. Da der Körper automatisch versucht, wieder warm zu werden, wird Energie verbraucht. Davon wird man müde, also auch ruhiger. Schließlich entspannt sich der Patient und schläft in der Regel ein.

Um einen Patienten in die kalte Packung zu wickeln, brauchte man eine ärztliche Verordnung. Wenn der Alarm ausgelöst wurde, verständigte das Personal über Funk einen Arzt, der dann so schnell wie möglich auf die Station kam und eine solche Verordnung ausschrieb. Ich war so gewalttätig, daß die Packung meistens schon unterwegs war, wenn der Psychiater völlig außer Atem auf der Station eintraf.

Die starken Männer kamen und hielten mich fest, während ich eingepackt wurde. Die Spritze mit Sodium Amytal wirkte noch nicht. Die großen, stämmigen Pfleger sahen aus wie die scheußlichen Vergewaltiger in der Hölle. Mein Entsetzen flammte wieder auf. Mein Adrenalinspiegel stieg. Ich wurde immer stärker und mächtiger. Ich konnte mich gegen alle Männer im Beruhigungsraum verteidigen. Sie würden mich nicht anrühren, da war ich mir ganz sicher. Ich trat, schlug um mich und biß. Einen Augenblick lang sah es aus, als könnte ich den ganzen Raum voller Männer besiegen.

Dann gewannen sie wieder die Oberhand. Genauso, wie es mir die Stimmen gesagt hatten. Es war wie bei den Vergewaltigungen in der Hölle. Große starke Männer hielten mich fest, während unsichtbare Hände mich auszogen: meine hohen Basketballschuhe, mein blaues Lieblings-Sweatshirt mit dem grünen Frosch darauf, dann meine Jeans, die einzigen, die noch paßten. Dann zogen sie mir einen Strumpf nach dem anderen aus. Welche Probleme erwarteten sie denn, wenn ich die Söckchen an meinen kleinen Füßen anbehielt? Schließlich öffneten sie den BH. Mein Slip war das einzige, was noch zwischen mir und der Vergewaltigung in meinen Horrorphantasien stand. Ich hatte Todesangst.

Dann kam das Schlimmste. Ich wurde auf das Krankenhausbett gehoben, das für mich in der Küche, in einem speziellen Raum auf dem kurzen Flur oder auf dem Flur selbst bereitstand. Es mußte immer schnell gehen, bevor ich alles kurz und klein schlug oder jemanden verletzte. Starke Arme drückten mich nieder, andere wickelten mich in die Bettlaken, die vorher in Eiswasser getaucht worden waren.

Sie wickelten mich ein wie eine Mumie, wobei meine Arme an die Seiten gepreßt wurden. Unbedeckt blieben nur die Füße, der Kopf und der Hals. Und dann ließen sie mich hilflos zurück, mit einer einzigen Wache an meiner Seite.

Ich lachte hysterisch. Aber es war ganz und gar nicht komisch. Es war eisig kalt. Mir klapperten die Zähne wie verrückt, es war, als sprächen die Stimmen zu mir. Ich stand kurz vor dem Erfrieren, und die Stimmen begannen mit ihrem letzten eisigen Gelächter. Mein ganzer Körper war ein Eisklotz.

Bei einer solchen kalten Packung mußte ich zwei volle Stunden als eisige Mumie liegen bleiben. Der Krankenpfleger, der mich beaufsichtigte, prüfte meine Körperreaktionen an den Füßen oder am Hals. Ich wollte mir nicht die Temperatur messen lassen. Das war mein letzter Widerstand.

Wenn das Sodium Amytal zu wirken begann und mich das Zittern allmählich müde machte, beruhigte ich mich soweit, daß ich mich beschweren konnte. Mein Ellenbogen war zu eng an die Seite gebunden. Da war nichts zu machen. Vor Ablauf der zwei Stunden würde mich niemand auspacken. Wenn ich Durst bekam, gab mir die Aufsicht Saft oder Wasser mit einem Strohhalm. Und wenn ich zur Toilette mußte? Das war eben Pech. Wenn ich es nicht zurückhalten konnte, spürte ich, wie sich die Wärme unter mir in den eisigen Laken ausbreitete.

Nach Ablauf der zwei Stunden mußte eine Entscheidung getroffen werden. War ich ruhig genug, um ausgepackt zu werden? Wenn nicht, brauchte man wieder eine ärztliche Unterschrift für die Anordnung weiterer zwei Stunden. Wenn ich mich schließlich hinreichend beruhigt hatte, wurde weibliches Personal gerufen. Die Männer wurden nur in Notfällen geholt, wenn ihre körperliche Kraft gebraucht wurde. Aber ausgepackt wurde ich von Frauen. Darüber war ich wirklich froh. Nach den zwei Stunden hatte ich mich meist soweit erholt, daß mir der ganze Vorfall peinlich war und ich mich meiner Nacktheit schämte.

Also hatten zwei Krankenschwestern die Ehre, mich wieder auszuwickeln. Mir war kalt, mein ganzer Körper war naß und verkrampft. Ich fühlte mich erniedrigt und entwürdigt.

Das Erstaunlichste aber war, wie ruhig ich mich fühlte. Nie wieder, schwor ich mir.

17

Steven Schiller
Baltimore, Maryland
Januar 1986 bis März 1986

Diesmal fiel es mir viel leichter, Lori im Krankenhaus zu besuchen als beim erstenmal. Nicht, daß es ihr besser gegangen wäre. Es ging ihr eher noch schlechter als vorher. Aber ich hatte mich verändert.

Als sie zum erstenmal ins Krankenhaus kam, war ich erst Ende Sechzehn, ein ungelenker Teenager, der noch mit dem Babyspeck zu kämpfen hatte. Dreieinhalb Jahre später war ich kaum wiederzuerkennen: Als schlaksiger Zwanzigjähriger hatte ich die stolze Größe von einszweiundneunzig erreicht. Bei Loris erstem Klinikaufenthalt war ich noch auf der High-School, beim zweiten auf dem College.

Als ich im September 1983 mit dem College anfing, war Lori schon seit sechs Monaten aus dem Krankenhaus zurück. Sie und Dad fuhren mich nach Baltimore. Ich saß mit Dad vorn, sie saß ruhig und nachdenklich auf dem Rücksitz und rauchte viel.

Zu Hause war es nicht gerade einfach gewesen mit ihr. Aber bevor ich ins College ging, gab sie mir noch einen Rat.

»Genieße die Zeit auf dem College«, sagte sie. »Es ist die beste Zeit im Leben. Danach wird es immer nur schlechter.«

Es machte mich traurig, wenn ich daran dachte, wie sehr das in ihrem Fall zutraf.

In Baltimore sprang ich aus dem Auto und bezog mein Zimmer im Studentenwohnheim, ohne mich groß von Lori oder meinem Vater zu verabschieden. Nicht, daß ich Angst davor gehabt hätte, was die Leute von Lori halten würden. Ich war einfach nur auf mein neues Leben gespannt und darauf, was die anderen von mir halten würden.

Im ersten Jahr versuchte ich mich einzuleben und Freunde zu finden. Das war nicht ganz einfach. Johns Hopkins ist ein sehr strenges College, sehr wissenschaftlich orientiert. Ich wollte Volkswirtschaft im Hauptfach studieren, um später die juristische Laufbahn einzuschlagen. Aber allmählich gewann ich den Eindruck, daß ich einen schrecklichen Fehler gemacht hatte. Ich war auf dem falschen College. Alle um mich herum wollten entweder Arzt oder Ingenieur werden. Es lief alles schief.

Im zweiten Jahr änderte sich dann vieles. Ich bekam einen Psychologie-Professor als Betreuer, und das brachte mich auf die Idee, Psychologie als Hauptfach zu wählen. Ich würde Psychologie studieren wie mein Vater. Ich würde so viel lernen, daß ich Lori heilen konnte.

Ich stürzte mich auf die Psychologie-Kurse. Ich belegte Kurse in Organisations-, Betriebs- und kognitiver Psychologie. Eifrig zeichnete ich all die Schemata von Gehirn und Nervenbahnen in mein Heft. Mir gefiel das Fach, obwohl ich selten besonders gut abschnitt – in den Statistikkursen war ich sogar ziemlich schlecht. Aber es sprach meinen Ordnungssinn an. Mein Vater hatte immer gesagt, daß alles irgendeinen Grund hat, daß nichts einfach so geschieht. In den Psychologie-Kursen lernte ich jetzt, daß nicht immer bekannt ist, warum bestimmte Dinge im Gehirn passieren. Ich erfuhr, warum die Menschen sich so oder anders verhalten. Ich wurde auch in Forschungsprojekte eingebunden und untersuchte zusammen mit anderen Studenten und Professoren Phänomene wie die Alzheimer-Krankheit oder die Chorea Huntington.

Neben dem Studium beschäftigte ich mich mit Menschen in Krisensituationen. Ich wurde in Gruppenkursen dazu ausgebildet, Lebenskrisen zu erkennen und den Menschen zu helfen. Wir lernten, die richtigen Fragen zu stellen und herauszufinden, ob jemand Selbstmordabsichten hatte.

Ich sprach nie über Lori, nicht einmal mit dem Professor, mit dem ich zusammenarbeitete. Aber man brachte mich immer mit Psychologie und psychologischen Fragen in Verbindung. Meine Freunde glaubten, daß ich anderen bei der Lösung ihrer Probleme helfen könne. Einmal baten sie mich, mit der Freundin eines Freundes zu sprechen, die sehr deprimiert wirkte. Ich fand heraus, daß sie keine akuten Selbstmordabsichten hatte, indem ich sie nach ihren Plänen für die Zukunft fragte.

Ich glaubte, mit alldem, was ich lernte, der Heilung von Loris Krankheit einen Schritt näher zu kommen. Außerdem hoffte ich, mehr über mich selbst zu erfahren. Denn der Gedanke, daß es mir eines Tages genauso wie Lori ergehen könnte, war mir nie ganz aus dem Kopf gegangen.

Nach meinem vorletzten Studienjahr, das ich im Ausland verbracht hatte, besuchte ich Lori mehrere Male.

Sie wirkte insgesamt weit unruhiger als vor meiner Abreise. An den Händen hatte sie große verschorfte Wunden von den Verletzungen, die sie sich am Fenstergitter beigebracht hatte. Sie zeigte mir ein großes Loch, das sie in die Wand geschlagen hatte. Sie erzählte von ihren Wutausbrüchen und davon, wie viele Männer nötig gewesen waren, sie festzuhalten. Sie schien von der beachtlichen Zahl regelrecht beeindruckt zu sein. Wenn wir zusammen auf dem Bett saßen, sah sie manchmal ganz abwesend aus, als ob sie sich in ihre eigene Welt zurückgezogen hätte. Ich wußte jetzt, daß sie Halluzinationen hatte, und das Warten darauf, bis diese Momente vorübergingen, war sehr unangenehm.

An manchen Tagen war sie sehr erschöpft und schleppte sich wie ein Zombie durch die Gegend. Dann wieder sah sie viel besser aus. Wir spielten Billard, hörten Musik oder unterhielten uns. An diesen Tagen sprach sie oft von ihrem Status.

»Ich brauche einen höheren Status«, sagte sie. Die Lebensqualität eines Patienten in der Psychiatrie hing allein von seinem Status ab.

Ich hatte das Gefühl, daß wir uns viel nähergekommen waren. Wie sie hatte ich mein vorletztes Studienjahr im Ausland verbracht, und zwar am gleichen Ort wie sie vor sechs Jahren. Wir hatten also auch das gemeinsam. In England hatte ich zu rauchen angefangen, weil mir das sehr europäisch und schick vorkam. Ich hatte ihr Silk-Cut-Zigaretten aus England mitgebracht. Die rauchte sie gern. Wir konnten zusammen in das Raucherzimmer gehen und über England sprechen.

Sie erzählte mir von ihren Schwierigkeiten. Manchmal bat sie mich, sie rauszuholen.

»Das kann ich nicht, Lori«, sagte ich. »Du weißt, daß das nicht geht.« Ich fragte, was ich tun könne, um ihr das Leben leichter zu machen. Sollte ich sie öfter besuchen? Sollte ich sie vom College aus anrufen? Was konnte ich ihr von draußen mitbringen?

Auch meine Psychologie-Kurse waren ein Gesprächsthema. Ich sprach mit ihr über ihre Symptome, über die Medikamente, die sie nahm, und deren Nebenwirkungen. Ihre Hände zitterten, ihre Zunge bewegte sich unwillkürlich. Ich diagnostizierte dies als Spätdyskinesie, als Nebenwirkung der antipsychotischen Medikamente, die sie bekam. Ich schrieb ein Referat über Lithium, und als Teil meiner Recherchen sprach ich mit ihr über die Nebenwirkungen, die es bei ihr hervorrief.

Ich war überzeugt, daß wir ein Heilmittel für sie finden würden. Aber dann geschah bei einem meiner Besuche etwas, das meinen Vorsatz, Psychologe zu werden, völlig in Frage stellte.

Lori und ich saßen zusammen und redeten. Plötzlich brach am anderen Ende des Flurs ein Streit aus. Eine Patientin hatte eine Auseinandersetzung mit einem der Pfleger. Die Patientin war eine dunkelhaarige ältere Frau, vielleicht Ende Fünfzig. Sie wirkte sehr erschöpft, und sie trug ein Männerhemd, das ihr fast bis zu den Knien reichte. Sie hatte Strümpfe an, aber keine Schuhe. Ich wußte, was das bedeutete. Lori hatte mir erzählt, daß man ihr immer die Schuhe wegnahm, damit sie nicht weglaufen konnte.

Die Frau kreischte und fluchte laut. Der Pfleger sprach ruhig und bestimmt mit ihr. Er sagte, wenn sie sich nicht zusammenreiße, müsse man sie in den Beruhigungsraum bringen. Ich schaute Lori an. Sie war blaß geworden.

Dann drehte die Patientin im Flur durch. Sie stürzte sich auf den Pfleger und schlug wild auf ihn ein. Andere eilten ihm zu Hilfe. Jemand drückte den Alarmknopf, und ein Tumult brach aus. Die anderen Patienten wurden unruhig, sie standen auf, gingen nervös auf und ab oder rangen die Hände. Lori wurde immer hektischer. Das konnte ich an ihrem Gesicht ablesen. Ich war selbst bestürzt. Überall rannten und schrien Leute, dazu schrillte der Alarm.

Lori drängte mich zur Tür. »Geh! Geh! Geh!« schrie sie verzweifelt. »Geh weg von hier! Geh weg!« Plötzlich packten mich Hände von hinten. Ich wußte nicht, wer es war. Ich wurde zur Tür geschoben, und schon stand ich auf einem Treppenabsatz auf der anderen Seite der jetzt wieder verschlossenen Tür. Drinnen hörte ich immer noch den Alarm, das Rennen und Rufen, aber es klang weit entfernt.

Ich zitterte. Lori hatte mir schon von derartigen Ausbrüchen bei den Patienten erzählt. Aber ich hatte nie so recht verstanden, was sie meinte, bevor ich es nun selbst gesehen hatte. Manchmal geschah das gleiche mit ihr. Alle meine alten Ängste stiegen wieder in mir auf. Auch meine Schwester hätte der Auslöser dieses ganzen Aufruhrs sein können.

Auch ich hätte es sein können.

Ich hörte erst zu Hause auf zu zittern. Und irgendwann unterwegs wurde mir klar, daß ich der Realität noch immer nicht ins Auge blicken konnte. Wenn überhaupt jemand Lori heilen konnte, dann war ich es bestimmt nicht.

18

Lori
Futura House, White Plains, New York
April 1986 bis Oktober 1986

Je wilder und unbeherrschter ich wurde, desto öfter spielten Ärzte, Krankenschwestern und Sozialpädagogen ihren letzten Trumpf aus: das Staatskrankenhaus.

Immer wieder redete mir der Stationsarzt ins Gewissen. »Wir können Sie nicht ewig hierbehalten«, warnte er mich. »Sie wollen doch nicht in ein staatliches Krankenhaus, oder?«

Ich hatte schreckliche Angst vor den staatlichen Krankenhäusern. Ich war zwar noch nie in einem gewesen, aber ich hatte schon viel über diese furchtbaren psychiatrischen Anstalten gehört. Wenn man einmal dort war, kam man nie wieder heraus.

Jedesmal, wenn sie mir drohten, versuchte ich, mich zusammenzunehmen. Aber früher oder später staute sich der Druck an, die Wut der Stimmen nahm zu, und ich drehte wieder durch.

Dieser Teufelskreis wiederholte sich weitere zwei Monate lang immer wieder. Krisen, Beruhigungsraum, Drohungen, Ruhe. Dann wieder ein Ausbruch, noch längere Zeit im Beruhigungsraum, weitere kalte Packungen, noch mehr Gespräche mit dem Psychiater und wieder die Drohung mit dem Staatskrankenhaus.

Kurz nach einer solchen Drohung schlug ich während einer Feuerwehrübung eine Fensterscheibe ein. Und jetzt war ihre Geduld zu Ende. Es reichte. Sie konnten nichts mehr für mich tun. Sie sagten, sie würden mich auf der Stelle entlassen.

Darauf hatte ich während der ganzen Zeit meines Krankenhausaufenthaltes hingearbeitet. Jetzt brach ich angesichts ihrer Entscheidung in Panik aus. Die Abteilung verlassen? Was sollte ich tun? Wie sollte ich das überleben? Mir wurde plötzlich klar, daß das Krankenhaus, sosehr ich es auch haßte, mich wenigstens davon abgehalten hatte, mir selbst oder anderen etwas anzutun.

Gebt mir noch etwas Zeit, bettelte ich. Nur ein paar Tage, um mich an den Gedanken zu gewöhnen, wieder nach draußen zu gehen. Ich muß doch Pläne machen und überlegen, wohin ich gehen kann. Ich war empört, verängstigt und geriet fast in Panik bei dem Gedanken, aus dem Krankenhaus hinausgeworfen zu werden. Und irgendwo tief in mir keimte eine Einsicht. Vielleicht war ich wirklich krank. Vielleicht brauchte ich ja doch Hilfe.

Ich versuchte, mich sofort umfassend zu ändern. Ich befolgte alle Regeln, ging zu jeder Stationsversammlung, nahm widerspruchslos meine Medikamente. Still ertrug ich die Angst, die durch die tobenden Stimmen hervorgerufen wurde. Ich setzte ihrem Willen meinen eigenen entgegen: Ich blieb hart und folgte ihren Befehlen nicht, ich war nicht bereit, mich ihrem Brüllen auszuliefern, und ich versagte mir die Erleichterung, selbst zu schreien.

Allmählich erwarb ich Privilegien, die mir erlaubten, die Station zu verlassen. Einmal ging ich allein zur Zahnklinik, um mir einen Weisheitszahn ziehen zu lassen. Der Hin- und Rückweg verlief ohne Zwischenfall. Ich beteiligte mich an den Therapiegruppen, zum Beispiel an der Kochgruppe. Ich ging mit anderen Patienten und einem Pfleger spazieren; später ging ich sogar allein. Ich erhielt die Erlaubnis, das Gelände zu verlassen. Mit einer anderen Patientin fuhr ich nach White Plains ins Kino. Am nächsten Tag ging ich einkaufen. Dann verbrachte ich ein Wochenende bei meinen Eltern.

Inzwischen überlegten wir alle, wo ich unterkommen könnte. Bisher hatte ich Rehabilitationseinrichtungen und Tageskliniken abgelehnt. Aber jetzt akzeptierte ich diesen Vorschlag. Mein noch schwaches neues Selbstgefühl sagte mir, daß ich anders nicht überleben konnte. Ich konnte nicht zurück nach Hause und allein für mich sorgen. Ich brauchte einen festen Tagesablauf. Zum erstenmal, seit sich die Stimmen in mein Leben gedrängt hatten, dämmerte mir, daß ich Hilfe brauchte.

Eine Tagesklinik hatte den Vorteil, daß ich tagsüber wußte, wo ich hin sollte. Ich würde dort therapiert und betreut werden. Das Behandlungsteam im Krankenhaus, Dr. Rockland und ich kamen überein, daß die Tagesbetreuung am St. Vincent's Hospital in Harrison das beste für mich wäre. Es war weniger als zwanzig Minuten vom New York Hospital und ebenso weit vom Haus meiner Eltern entfernt. Ich entschied mich für die Wohngruppe im Futura House. Diese Einrichtung stellte Aufnahmebedingungen: Ich mußte zwei Monate außerhalb des Krankenhauses leben und mich während dieser Zeit einwandfrei benehmen, bevor ich dort einziehen konnte. Mein Ruf war mir vorausgeeilt, und sie wollten keinen Unruhestifter haben. Am 21. März 1986 wurde ich entlassen und nahm mir vor, möglichst bald ins Futura House aufgenommen zu werden. Mit diesem Ziel vor Augen verhielt ich mich mustergültig. So konnte ich fünf Wochen später, Ende April, dort einziehen.

Der Stationsarzt und der Sozialpädagoge beglückwünschten sich. Ihr Plan hatte funktioniert. Hinter meinem schlechten Benehmen hatte nichts weiter gesteckt als – schlechtes Benehmen. Ihre Drohungen und Beschwörungen hatten dazu geführt, daß es mir »bessergingen«.

Nur ich kannte den Preis dieser scheinbaren neuen Gesundheit. Ich fühlte mich in einer paradoxen Falle gefangen. Auf der einen Seite hatte ich nach Jahren der Therapie begriffen, wie wichtig es war, meine Gefühle und Gedanken auszusprechen. Andererseits durfte ich dem Behandlungsteam nicht sagen, was ich wirklich fühlte, sonst wäre ich auf ewig in der Klapsmühle gelandet. Nichts von dem, was wirklich in meinem Gehirn vorging, durfte ich nach außen dringen lassen. Wenn ich das wagte, drohte mir das Staatskrankenhaus. Egal, wie ich es anstellte, ich würde in jedem Fall verlieren.

Die Krankenhausbehandlung diente nur dazu, mich unter Kontrolle zu halten. Das Sodium Amytal dämpfte mein Verhalten, aber es zähmte meine Gedanken nicht. Die kalten Packungen zügelten meine unkontrollierten, explosiven Ausbrüche, aber sie konnten nichts gegen den Lärm und den Aufruhr in meinem Inneren ausrichten.

Und diese neue »Heilung« war auch nur eine Sache der Selbstbeherrschung. Man muß atmen, aber man kann unter Wasser die Luft anhalten. Mit etwas Übung kann man den Atem länger anhalten, als man es anfänglich für möglich gehalten hätte. Ähnlich war es mit den Stimmen in mir. Ich konnte es immer noch ein paar Sekunden länger aushalten. Aber in mir staute sich die Wut immer stärker an, und ich durfte sie nicht herauslassen.

Wenn man tief einatmet, taucht und die Luft länger anhält, als man eigentlich kann, dann schnappt man hinterher verzweifelt nach Luft. Verzweifelter, als wenn man früher aufgetaucht wäre.

Futura House bestand aus zwei Wohnungen in einem Wohnhaus in White Plains, eine war für Frauen bestimmt, die andere für Männer. In unserer Wohnung lebten wir zu neunt in einem Dreier- und drei Doppelzimmern.

Trotz eines genauen Putzplans – wir hatten alle unsere Aufgaben, vom Staubsaugen bis zum Toilettenreinigen – sah die Wohnung eindeutig bewohnt aus. Sie wirkte immer irgendwie unordentlich.

Wir wechselten uns auch im Küchendienst ab und aßen alle zusammen wie eine Familie an einem langen Tisch. Ich kochte nicht gern. Wenn ich an der Reihe war, warf ich meist nur ein paar Packungen Fischstäbchen in den Backofen und servierte sie zusammen mit aufgewärmten Kartoffeln.

Mein größtes Problem war, die Zeit irgendwie auszufüllen. Im Krankenhaus war ich immer nur hin und her gegangen. Meine Tage in der wirklichen Welt mußten besser strukturiert werden.

Jeden Morgen fuhr ich die fünfzehn Minuten nach Harrison zur Tagesklinik in der North Street. Ich verließ die Wohngruppe um acht Uhr fünfundvierzig, damit ich pünktlich um neun Uhr dort war. Der Morgen war mit lauter Blödsinn ausgefüllt. Wir hatten Kunsttherapie, Selbstsicherheitstraining, Gruppentherapie, Kurse in Lederarbeiten, Holzarbeiten, Schmuckherstellung und Kochen. Und wir übten einkaufen. Sie behandelten uns wie Idioten. Eine Dreiviertelstunde lang saß ich da und schmirgelte ein Stück Holz glatt. Dann gab mir ein Betreuer die Erlaubnis, noch ein Stück abzuschmirgeln.

Ich aß täglich dort zu Mittag – dazu jeden Tag eine Eiswaffel –, und um ein Uhr fünfundvierzig war Schluß dort. Dann begannen meine Probleme. Wie sollte ich den Rest des Tages verbringen? Futura House war zwischen neun und sechzehn Uhr geschlossen, damit wir tagsüber etwas Sinnvolles taten. Was sollte ich mit meiner Zeit anfangen?

Ich hatte zwar damit geprahlt, ich würde wieder anfangen, im Rye zu arbeiten, aber jetzt beschloß ich, nicht einmal einen Versuch in dieser Richtung zu unternehmen. Es gab beim Personal des New York Hospital zu viele Leute, die schwarz in der Psychiatrie des Rye arbeiteten. Ich wollte niemanden treffen, der mich als Patientin kannte. Außerdem hatte Eddie Mae Barnes dem Personal mit meiner Einwilligung erzählt, daß ich im Krankenhaus war. Sie hatten mir Blumen geschickt, und ich hatte mich sehr darüber gefreut. Aber jetzt wäre es mir schwergefallen, wieder dorthin zurückzukehren, nachdem sie wußten, was passiert war. So hatte ich also nichts zu tun und wußte nicht wohin.

Ich versuchte etwas zu tun, was mir Spaß machte, zum Beispiel zum Friseur zu gehen. Meine Mutter hatte gesagt, sie würde mir den Friseurbesuch bezahlen, falls ich Lust haben sollte, etwas für mein Aussehen zu tun. Aber ich konnte ja nicht jeden Tag zum Friseur gehen. Außerdem hatte man mich dort auf subtile Art wissen lassen, daß ich nie wie ein Filmstar aussehen würde, ganz gleich, wie viele Dauerwellen ich mir machen ließ.

Meist fuhr ich mit dem Auto von der Tagesklinik nach Scarsdale, legte mich im meinem alten Zimmer aufs Bett und blieb so lange, bis das Futura House wieder öffnete. Mein Vater und meine Mutter waren bei der Arbeit. Mein Vater kam nie so früh nach Hause, daß er mich ertappte. Und bei den wenigen Gelegenheiten, zu denen meine Mutter mich daheim antraf, gelang es mir, sie einzuwickeln. Ich klagte darüber, daß ich per Hausordnung bis zum späten Nachmittag ausgeschlossen sei und nicht wüßte, wo ich sonst hingehen solle. »Ich dachte, es würde dir nichts ausmachen, wenn ich hierher komme.« Zu meiner Überraschung schien sie wirklich nichts dagegen zu haben.

Aber bald bekam meine Betreuerin Deanna Wind davon, und sie hatte eine Menge dagegen. Von da an durfte ich nur noch an den Wochenenden nach Hause.

Einige Male schlich ich mich mit dem Schlüssel ins Futura House ein und verließ mein Zimmer erst nach sechzehn Uhr wieder, um nicht erwischt zu werden. Meist aber lief ich nur ziellos in der Gegend herum. Gewöhnlich landete ich dann in dem Park gegenüber unserem Wohnhaus, saß auf einer Bank und sprach mit den Pennern, den Verrückten, den Frauen mit den Plastiktüten und den Drogenabhängigen. Wir redeten nur Unsinn. Aber die Leute faszinierten mich, besonders Isaiah, ein großer Mann, der immer weiße Gewänder trug.

In einem Anflug von Ehrlichkeit erzählte ich Deanna von meinen neuen Freunden. Sie ging wieder an die Decke. Der Park war ebenfalls tabu. Wir arbeiteten zusammen einen neuen Plan aus: Ich sollte bis fünfzehn Uhr im St. Vincent's Hospital bleiben, dann eine Stunde in der Bibliothek verbringen und danach nach Hause kommen.

Der neue Tagesplan betonte die ganze Sinnlosigkeit meines Daseins noch. Ich schaute mir im St. Vincent's den letzten Teil einer Fernsehserie an, ohne die Handlung oder die Personen zu kennen, aber das war mir eigentlich egal. Dann folgten eine halbe Stunde lang Trickfilme mit Tom und Jerry. Danach ging ich in die Bibliothek von White Plains, nahm dort Bücher über Anatomie und Physiologie aus dem Regal und versteckte sie irgendwo zwischen den anderen Büchern. Immer wenn ich kam, suchte ich sie wieder heraus und brütete über den Seiten, bis meine Stunde um war.

Manchmal ging ich noch in ein Café in White Plains und aß ein Hörnchen mit Frischkäse und Lachsaufstrich. Ich schaute aus dem Fenster und wunderte mich, warum mir schlecht wurde. Ich fühlte mich so einsam. Das Leben schien mir überhaupt nicht lebenswert. Ich war ganz allein auf der Welt unter Milliarden von Menschen.

Je klarer ich erkannte, daß ich wirklich krank war, desto deutlicher wurde mir bewußt, welcher Abgrund mich von den anderen trennte, und desto einsamer wurde ich.

Meine ehemaligen Freundinnen vom College, Lori Winters und Tara Sonenshine, waren mit ihren eigenen Angelegenheiten beschäftigt. Gail wurde von ihrem Haushalt und ihrem Ehemann völlig in Anspruch genommen. Mein Bruder Mark hatte eine neue Arbeitsstelle in Chicago angenommen, und Steven war auf dem College. Auch meinen Eltern fühlte ich mich fern. Sie besuchten mich nicht sehr oft im Futura House. Sie schämten sich ihrer verrückten Tochter. Ich besuchte sie zu Hause, aber oft hing ich dort das ganze Wochenende nur herum. Ich wollte nicht mit ihnen in den Club gehen. Dort würde ich nur wieder die prüfenden Blicke ihrer Freunde über mich ergehen lassen müssen, wie beim letztenmal, als ich aus der Klinik kam.

Ich ging wieder zu Dr. Rockland. Aber meine Einsamkeit wurde durch unsere Sitzungen nicht gemildert. Obwohl ich dreimal in der Woche bei ihm war, hatte ich nicht das Gefühl, daß wir irgendwie weiterkamen. Ich wußte, daß er mich mochte und wollte, daß ich wieder Tritt faßte. Aber irgendwie fanden wir keine gemeinsame Sprache. Es entstanden immer wieder lange Pausen. Dazwischen sprachen wir über die Medikamente.

Mit meinen Mitbewohnerinnen im Futura House konnte ich nichts anfangen. Meine Zimmergenossin war ebenso musikbegeistert wie ich, aber sie hatte einen unglaublich altmodischen und blöden Geschmack. Sie stand vor allem auf Broadway-Musicals, die sie wieder und wieder laufen ließ. Ich konnte das kaum aushalten. Wie oft kann man denn *The Impossible Dream* anhören? Oder *Oklahoma, If I Were a Rich Man, The King and I, West Side Story* und *Annie Get Your Gun*? Abends war ich immer so genervt, daß ich dieser blöden Annie am liebsten eine runtergehauen hätte.

Wenn ich dran war, legte ich die intensivste Musik auf, die mir einfiel, zum Beispiel *The Wall* von Pink Floyd, wilde Musik über Rebellion, Schmerz, Selbstmord und Tod. Ich drehte sie auf volle Lautstärke, bis meine Mitbewohnerin mitsamt ihrer Schunkelmusik das Zimmer verließ und ich meine eigenen bizarren Lieder hören konnte.

Mehrere der anderen Frauen waren sehr begabt. Eine von ihnen war eine hervorragende Künstlerin, ihre Arbeiten hingen in den Galerien der Gegend. Eine Frau spielte Klavier. Eine andere konnte sehr gut kochen. Eine der Frauen hatte seit ihrer Entlassung aus dem Krankenhaus vor einigen Jahren immer bei der gleichen Firma gearbeitet. Sie alle schienen mir viel geschickter im Umgang mit anderen Menschen als ich. Ich beneidete sie auch um ihre unkomplizierte Art, mit dem Personal zu reden.

Ich konnte zu niemandem eine normale Beziehung herstellen. Statt dessen spielte ich mit ihnen ständig das Spiel: »Kannst du das überbieten?« Worüber hätte ich auch sonst sprechen können? Ich ging dreimal in der Woche zum Psychiater, öfter als die anderen Mitglieder der Wohngruppe. Also bot sich dieses Thema als Gesprächsstoff an. Wir tauschten Geschichten über die Zeiten aus, in denen es uns am schlechtesten gegangen war. Ich berichtete von den kalten Packungen. Eine der Frauen erzählte von ihrer Flucht nach Boston. Ich sprach vom flüssigen Thorazin, das mir Löcher in die Zunge gebrannt hatte, eine andere davon, wie sie eine Woche lang ihre Medikamente gesammelt hatte.

Aber eigentlich konnte ich nicht mit ihnen auskommen. Ich ließ mich auf die Couch vor dem Fernseher fallen. Die Stimmen brüllten mich an. Die einzige Möglichkeit, sie zu dämpfen, bestand darin, den Fernseher lauter zu stellen und zu kichern. Ich saß auf dem Sofa und lachte so lange, bis meine Mitbewohnerinnen die Nase voll hatten. Sie verstanden nicht, was mich quälte. Sie wollten nur etwas Ruhe und Frieden. Deshalb fühlte ich mich sehr einsam. Ich hatte keine Freunde, niemanden, mit dem ich reden konnte, niemanden, der mich ablenkte.

Niemanden außer Deanna und Robin. Zwei Frauen, wie sie unterschiedlicher nicht hätten sein können. Sie waren so etwas wie mein guter und mein böser Engel. Aber irgendwie konnte ich mich auf beide verlassen.

Deanna, die mir zugeteilte Betreuerin im Futura House, erschien mir wie eine Göttin. Sie war älter als ich, vielleicht Ende Dreißig, und hatte langes, lockiges Haar. Sie sah das Leben locker und unkompliziert, besuchte alle möglichen Kurse und machte interessante Urlaubsreisen. Ihr Mann besaß eine Kunstgalerie und wirkte sehr nett. Sie ging oft schwimmen, war fit und entspannt. Ich wollte, daß sie mich mochte. Ich wollte wie sie sein.

Wir konnten auf eine Art miteinander reden, wie es mit Dr. Rockland nie möglich gewesen war. Ich traf mich mit Deanna jeden Montag, nachmittags um vier Uhr. Wir saßen im Besprechungszimmer im Futura House und redeten, solange ich es aushielt.

In ihrer Gegenwart fühlte ich mich sicher. Sie würde mich nicht verurteilen, maßregeln oder auslachen. Sie würde mich nicht ins staatliche Krankenhaus schicken, wenn ich etwas Falsches sagte. Und ich hatte kein schlechtes Gewissen, wenn ich mal kein ernsthaftes Thema anschnitt. Ich mußte in den Sitzungen nicht über meine Kindheit, meine sexuellen Erfahrungen oder über das Verhältnis zu meinen Eltern sprechen. Wir sprachen über die Tagesklinik, über meine Freunde oder darüber, daß ich zu wenige Freunde hatte. Ich war immer noch so aufgewühlt, daß ich über das Chaos in meinem Inneren sprechen mußte. Deanna eröffnete mir neue Möglichkeiten, meine Gefühle zu erforschen.

Wahrscheinlich hätte ich das auch mit Dr. Rockland tun können. Aber wenn ich in seinem Büro saß und zusah, wie er seine phallisch-freudsche Zigarre rauchte, hatte ich das Gefühl, ich müsse über Sex oder über meinen Vater sprechen, sonst sei ich keine gute Patientin. Mit Deanna konnte ich über alles reden, was mir gerade in den Sinn kam.

Sie half mir und ermutigte mich immer weiterzukämpfen. Und irgendwo tief im Herzen glaube ich, daß sie mich wirklich mochte. Das gab mir den Mut weiterzumachen.

Robin hingegen übte einen eindeutig schlechten Einfluß auf mich aus. Sie war eine meiner Mitbewohnerinnen, dünn, blond, mit langem Haar, das ihr bis zur Taille reichte, und Aknenarben im Gesicht. Das einzige, was wir gemeinsam hatten, war die Diagnose: schizoaffektive Psychose. Wir waren unzertrennlich und verbrachten unsere Zeit mit Rauchen und Quatschen.

Unsere Lebensgeschichten waren völlig verschieden. Ihre Eltern haßten sich. Sie konnte nicht glauben, daß meine so gut miteinander auskamen. Sie sprach kaum mit ihrer Mutter. Ich mochte meine Mutter auch dann noch, wenn wir gerade mal Streit hatten. Mit Robin sprach ich auch über meine Beziehungen zu Männern. Sie erzählte mir von ihren Beziehungen zu Frauen, denn sie war lesbisch. Mit Robin zu sprechen war einfach und wohltuend. Einen Kumpel wie sie hatte ich schon lange nicht mehr gehabt. Mit ihr konnte ich reden, genauso gut wie mit Deanna.

Aber Robin stachelte mich gern zu Dingen an, die mich in Schwierigkeiten brachten. Ihr Hobby war Ladendiebstahl im großen Stil. Das machte mir angst, aber es war auch irgendwie aufregend. Sie liebte die Herausforderung. Aus einem College-Buchladen ließ sie die größten und dicksten Bücher mitgehen. Einmal waren wir in einem Schreibwarengeschäft, und sie wollte unbedingt einen Bildband über Einhörner haben, den sie dort entdeckt hatte. Weil ich nicht mit ihr im Gefängnis landen wollte, kramte ich in meiner Tasche nach dem Geld. Aber bevor ich etwas sagen konnte, hatte sie das Buch bereits gestohlen und das Geschäft verlassen. Sie war sehr schnell.

Sie drängte mich, es auch zu versuchen. Eigentlich wollte ich nicht. Ich hatte Angst. Aber sie forderte mich heraus, also versuchte ich es. Mein Herz pochte, als ich das Geschäft nach dem Diebstahl so schnell wie möglich verließ. Robin allerdings war völlig unbeeindruckt von meinen Bemühungen.

»Ist das alles?« sagte sie nur, als ich bei unserem nächsten Treffen einen kleinen, grün fluoreszierenden Filzstift aus meiner Tasche zog. Er war das erste und das letzte, was ich je gestohlen habe.

Robin und ich hatten außerdem ein Komplott geschmiedet, das uns beiden Vorteile einbrachte. Ich bekam das Beruhigungsmittel Xanax verschrieben, eine Art High-Tech-Valium, das ich viermal täglich nehmen sollte. Ich hatte mir angewöhnt, hier und da eine Dosis auszulassen, um mir eine Reserve für Notfälle zu schaffen. Dann kam ich auf den hervorragenden Gedanken, die Tabletten als Tauschmittel einzusetzen.

Von da an bezahlte ich Robin mit Xanax, wenn sie meine Pflichten im Haushalt übernahm. Wir arbeiteten ein kompliziertes System aus. Die unterschiedlichen Dosen des Beruhigungsmittels bekamen verschiedene Farben. Für die eine Farbe wurde der Kühlschrank geputzt, für eine andere das Badezimmer, und für eine kleinere Dosis wurde Staub gesaugt oder abgestaubt. Ich saß mit hochgelegten Beinen vor dem Fernseher, während Robin, »high« von den Medikamenten, den Küchenboden schrubbte.

Es wurde eine Art Spiel. Wie im Krankenhaus versuchte ich insgeheim, die Grenze zu finden, und geriet in die Gefahrenzone.

In diesem Sommer ging ich zu weit. Wieder einmal beschloß ich, keine Medizin mehr zu nehmen. Obwohl ich mir meiner Krankheit zunehmend bewußt wurde, setzte ich tief in meinem Inneren immer noch die Einnahme der Tabletten mit der Krankheit gleich. Ich glaubte, ich würde gesund werden, wenn ich aufhören würde, sie zu schlucken.

Natürlich wurde ich nicht gesund. Und natürlich ging es mir immer schlechter.

Zunächst fühlte ich mich nur ein bißchen seltsam. Dann begannen die Stimmen herumzutanzen. Sie kamen und gingen immer öfter. Ich geriet in Panik. Das

Pflegepersonal in der Tagesklinik bemerkte meine Unruhe und stellte mir Fragen. Ich sagte ihnen, es sei alles in Ordnung. Aber das war eine Lüge.

Eines Tages wurden die Stimmen zu stark, als daß ich ihnen hätte widerstehen können. In der Tagesklinik standen Töpfe mit blühenden Rosen. Die Stimmen befahlen mir, zu den Rosen zu gehen. »Nimm den verdammten Rosenstock und töte dich mit diesen Dornen. Jetzt!« Ich hatte keine Wahl. Ich folgte den Anweisungen und riß mir mit den Dornen die Arme auf.

Die Krankenschwestern, die mich mit blutenden Armen in den Rosen liegen sahen, riefen den diensthabenden Arzt. Er war der Ansicht, daß ich wieder in die Klinik eingewiesen werden müsse. Er versuchte mich zu überreden, der Einlieferung zuzustimmen. Ich sollte von der Tagespatientin wieder zur stationären Patientin werden.

»Nur für kurze Zeit, bis die Medikation wieder richtig eingestellt ist«, versicherte er.

Na, das kannte ich. Das kam überhaupt nicht in Frage. Auf keinen Fall.

Der Arzt war in der Zwickmühle. Ich hatte versucht, mir etwas anzutun. Es war offensichtlich, daß ich es wieder tun würde. Er durfte mich nicht gehen lassen. Aber ich wollte nicht unterschreiben.

Er setzte mich auf den Gang vor seinem Sprechzimmer, wo mich das Personal immer unter Kontrolle hatte. Von dort aus konnte ich hören, wie er versuchte, das Problem zu lösen. Er versuchte es bei Dr. Rockland, vergeblich. Dr. Rockland war im Urlaub und nicht erreichbar. Er versuchte es bei meinen Eltern zu Hause, aber dort ging niemand ans Telefon. Mein Vater war in Chicago auf Geschäftsreise. Schließlich, nach einigen weiteren Telefongesprächen, erreichte er meinen Vater.

Dann gab er mir den Hörer. Dad beschwor mich, freiwillig in die Klinik zu gehen.

»Lori, es ist nur zu deinem Besten«, sagte er. »Du brauchst Hilfe.«

Ich glaubte ihm nicht. Hatten er und Dr. Rockland mich nicht schon einmal überredet, ins New York Hospital zurückzukehren? Aus dem »kurzen« Aufenthalt waren mehrere Monate geworden. Mein Vater sagte, ich ließe ihm keine andere Wahl. Er gab seine Zustimmung, mich gegen meinen Willen einzuweisen.

Und gegen meinen Widerstand mußten sie es auch durchsetzen. Ich kämpfte wie eine Löwin. Sobald die Entscheidung gefallen war, kamen Pfleger und wollten mich von der Tagesklinik, von der Freiheit der Welt draußen, wieder in die geschlossene Abteilung im Obergeschoß bringen. Ich kämpfte, brüllte und wand mich, aber es half nichts. Sie banden mich fest, gaben mir eine Beruhigungsspritze und steckten mich in den Beruhigungsraum.

Wieder ein Krankenhaus, wieder ein Beruhigungsraum. Ich kannte nicht einmal die dortigen Verhältnisse. Das St. Vincent's Hospital war völlig anders als das New York Hospital. Es war schmuddeliger, die Zimmer sahen anders aus. Ich kannte niemanden vom Personal. Die Regeln waren ganz anders. Zum Beispiel durften wir selbst keine Anrufe entgegennehmen. Alle Gespräche gingen über das Schwesternzimmer. Die Patienten durften keine Streichhölzer besitzen. Die Mitglieder des Personals trugen Feuerzeuge an einem Band um den Hals und gaben den Patienten Feuer, wenn sie rauchen wollten.

Sobald ich mich beruhigt hatte, erzählte ich allen, daß ich bald wieder gehen würde. Die Patienten lachten. Das hatten sie schon oft gehört. Aber mir war es ernst. Und diesmal wußte ich, was ich tun mußte. Mit den Medikamenten im Blut und im Gehirn beruhigte ich mich ausreichend, um meinen Plan ausführen zu können. Ich befolgte alle Regeln, gehorchte jeder Anordnung. Und jedesmal, wenn mich jemand fragte, sagte ich, die Stimmen seien weg, ich fühle mich besser und hätte keinerlei Absichten, mich umzubringen.

Es funktionierte. Nach nur neun Tagen verließ ich die geschlossene Abteilung wieder. Ich ging zurück in die Tagesklinik, als ob nichts geschehen sei. Aber ich war noch lange wütend auf meine Eltern. Meinem Vater warf ich vor, daß er mich zwangseingewiesen hatte. Meiner Mutter war ich aus einem anderen Grund böse: Sie war so erregt und ärgerlich über meine erneute Einlieferung gewesen, daß sie mich nicht ein einziges Mal besucht hatte.

Wieder einmal hatte ein Selbstmordversuch den brodelnden Kessel in meinem Kopf zum Überlaufen gebracht. Und wieder einmal erlebte ich eine seltsame Ruhe, nachdem die Stimmen beschwichtigt waren. In dieser Ruhephase beschloß ich, es abermals mit der Krankenpflegeschule zu versuchen.

Von einem Tag auf den anderen ging ich nicht mehr zur Tagesklinik, sondern schrieb mich an der Krankenpflegeschule der Pace University ein. Ich wollte nicht mehr in die Schule zurück, in der ich versagt hatte. Dies war ein Neubeginn. Außerdem hatte die Pace University einen sehr guten Ruf. Ich wollte sogar direkt den speziellen Magisterkurs belegen, den die Universität anbot, aber meine Noten bei der Aufnahmeprüfung waren zu schlecht. Was für ein Witz! Ich konnte kaum glauben, daß ich vor fünf Jahren an der Tufts University mit Auszeichnung abgeschlossen hatte. An der Tufts, der

Paukuniversität? Unmöglich! Heute konnte ich kaum zwei zusammenhängende Gedanken fassen.

Aber meine Noten waren immerhin gut genug, um überhaupt angenommen zu werden. Ich arbeitete wie besessen. Ich nahm all meinen Mut zusammen. Ich zwang mich zur Konzentration. Ich brütete immer wieder über dem Material für die Vorlesungen. Irgend etwas muß ich schließlich richtig gemacht haben. Im ersten Semester schaffte ich einen mittleren Durchschnitt. Ich war nicht mehr die Einser-Kandidatin, aber wenigstens war ich nicht durchgefallen.

Doch die Anstrengung und die Bemühungen, meine Symptome zu unterdrücken, schwächten mich. Meine zeitweilige Ruhe schwand dahin. Ich hielt die Stimmen mit übermenschlicher Kraft zurück. Aber viel länger würde ich das nicht mehr schaffen.

Man kann den Atem nur eine gewisse Zeitlang anhalten.

19

Mark Schiller
Chicago
November 1986

Jedesmal, wenn der Tag näher rückte, an dem ich Sally meiner Familie vorstellen wollte, bekamen wir Streit. Kurz vor dem geplanten Besuch versuchte ich immer, einen Rückzieher zu machen: »Weißt du, vielleicht sollten wir beide erst noch mehr Erfahrungen sammeln, damit wir dann wirklich sicher sind ...«

Sally war entsetzt. Was hatte sie falsch gemacht? Wir gerieten uns furchtbar in die Haare und trennten uns. Erst nach dem gefährlichen Besuchstermin versöhnten wir uns wieder. Meinen Vater hatte Sally schon kennengelernt, weil er oft in Chicago geschäftlich zu tun hatte. Aber obwohl Sally und ich nun seit fast einem Jahr zusammen waren und wir mehr oder weniger beschlossen hatten zu heiraten, hatte sie meine Mutter immer noch nicht kennengelernt. Ich hatte sie noch nicht mit nach Scarsdale gebracht.

Ich zögerte die Sache nicht bewußt hinaus, aber ich hatte mich so lange bemüht, von zu Hause wegzukommen, daß es nun schwierig war, wieder zurückzukehren. Endlich hatte ich mir mein Leben eingerichtet, hatte eine gute Stelle, eine nette Freundin, alles in sicherer Entfernung von zu Hause, in Chicago. Ich wollte nicht, daß all dies durch irgend etwas zerstört wurde.

Meiner Mutter gelang es schließlich doch, Sally kennenzulernen – aber erst, nachdem meine Eltern die

Sache selbst in die Hand genommen hatten. Meine Mutter war mit meinem Vater nach Chicago geflogen. Ich erschien allein im Restaurant und verkündete, wir hätten uns wieder getrennt. Daraufhin verlangte mein Vater Sallys Telefonnummer, rief sie an und sagte ihr, sie solle sich umziehen und in die Stadt kommen. Dann brüllte er uns beide an, weil wir uns so dämlich benahmen. Der Rest des Essens verlief ohne besondere Vorkommnisse, das gefürchtete Ereignis war endlich vorüber.

Aber die nächste Prüfung stand schon bevor: Sally und ich wollten unsere Verlobung bekanntgeben. Diesmal kam sie wirklich über Thanksgiving mit zu mir nach Hause. Ich hatte Angst. Denn diesmal würde Sally Lori kennenlernen. Und mir wurde klar, daß ich lange Zeit auch vor Lori davongelaufen war.

Als Kind glaubte ich immer, ich sei nicht gut genug. Ich war ein typisches Sandwich-Kind, das mittlere Kind von dreien, und hatte immer das Gefühl, ich bekäme nicht genügend Aufmerksamkeit.

Steven war das Nesthäkchen. Und Lori war einfach perfekt. Sie war eine Musterschülerin. Sie war beliebt, ging in Discos, konnte gut schreiben. Sie hatte Humor. Meine Eltern schwärmten immer von ihrer Vollkommenheit. Sie lobten auch mich, sagten mir, wie klug ich sei, wie intelligent und gebildet. Aber immer bekam Lori die ganze Aufmerksamkeit, die eigentlich ich wollte.

In der High-School war ich unglücklich. Ich wünschte mir so sehr dazuzugehören, aber ich war einfach nicht toll genug. Ich hätte gern Sport getrieben, aber ich war zu schlecht, um in eine Mannschaft aufgenommen zu werden. Ich wollte wegen meiner Intelligenz anerkannt werden, aber ich gehörte nicht einmal zum besten Fünftel der Klasse.

Gegen Ende der High-School hatte ich mich in einen ziemlich hoffnungslosen Zustand hineinmanövriert. Ich saß in meinem Zimmer herum, schrieb Gedichte über den Tod und dachte oft an Selbstmord. Meine Eltern machten sich große Sorgen. Sie versuchten, mir Mut zu machen.

»Das gehört zum Erwachsenwerden«, sagten sie. »Das haben wir in deinem Alter auch durchgemacht.«

Aber ich glaubte ihnen nicht. Ich hielt mich für den geborenen Verlierer, einen echten Versager.

Mein erster Schritt weg von der Familie und hin zur persönlichen Unabhängigkeit war die Entscheidung für die Tulane University in New Orleans. Das war nicht gerade ein College für die Kinder aus Scarsdale. Wer nicht nach Harvard, Princeton oder Yale ging, schrieb sich für Brandeis, Colgate oder Tufts ein. Wenige wagten sich nach Chicago auf die Northwestern University oder auf die University of Chicago. Und es war fast unerhört, wie ich in den Süden zu gehen.

Mir war es recht. Ich wollte etwas völlig anderes. Mir gefiel das warme Klima. Ich fand es gut, daß Tulane groß war. In diesem Massenbetrieb schien Leistung zweitrangig. Hier konnte ich Bester im Kurs und einer der Intelligentesten sein. Ich wollte neu anfangen, und ich wollte Spaß haben.

Es funktionierte. Mir gefiel es in Tulane. Da ich von der anspruchsvollen Scarsdale-High-School kam, hatte ich Erfolge zu verzeichnen wie nie zuvor. Ich bekam eine Menge Einser. Ich wurde in den Kreis der Begabten gewählt. Ich war Mitglied einer Studentenverbindung. Ich war beliebt, die Leute mochten mich. Mir gefiel es, nur ich selbst zu sein und nicht Marvins Sohn oder Loris Bruder.

Nach dem College war Chicago wieder ein Neuanfang für mich, wie zuvor New Orleans. Ich war erfolgreich in meiner Arbeit. Ich würde ganz sicher befördert werden. Im November 1985 traf ich dann in einer kleinen Bar in der Nachbarschaft Sally. Ich kannte sie schon vom Tulane her flüchtig.

Ich war seit August in Chicago, und ich war auch schon mit einigen Mädchen ausgegangen, aber Sally war anders als die anderen. Sie war attraktiv, lustig und klug. Mit ihr konnte ich mich gut unterhalten. Da wir auf demselben College gewesen waren, hatten wir bei unseren ersten Treffen gleich ein Gesprächsthema. Wir gingen in Blues-Clubs, in Bars und zum Tanzen. Sie machte ihre Freundinnen mit meinen Freunden bekannt, so daß wir immer zusammen ausgehen konnten. Unsere erste Verabredung hatten wir Anfang Dezember. Im Januar trafen wir uns bereits vier- oder fünfmal in der Woche.

Gleich zu Beginn unserer Beziehung erzählte ich ihr von Lori. Ich hatte Angst, wie Sally reagieren würde. Aber sie war toll. Sie hatte Mitleid, aber sie übertrieb es nicht. Sie war interessiert, aber nicht zu neugierig. Sie hörte gern zu, horchte mich aber nicht aus. Ich war erleichtert.

Trotzdem wurde ich immer nervöser, je näher Thanksgiving und die Heimfahrt rückten. Sally hatte meine Mutter erst einmal gesehen, Steven noch gar nicht. Ich fürchtete, meine Familie könnte zuviel für Sally sein. Ich hatte Angst, Lori würde irgend etwas Verrücktes anstellen. Oder Sally könnte Lori sonderbar oder unheimlich finden oder sie nicht mögen. Ich hatte ganz einfach Angst.

Aber wegen Sally hätte ich mir keine Sorgen machen müssen. An Thanksgiving war der Tisch überladen mit wundervollen Dingen: gefülltem Truthahn, Krügen mit Apfelmost, Moms selbstgemachter Götterspeise und selbstgebackenem Kuchen. Der Duft frischgebackener Brötchen erfüllte das Haus. Auf dem schön gedeckten Tisch waren überall kleine Figuren von Truthähnen, Indianern und Pilgervätern verteilt. Und vor allem kamen Gäste, was dem Treffen viel von der Anspannung nahm. Die Mossbergs mit ihren beiden Töchtern waren da. Die Mädchen waren ungefähr im gleichen Alter wie Lori, Sally und ich. Daß auch andere junge Leute dabei waren, machte alles viel leichter.

Lori war vor allem sehr ruhig. Anscheinend stand sie unter dem Einfluß von Medikamenten. Sie zog sich öfter zu einem kleinen Nickerchen zurück. Sally sprach kurz mit ihr über die Wohngruppe und die Krankenpflegeschule. Es war alles kein Problem.

Auf dem Nachhauseweg überraschte mich Sally.

»Sollte Lori nicht Brautjungfer auf unserer Hochzeit sein?« fragte sie.

Sallys Reaktion erstaunte mich. Nicht, weil sie so nett war – ich wußte, daß Sally ein gutes Herz hatte. Nein, es war ihre Nüchternheit. Sally hatte Lori gesehen und nahm sie einfach, wie sie war. Ich dagegen war entsetzt über das, was ich gesehen hatte. Erst nach diesem Thanksgiving-Essen hatte ich begriffen, wie schrecklich krank Lori war. Und diese Einsicht war erschütternd.

Durch meine eigene Erfahrung mit Depressionen hatte ich eher weniger Verständnis für Loris Krankheit. Als ich erfuhr, daß sie zum Psychiater ging, war meine Reaktion nur: na und? Darüber brauchte man sich doch keine Sorgen zu machen.

Meine Eltern wußten nicht, daß ich auf der High-School selbst einmal beim Psychiater gewesen war, als es mir schlechtging. Ich erzählte ihm von all meinen Sorgen, meiner Angst, unbeliebt zu sein, meinen Gedanken an den Tod, meinem Bedürfnis nach Aufmerksamkeit. Dabei war nichts herausgekommen. Die Psychiatrie kam mir unseriös vor. Ich redete, er hörte zu. Und ich bezahlte ihn dafür, daß er zuhörte. Tolle Sache. Jedenfalls war ich jetzt älter und nicht mehr so unglücklich.

Als Lori einen Selbstmordversuch unternahm und ins Krankenhaus kam, hielt ich das lediglich für einen Ruf nach Aufmerksamkeit. Und ich spürte, wie langsam der Ärger in mir aufstieg. Sie hatte es wieder mal geschafft, daß sich alle um sie kümmerten.

Selbst als meine Eltern mir sagten, daß Lori Stimmen hörte, war ich skeptisch. Stimmen? Klar, sie hört Stimmen, dachte ich. Es war zu verrückt, um wahr, und verrückt genug, um erfunden zu sein. Keiner konnte die Stimmen sehen, keiner das Gegenteil beweisen. Und jedem machte es angst. Das war wieder ein perfekter Plan, um Aufmerksamkeit zu erregen. Ich war wütend, weil sie schlauerweise eine Krankheit erfunden hatte, die niemand als Lüge entlarven konnte.

Lori war perfekt, sie hatte alles. Ihr konnte nichts passieren. Ich hatte Lori so lange auf ein Podest gestellt, daß es fast unmöglich war, dieses Podest umzustürzen und zu akzeptieren, daß mit ihr wirklich etwas nicht in Ordnung war.

Damals an Thanksgiving kam sie mir wie ein ganz anderer Mensch vor. Sie war lethargisch, ziellos, antriebslos. Sie hatte zugenommen, ihre Haut war voller Pickel, und ihre Lippen waren aufgesprungen. Auch ihr Verhalten mir gegenüber hatte sich geändert. Früher war sie niedergeschlagen gewesen, aber immer noch zugänglich. Was sie sagte, hatte mir vielleicht nicht immer gefallen, aber ich hatte wenigstens mit ihr reden können. Jetzt wollte sie nicht reden. Sie zog sich völlig zurück und reagierte feindselig.

Mich erschütterte jetzt zutiefst, daß sie im Krankenhaus wieder versucht hatte, sich etwas anzutun. Endlich verstand ich: Was sie durchmachte, hatte nichts mit dem zu tun, was ich einmal erlebt hatte. Das waren zwei völlig verschiedene Dinge.

Als Kind hatte ich alles mögliche unternommen, um Aufmerksamkeit zu erregen. Einmal war ich über und über mit Pflastern bedeckt in die Schule gegangen und hatte gehofft, alle würden fragen, was denn passiert sei. Aber es war nichts passiert. Ich hatte nie ernsthaft erwogen, mich zu verletzen. Ich konnte zwar Loris Gedanken nachvollziehen, als ich von ihrem ersten Selbstmordversuch hörte, aber ich hatte immer nur theoretisch darüber nachgedacht. Ich konnte mir nicht vorstellen, daß man sich tatsächlich absichtlich etwas antat.

Ich begriff endlich: Lori war anders, ganz anders. Mit ihr stimmte etwas nicht. In mancher Hinsicht machte mir diese Erkenntnis alles leichter. Ich konnte ihre Krankheit jetzt ernst nehmen. Sie war nicht mehr einfach ein Kind, das eine schwierige Phase durchmachte. Jetzt konnte ich Mitleid und Schrecken empfinden. Bisher hatte ich das alles nicht glauben können.

Aber es machte auch alles viel schwieriger. Meine Welt kam durcheinander. Die perfekte Lori, die ich seit meiner Kindheit immer verehrt hatte, gab es nicht mehr. Statt dessen war da jemand, den ich nicht kannte und auch nicht verstand.

Während dieses Thanksgiving-Essens machte mein Vater wie jedes Jahr die Runde am Tisch und fragte jeden, wofür er dankbar war. Als er selbst an der Reihe war, wurde er sehr rührselig. Wir seien eine Familie, sagte er, und die Familie sei alles, was zähle. Wir könnten uns glücklich schätzen, daß wir einander hätten, und müßten in guten wie in schlechten Zeiten zusammenhalten.

Lori war mir eine wunderbare Schwester gewesen. Sie war immer für mich da, wenn ich Probleme hatte. Sie hatte mir bei den Schulaufgaben geholfen und sich meine Sorgen angehört. Lori war die einzige gewesen, die mich wirklich tröstete, als ich mich in der High-School ausgeschlossen fühlte und Mom und Dad mich nur mit Platitüden abspeisten. Ich konnte mich mit dieser neuen, seltsamen und kranken Lori nicht abfinden.

Als ich an der Reihe war, murmelte ich das, was alle erwarteten. Wie froh ich sei, daß meine Schwester wieder zu Hause war und daß es ihr jetzt besserging. Aber eigentlich hätte ich sagen wollen: Ich kann das nicht ertragen. Laßt mich hier raus.

20

Lori
Futura House, White Plains, New York
Dezember 1986 bis April 1987

Alles zerbrach. Meine Lungen brauchten Luft. Die Stimmen schrien nach Freiheit. Es fiel mir immer schwerer, mich zurückzuhalten.

Bald verfiel ich wieder den Lockungen des Kokains. Zuerst machte ich Raymond ausfindig. Ich traf mich mit ihm, aber seit meinem Krankenhausaufenthalt hatte sich unsere Beziehung verändert. Raymond hatte nie etwas mit der Krankheit zu tun haben wollen. Er hatte mich nicht in der Klinik besucht und versuchte nicht einmal, mit mir Kontakt aufzunehmen. Jetzt, wo ich entlassen worden war und in der Wohngruppe lebte, kam er auch damit nicht zurecht. Ich sprach ab und zu mit ihm, aber er wollte keinesfalls wieder das für mich sein, was er vor meiner Einlieferung gewesen war.

Ich konnte auch so an Kokain herankommen. Ich hatte noch eine Menge anderer Quellen in der Stadt. Man mußte nur in eine Bar mit dem entsprechenden Ruf gehen und sich mit dem Barkeeper anfreunden. In solchen Bars mochte man Leute wie mich, die nach Koks Ausschau hielten und gute Trinkgelder zahlten. Geld gegen Koks hieß die Devise.

Und wenn ich auch Raymond nicht mehr hatte, so blieb mir doch Robin. Sie hatte ihre Quellen und ich meine. Mit vereinten Kräften gelang es uns, immer »high« zu bleiben. Wenn wir kein Kokain hatten, dann rauchten wir im Treppenhaus der Wohngruppe Marihuana. Hinterher sprühten wir mit Deodorant herum, um den Geruch zu überdecken.

Es tat gut, einen Kumpel wie Robin zu haben. Aber ich brauchte Raymond. In der Weihnachtszeit fühlte ich mich besonders einsam. Meine Eltern waren verreist, und ich blieb mit zwei anderen Bewohnerinnen und einer Betreuerin allein im Futura House. Weihnachten zauberte ich für uns ein extrafeines Hummergericht – das hatte mir mein Vater vor Jahren einmal beigebracht –, also hatten wir einen Grund zum Feiern. Aber je näher Silvester rückte, desto mehr sehnte ich mich nach dem Trost eines Mannes.

Aus irgendeinem Grund hatte ich mir in den Kopf gesetzt, Silvester mit Raymond zu verbringen. Als das alte Jahr zu Ende ging, saß ich in der Telefonzelle des Futura House und wartete auf die Nachricht von Raymond, daß er etwas zu schnupfen hätte und wir uns wieder treffen würden.

Die Stunden schlichen dahin. Kein Anruf. Also rief ich ihn an. Einmal nahm er ab, murmelte verlegen eine Entschuldigung und legte wieder auf. Dann nahm er nicht mehr ab. Immer wieder warf ich mein Geld in das Münztelefon und versuchte, ihn zu erreichen. Das Telefon klingelte und klingelte. Mitternacht kam. Ich begrüßte das neue Jahr ganz allein in einer Telefonzelle. Um halb drei Uhr morgens begriff ich schließlich: Ich war allein.

Kurz darauf geschah noch eine Katastrophe: Robin und ich wurden erwischt. Wir waren immer sehr vorsichtig gewesen, wenn wir im Futura House Drogen nahmen. Es war streng verboten. Wir nahmen sie immer nur spätabends, wenn kein Betreuer mehr da war. Aber nachdem wir so lange nicht erwischt worden waren, wurden wir leichtsinnig und schnupften das Kokain am Tisch im Eßzimmer. Natürlich wurden wir ertappt und verraten.

Deanna bestellte mich in ihr Büro. In ihrer Stimme war keinerlei Wärme mehr.

»Haben Sie Kokain genommen?«

Ich tat großspurig. »Was ist, wenn ich ›ja‹ sage?« fragte ich.

Keine Antwort.

»Und wenn ich ›nein‹ sage?«

So ging es hin und her. Schließlich gestand ich. Deanna war wütend. Von ihrem Büro aus ging ich auf dem schnellsten Weg zu Robin. Ich mußte sie warnen. Aber Deanna war schneller gewesen. Bevor ich Robin erreichte, hatte Deanna sie schon gefunden und ihr die Neuigkeiten überbracht: Wir wurden eine Woche lang ausgeschlossen.

Meine Eltern waren fuchsteufelswild. Ich durfte diese Woche zu Hause verbringen, aber sie waren nicht gerade glücklich darüber. Mein Vater brüllte mich an.

»Das also machst du mit dem Geld, das ich dir gebe?«

Meine Mutter schüttelte nur den Kopf darüber, daß ich so dumm war und mir zu meinen sonstigen Problemen auch noch Drogenprobleme einhandelte. Die Woche zu Hause war ziemlich anstrengend.

Unter einer Bedingung durfte ich wieder ins Futura House einziehen: keine Drogen mehr. Ich akzeptierte diese Bedingung, aber es wurde trotzdem alles schlimmer. Allmählich begriff ich, wie krank ich war, aber ich war viel zu sehr damit beschäftigt, meine Symptome zu verbergen. Ich redete mir gut zu, noch etwas länger durchzuhalten, aber ich wußte nicht, wie lange ich es noch schaffen würde. Ich wußte auch nicht, wie ich mein Leiden jemand anderem mitteilen sollte. Die Wut kam wieder. Ich schrie nach Hilfe, aber keiner schien meine Sprache zu verstehen.

Ich spielte makabre Spiele mit mir selbst. Als es wärmer wurde, ging ich spätabends in Shorts und T-Shirt, aber ohne Schuhe vor das Futura House. Ich ging bis zum Randstein, setzte den Kopfhörer des Walkman auf und drehte den Ton ganz laut. Dann machte ich die Augen zu und trat auf die Fahrbahn, Schritt für Schritt. Autos schossen hupend vorbei. Ich stellte mir vor, wie die Fahrer mir etwas zuriefen und fluchten. Mit verstohlenem Lächeln erreichte ich die andere Seite. Mein Rekord war sechsmal hin und zurück. Dann wurde mir das Spiel zu langweilig.

Ich wurde immer gewalttätiger. Ich zerschlug eine Fensterscheibe und hämmerte auf meine Schranktür ein. Während des nächsten wöchentlichen Treffens sagte man mir klipp und klar: Noch ein einziger Zwischenfall, und ich würde hinausgeworfen.

Mein Verhalten in der Krankenpflegeschule wurde immer unberechenbarer. Ich wollte es unbedingt schaffen. Aber wie sehr ich mich auch bemühte, ich tat doch immer wieder äußerst unpassende und sogar gefährliche Dinge.

Selbst beim Bettenmachen hatte ich Probleme. Meine erste Patientin war eine Frau, die am Tag zuvor operiert worden war. Ich ging in ihr Zimmer, stellte mich freundlich als neue Schwesternschülerin vor und bat sie aufzustehen, weil ich die Bettwäsche wechseln müsse. Aber sie wollte nicht schon so bald nach ihrer Operation das Bett verlassen. Sie weigerte sich. Ich bestand darauf.

Ich wußte, daß sie frisch operiert war und starke Schmerzen hatte. Aber ich wußte auch, daß ich das verdammte Bett machen mußte, wenn ich diesen Teil meiner Schwesternausbildung bestehen wollte. Schließlich half ich ihr aus dem Bett und setzte sie auf einen Stuhl. Ich versuchte, ihr Bett so schnell wie möglich zu machen. In der Eile verletzte ich meinen Finger so stark am Seitengitter, daß ich heftig blutete und in der Notaufnahme landete, wo man meinen Finger verband und mir eine Tetanus-Spritze gab. Niemand machte mir einen Vorwurf, weil ich die arme Frau aus ihrem Bett geworfen hatte.

Ich tat viele verrückte Dinge. Statt meine Hände nach Anweisung zwanzig Sekunden lang zu waschen, schrubbte ich sie genau zwei Minuten lang. In einem Zimmer auf der Altenstation versuchte ich, eine alte Dame aufzuheitern, indem ich mir ihren Stock lieh und einen irren Steptanz durch das Zimmer vollführte. Ich verließ eine Prüfung in Anatomie und Physiologie, weil ich die Teile einer sezierten Katze nicht zuordnen konnte. Ich machte falsche Angaben beim Blutdruckmessen, weil die Stimmen so laut in meinen Ohren dröhnten, daß ich mich beim Ablesen nicht konzentrieren konnte. Aber ich war schlau: Ich schrieb immer etwas hin, das nahe am letzten Wert auf der Tabelle lag. Wenn das letzte Ergebnis einhundertzehn zu achtzig gewesen war, schrieb ich eben einhundertzehn zu siebzig hin.

Im ersten Semester hatte ich meine Prüfungen gerade noch bestanden. In diesem Semester konnte ich sie nicht schaffen, weil nicht ich sie machte. Ich hatte das den Stimmen überlassen.

Ich saß vor den Prüfungsaufgaben und hörte die Stimmen in meinen Ohren flüstern. »Nimm B! Nimm B!« sagten sie. Ich glaubte alles, was die Stimmen mir sagten. Ich wußte, daß ich unter ihrem Kommando nichts falsch machen konnte. Entsprechend ihren Instruktionen beantwortete ich eine Frage nach der anderen und füllte das Blatt blitzschnell von oben bis unten aus. Für einen Fünfzig-Minuten-Test mit fünfzig Fragen brauchte ich nur fünf Minuten. Dann gab ich die Zettel ab und tänzelte aus dem Raum im vollen Vertrauen darauf, die Prüfung mit hervorragenden Ergebnissen bestanden zu haben. Als ich dann die Nachricht erhielt, daß ich durchgefallen war, fühlte ich mich am Boden zerstört. Die Stimmen waren Betrüger! Sie hatten mich getäuscht und im Stich gelassen.

Ich konnte mich beim besten Willen nicht auf die Tests vorbereiten. War das wirklich mein Gehirn? Das Gehirn, das an einer der renommiertesten High-Schools einen guten Abschluß und eine noch bessere Durchschnittsnote an einem der anspruchsvollsten Colleges erreicht hatte? War dies dasselbe Gehirn, das einmal Spanisch gelernt hatte? Das Referate geschrieben hatte, die von den Professoren gelobt wurden?

Meine Gedanken liefen alle zusammen, schweiften ab, torkelten und reihten sich unkontrolliert aneinander. Ich konnte mich nicht konzentrieren. Ich konnte sie nicht fassen.

Ich saß in einer Unterrichtsstunde, und die Dozentin zeigte uns, wie man Spritzen gibt.

»Gehen Sie entschlossen vor«, sagte sie und nahm die Spritze. »Zögern Sie nicht. Stellen Sie sich vor, Sie würden einen Pfeil werfen.«

»Einen Pfeil, einen Pfeil«, sang mein Gehirn. Während die eintönige Vorlesung weiterging, begannen meine Gedanken zu wandern. »Wie ein Pfeil.« Die letzte Spritze. Ein Schuß in den Hintern. Spritze. Hitze. Sterben in Zimmer 404. Tot. Graue Plastikmasse. Kino I und II. Letzte Reihe. Ringelreihen. Sei kein Halsabschneider. Schneid dir die Kehle durch. Nicht durchdrehen. Wählen gehen. Ich schrieb es hin. Thema: Unsinn. Un-Sinn? »High« vom Koks. Cola-Koks. Diät-Cola. Neunundneunzig Cent. Zwei-Liter-Flaschen. Füll es in die Flasche. Es schäumt, gärt, brodelt, explodiert. Hahaha! Sie sind wieder da …

Krank sein. Gesund sein. Gesundbrunnen. Laß mich mutig sein. Noch eine Münze in den Brunnen. Laß mich wie alle anderen sein. Die Ausgestoßene. Die Verliererin. Bedauernswert. Ich hasse das Wort. Kämpferin. Gewinnerin. Trügerisch. Falsche Vorstellungen. Wem will ich etwas vormachen? Donald Duck? Verrückte Tricks. Durcheinander. Wahnsinnig. Geistesgestört. Sie sind verrückt. Ich bin irre. Ich bin irre. Das ist Tollheit. Es ist verrückt. Vrektrüc = verrückt. Ist die Kuckucksuhr überdreht, oder ist nur eine Schraube locker? Was brauche ich, um geheilt zu werden? Einen Schraubenschlüssel? Kann ich mir damit den Kopf verdrehen? Entwurf eines Selbstmords? Zu verkrampft und nervös. SCHNAPP! (nicht nur »knister« oder »paff«). Ich erstikke. Als ob ich eine Tüte über dem Kopf hätte. Das ist geistlos; fix und fertig. Es ist wie eine Portion chinesischer Feuersenf, der einem das Hirn jenseits der Nasenschleimhäute verbrennt. »Nur weil einem jemandes Nase nicht paßt.« Ich habe sowieso keine Freunde. Einen Kumpel bitte? Bitte ein Bit! Blumen? Bier und Blumen. Eine Hochzeit? Lieben und ehren bis ans Ende meiner Tage. Immer und ewig. – Always? Heißt so nicht eine Slipeinlage, ein Schwangerschaftstest oder ein Tampon? Ich werde von Minute zu Minute fetter. Der Sekundenzeiger meiner Swatch ist kaputt. Die Zeit geht immer rund herum. Wenn sie stehenbleibt, kann man bei *Der Preis ist heiß* einen Preis gewinnen. Gehen wir in einen Club und essen wir Club-Sandwiches. Bringen wir Keulen mit wie Fred Feuerstein. Dr. Rockland ist auch der Therapeut von Fred und Wilma. Er geht bis in die Steinzeit zurück bei seiner Familientherapie. Hast du die genaue Zeit? Weiß irgend jemand wirklich, wie spät es ist? Interessiert es überhaupt jemanden? Besiegelt durch einen Kuß. Nur mein Vater schickt mir Blumen. Warum finde ich keinen Freund? Warum finde ich keine Freunde? Vielleicht bin ich ein Dummkopf oder habe einen Quadratschädel? Nein, ich sehe ganz passabel aus. Ich komme dir mit Pflaster zu Hilfe. Hilf mir. Ich will geheilt werden. Keine schizoaffektive Störung mehr. Bring das aus mir raus. Kein Interesse. Fahr verdammt noch mal zur Hölle. Immer wieder finden sie den Weg in meinen Kopf. Ich werd's euch zeigen, ihr Idioten. Alles, was ich will, ist ein Mann und eine Familie, die in dieser Welt klarkommt. Bitte, lieber Gott, ich bete für ein angenehmes Leben. Ich verspreche auch, wesentlich dazu beizutragen und vielleicht sogar mehr als das. Verrückt oder nur ein bißchen meschugge? Jedenfalls sagt man, jeder ist sich selbst der nächste. Wir schaffen es, selbst …

Robin bemerkte eher als alle anderen, wie schlecht es mir ging. Vielleicht erkannte sie die ersten Anzeichen, weil sie so etwas auch schon einmal durchgemacht hatte. Zuerst verschenkte ich meine Sachen. Deanna gab ich das Foto von einem Dompfaff, das ich sehr mochte. Ich verschenkte bis auf eine alle meine Schallplatten an die Bewohner von Futura House. Ich wollte meine Stereoanlage dem Haus vermachen. Mein Vater würde sich um mein Auto kümmern.

Einige Tage lang sprach ich mit Robin darüber, daß ich mich umbringen wolle. Ich hatte die Stimmen satt. Ich wollte nicht mehr deprimiert sein, mich nicht mehr wertlos fühlen. Nicht mehr so ohne Hoffnung leben. Sie drohte mir: »Wenn du so was machst, bring' ich dich um.«

Ha! Wenn es nach mir ging, würde sie zu spät kommen. Ich hatte die endgültige Entscheidung getroffen. Es gab keinen anderen Ausweg. Dies würde mein letzter Abend sein, an dem ich planen, denken, fühlen, den Stimmen Lebewohl sagen und beten konnte, daß ich – und ebenso meine Eltern und Freunde – endlich Erleichterung fand.

Ich hatte einen Plan. Einen richtigen Plan. Diesmal würde es kein weiterer verkorkster Selbstmordversuch werden. Diesmal war's das. Nachdem ich jahrelang soviel von der Hölle gehört hatte, hoffte ich, nun bald im Himmel zu sein.

Mein Plan war einfach. Ich würde tagsüber nach Hause fahren. Meine Eltern wären dann in Manhattan. Ich würde meinen Wagen in die Garage stellen. Ich hatte schon gesehen, daß das Garagentor dicht mit dem Boden der Einfahrt abschloß. Ich würde also keine Dekken oder Tücher zum Abdichten brauchen. Ich würde den Motor anlassen, zur Sicherheit auch noch das Auto meiner Mutter. Ich wußte, wo sie die Schlüssel aufbewahrte. Sie hingen immer in der Küche.

Innerhalb der nächsten Stunden würde keiner nach Hause kommen. Die Abgase würden die Garage füllen. Ich würde *Comfortably Numb* von Pink Floyd sehr laut im Kassettenrecorder in meinem Wagen laufen lassen. Ich stellte mir vor, wie ich den Sitz zurückstellte, der düsteren Musik lauschte und schmerzlos für immer einschlief. Ich war sicher, daß mein Plan diesmal gelingen würde. Das war's jetzt endgültig.

Ich wollte unbedingt einschlafen. Morgen war der große Tag. Ich lag im Bett, starrte an die Decke und wälzte mich hin und her. Ich vergrub mich unter meiner

Bettdecke. Ich steckte den Kopf heraus. Ich stand auf, legte Cat Stevens auf und ging im Zimmer auf und ab. Mein Herz klopfte unheimlich laut. Ich versuchte es mit einem heißen Bad. Dann ging ich zurück in mein Zimmer und schaute wieder an die Decke. Wieder wälzte ich mich unruhig hin und her.

Ich mußte schlafen. Ich mußte träumen. Ich mußte für morgen gut ausgeruht sein. Also ging ich an die Beruhigungspillen in meinem Vorrat. Ich nahm eine, zwei, dann vier. Ich mußte schlafen. Fünf. Ich werde morgen früh sterben. Sechs, sieben. Ich kann nicht einschlafen. Acht. Vielleicht werde ich müde, wenn ich lange genug herumlaufe. Neun, zehn. Es wurde spät. Ich hatte den Faden verloren.

Dann wollte ich fernsehen. Ich stand auf, aber ich war sehr benommen. Ich versuchte, ins Wohnzimmer zu kommen, aber die Wände prallten dauernd gegen mich. Ich fühlte mich unangenehm schwach. Ich konnte kaum gehen. Wie sollte ich es nur bis morgen aushalten?

Robin fing mich auf dem Flur ab. Sie sagte, sie mache sich schon seit einer Woche Sorgen um mich. Sie hatte mich beobachtet. Sie brachte mich in mein Zimmer zurück und sah, daß meine Beruhigungspillen fast aufgebraucht waren. Sie bat mich, freiwillig ins Krankenhaus zu gehen.

So deutlich ich noch konnte, sagte ich ihr, daß das unmöglich sei. Ich müsse sterben. Aber das sei in Ordnung, sagte ich ruhig. Diesmal würde es funktionieren.

Robin weinte und bekam Angst. »Lori, ich liebe dich doch«, schluchzte sie. Sie wollte mich nicht verraten. Aber sie wollte auch nicht, daß ich starb. Sie wußte, daß sie schnell handeln mußte, und holte Hilfe.

Die diensthabende Betreuerin schaute mich nur einmal kurz an, benachrichtigte Deanna und rief ein Taxi, das mich zur Notaufnahme des White Plains Hospital brachte. Ich weiß nicht, wieviel Zeit verging, aber mir schien, daß Dr. Rockland und mein Vater umgehend zur Stelle waren.

Ich war noch immer sehr müde. Mit schleppender Stimme bat ich sie, mich sterben zu lassen. Ich mußte sterben. Ich döste vor mich hin. Anscheinend verlor ich immer wieder das Bewußtsein, während ich von meinem schönen Plan erzählte, wie ich mein Leben morgen beenden wollte.

Plötzlich wachte ich auf. Es war Morgen. Es gefiel mir nicht, wach zu sein. Ich wollte weiterschlafen. Moment mal. Wo zum Teufel war ich denn? Es war nicht die Hölle. Ich lag in einem Bett. Es war nicht der Himmel. Dazu war es zu bunt. Eine verschwommene Gestalt saß an der Tür und schaute zu mir herüber. Als wüßte sie nichts Besseres mit ihrer Zeit anzufangen.

Dann wurde mir klar: Ich war wieder in diesem verdammten Krankenhaus.

Teil V

Schlüssel Nummer 9925

21

Lori
New York Hospital, White Plains,
New York
Mai 1987 bis Juni 1988

Am Dienstag, dem 15. Dezember 1987, wurde ich in das New York Hospital, Langzeitabteilung, Station Drei Süd, eingeliefert. Es war gerade Zeit zum Mittagessen.

Obwohl ich sehr hungrig war, wollte ich nichts essen. Ich ging direkt in mein Zimmer. Ich wollte niemanden sehen, mit niemandem sprechen. Ich war angespannt, aufgeregt und den Tränen nahe. Auf den Fluren hatten mich die anderen Patienten angestarrt. Ich wußte, daß sie mich auslachten und sich über mein Unbehagen freuten.

Ich packte meine Sachen aus. Ich legte die rosa Steppdecke von meiner Mutter über das Bett. Ich stellte die Schachtel mit meinen dreihundert Kassetten auf den Boden. Die Unmengen von Kleidern kamen in den Schrank. Drei verschiedene Größen waren inzwischen für meine immer weiter zunehmende Körperfülle gekauft worden. Ich reihte meine Aufziehfiguren auf dem Schreibtisch auf. Meine Eltern waren ständig auf der Suche nach neuen. Sie wußten, daß ich mich in meinen leeren Tagen stundenlang mit diesem Kleinkinder-Spielzeug beschäftigen konnte. Ich hatte eine Eidechse, die mit dem Schwanz wackelte, ein Gebiß, das mit den Zähnen klapperte, ein Schwein, das gehen, mit dem Schwanz wackeln und grunzen konnte, einen laufenden Hamburger, eine böse lachende Hexe und eine Frau mit wiegendem Gang.

Aber auch der Anblick meiner persönlichen Habseligkeiten konnte mich nicht trösten. Alles an diesem Ort machte mir angst. Dies war nicht einfach eine weitere Krankenhausabteilung, wie ich schon viele gesehen hatte. Nein, dies war das Ende. Hier mußte ich lernen zu leben – oder ich würde sterben.

Vor einigen Monaten hatte ich, nachdem ich in jener ersten Nacht im Krankenhaus aus meinem selbstmörderischen Schlaf erwacht war, darum gebettelt, weiterschlafen zu dürfen. Ich wollte für immer schlafen. Laßt mich schlafen oder laßt mich raus, tobte ich. Ich wollte die Sache zu Ende bringen. Ich wollte sterben.

Als dann mein Drang zum Selbstmord schwächer wurde, stellten mich die Ärzte vor die Alternative: Ich konnte sofort entlassen werden, wie ich es gewünscht hatte. Oder ich konnte freiwillig auf die Langzeitstation gehen. Dort müßte ich mit einem Aufenthalt von wenigstens einem Jahr rechnen, vielleicht auch länger. Die Ärzte wollten versuchen, die richtigen Medikamente für mich zu finden. Aber gleichzeitig würde ich lernen müssen, mir selbst zu helfen. Sie würden mich einer sehr intensiven Therapie unterziehen. Ich müßte einsehen, daß ich krank war. Ich müßte lernen, meine Krankheit selbst zu beherrschen. Kein Rein und Raus wie bei einer Drehtür. Gehen oder bleiben, die Wahl lag bei mir.

Alle warteten gespannt. Ich war im ganzen Krankenhaus bekannt. Viele vom Personal hatten mich schon bei meinem ersten oder zweiten Aufenthalt betreut. Sie wußten, wie verzweifelt ich jedesmal um die Entlassung gekämpft hatte. Sie konnten es kaum glauben, daß ich diesmal bleiben wollte.

Nicht einmal ich selbst hatte gemerkt, daß die Ärzte mit der Alternative, vor die sie mich stellten, den Funken Einsicht angefacht hatten, der allmählich in mir aufglomm. Meine Ablehnung hatte, ohne daß es mir bewußt wurde, schon früher nachgelassen, auch wenn ich noch hart um meine Entlassung kämpfte. Gegen Ende meines letzten Aufenthalts im New York Hospital war ich in Panik geraten, als man mir drohte, mich hinauszuwerfen. Damals war mir bereits bewußt geworden, daß ich Hilfe brauchte. Die Monate in der Wohngruppe und der Tagesklinik, die einsamen Nachmittage im Café, als ich dem Rest der Welt beim Leben zusah, hatten mich davon überzeugt, daß ich anders war als die anderen. Die Sitzungen bei Dr. Rockland zeigten endlich ihre Wirkung. Vielleicht hatte er recht, gab ich widerstrebend zu. Vielleicht litt ich wirklich an einer Krankheit. Und wenn ich krank war, hatten die anderen vielleicht auch recht. Ich gehörte wohl in ein Krankenhaus.

Ich erwog die erste Möglichkeit. Ich würde wieder in ein Rehabilitationszentrum kommen, wieder einige Monate in Elend und Verzweiflung leben, wieder einen Selbstmordversuch machen und wieder ins Krankenhaus eingeliefert werden. Mit anderen Worten, ich würde das elende Leben einer chronisch Geisteskranken führen. Das konnte ich nicht ertragen. Mir wurde auch klar, wo das schließlich enden würde: im Tod. Nicht in dem formlos angenehmen, lindernden Tod meiner kranken Phantasie, sondern im wirklichen Tod. Diesmal war es mir zwar wieder nicht gelungen zu sterben, aber früher oder später würde ich es schaffen. Dieser letzte Versuch war dem Ziel schon sehr nahe gekommen.

Als mich die Ärzte vor die Entscheidung stellten, ob ich gehen oder bleiben wollte, zersprang irgend etwas in mir. Warum sollte ich diesmal nicht versuchen, zu leben statt zu sterben? Beim letzten Krankenhausaufenthalt hatte ich mich gegen jede Behandlung gewehrt. Warum sollte ich diesmal nicht mit ihnen zusammenarbeiten? Beim letztenmal hatte ich mich mit den Stimmen verbündet. Diesmal mußte ich gegen sie kämpfen.

Mir erschien diese Entscheidung richtig. Schon allein die Tatsache, daß ich eine Entscheidung getroffen hatte, machte mir Mut. Wenn ich an einer Krankheit litt, konnte sie vielleicht geheilt werden. Wenn es mir jetzt schlechtging, konnte es mir vielleicht später wieder gutgehen. Vielleicht konnten sie diese Stimmen direkt aus meinem Schädel herausziehen. Vielleicht könnte ich ein wirkliches Leben führen. Ich stimmte der Verlegung auf eine Langzeitstation zu.

Ja, damals hatte alles so vernünftig geklungen. Aber jetzt, in meinem Zimmer auf der Station, war ich mir nicht mehr sicher. Das alles würde nicht einfach werden. Ich mußte Krieg gegen die Stimmen führen. Und die Stimmen würden nicht kampflos aufgeben. Sie würden gegen mich und gegen alle kämpfen, die sie überwältigen wollten.

Bei meinem ersten Treffen mit Frau Dr. Doller brüllten die Stimmen so laut, daß ich kaum etwas anderes wahrnehmen konnte.

Ich hatte Dr. med. Jane Doller in den Monaten meines Aufenthalts auf der anderen Station kennengelernt, während ich auf die Verlegung hierher auf die Drei Süd wartete. Dr. Doller war wegen einer anderen Patientin oft zu uns gekommen. Sobald ich ihren Namen herausgefunden hatte, gehörte ich zu ihrem Fanclub. Aus irgendeinem Grund machte mir der Klang ihres Namens so viel Spaß, daß ich mich auf ihre Besuche freute, nur weil ich sie dann grüßen konnte.

»Hallo, Frau Doktor Doller!« rief ich dann. »Tag, Frau Doktor Doller!« Ich sprach diesen Namen einfach gern aus. Doktor Doller. Doktor Doller. Jedesmal erwiderte sie den Gruß mit einem Nicken oder einem einfachen Hallo.

Ich wußte, daß sie Psychiaterin war. Aber sie sah nicht wie eine Psychiaterin aus. Sie sah überhaupt nicht wie eine Ärztin aus. Sie war nicht steif und forsch wie so viele andere junge Mediziner, die ich kennengelernt hatte. Sie war eher wie das Teigmädchen aus der Pillsbury-Werbung, rundlich und nachgiebig. Immer war sie beschäftigt und in Eile, wenn ich sie traf, aber irgendwie war sie anders als die anderen Ärzte. Sie war nicht so energisch und sachlich. Sie war sanft. Ihr Gesicht war sanft. Ihre Haare hatten ein sanftes Braun. Ihre ganze Art war sanft, fast zurückhaltend. Ihre Stimme und die Worte, die sie gebrauchte, waren sanft. Ich weiß nicht, warum, aber ich mochte sie auf Anhieb.

Bevor ich jedoch auf die Drei Süd verlegt wurde, hatte ich, von unseren flüchtigen Begegnungen mehrmals in der Woche abgesehen, nichts mit Dr. Doller zu tun gehabt. Als sie dann hier in mein Zimmer kam und mich freundlich zu einer Sitzgruppe auf dem Flur führte, war ich nervös und ängstlich. Gerade erst hatte ich erfahren, daß sie nicht einfach nur Psychiaterin war, sondern dem ärztlichen Leitungsstab dieser Station angehörte. Sie war außerdem die leitende Psychotherapeutin und betreute meinen Fall. Ich war sehr beeindruckt.

Als sie mich nach meinen Erlebnissen fragte, plapperten, wimmerten und brüllten die Stimmen. Ich war erstaunt, daß Dr. Doller nicht alles mitschrieb, wie Psychiater das normalerweise tun. Sie hörte einfach zu. Dabei hatte sie den Kopf leicht zur Seite geneigt, und ihr Gesicht zeigte einen fragenden Ausdruck.

Als Verantwortliche für meinen Fall bestimmte sie meine gesamte Behandlung, von der Verordnung der Medikamente bis hin zur Gewährung gewisser Freiheiten und zur Festsetzung meines Status. Dennoch wollte sie wissen, wen ich mir als Therapeuten wünschte. Der Therapeut würde eng mit mir zusammenarbeiten, um, wie zuvor Dr. Rockland, in Einzelgesprächen herauszufinden, was in meinem Kopf vor sich ging. Die Auswahl lag bei Dr. Doller. Vorher aber wollte sie wissen, wen ich für geeignet hielt.

Ich versuchte, mich trotz der dröhnenden Stimmen zu konzentrieren. Diesmal hätte ich gern eine Frau als Therapeutin, sagte ich.

Während meiner verschiedenen Krankenhausaufenthalte in den letzten Jahren war ich meist von Männern behandelt worden. Es waren zwar einige Frauen dabei gewesen, aber immer nur für kurze Zeit. Im Futura House hatte ich mich mit Deanna sehr gut verstanden. Ich hatte das Gefühl, daß ich mit Frauen besser zurechtkam, und wollte das ausprobieren. Ich war überrascht, wie gut ich meine Wünsche und Bedürfnisse in Worte fassen konnte.

Dr. Doller hörte aufmerksam zu. Gelegentlich stellte sie in ihrer sanften, freundlichen Art eine Frage. Sie stimmte mir zu. Eine Therapeutin wäre wohl gut für mich.

Inzwischen kämpfte ich um meine Konzentration. Ich wollte Dr. Doller folgen und nicht den Stimmen, die mich in ihre Welt einluden. Ich brauchte alle Energie, die beiden Welten auseinanderzuhalten. Ich mußte die Stimmen von ihr fernhalten. Ich mußte ihr von der anderen, wirklichen Hälfte meines Gehirns aus Antwort geben, die Antworten so eng wie möglich an ihren Fragen ausrichten.

Plötzlich lief der Kessel über. Ich konnte die beiden Welten nicht mehr auseinanderhalten. Die Stimmen gingen in meine eigene Stimme über.

»Kommen Sie mit mir in die Hölle, Frau Dr. Doller«, rief ich. Meine Stimme gab den Singsang weiter, den ich in mir hörte.

Ich war entsetzt. Ich hatte einen Fehler gemacht. Die Stimmen würden mich bestrafen. Dr. Doller würde mich bestrafen. Seit ich diese Stimmen vor vielen Jahren zum erstenmal gehört hatte, war mein oberstes Ziel gewesen, sie versteckt zu halten. Wenn ich von ihnen sprach, dann unter ihren Flüchen und voller Angst. Wenn ich es irgendwie vermeiden konnte, ließ ich niemanden in die Welt der Stimmen hinein. Vor allem die Ärzte nicht. Wenn ich einem Arzt erzählte, daß ich Stimmen hörte, bedeutete das, daß ich für immer in ein staatliches Krankenhaus kommen oder sterben würde.

Ich beobachtete Dr. Doller und erwartete, daß sich auf ihrem Gesicht Entsetzen und Abscheu abzeichnen würden. Aber sie blieb ungerührt. Sie sprach einfach weiter und hörte mir weiter mit der gleichen Ruhe zu. Sie hatte noch immer denselben fürsorglichen und interessierten Gesichtsausdruck. Viele Ärzte und Ärztinnen hatten mir schon zugehört. Aber bei Dr. Doller war es anders. Ich hatte das Gefühl, sie könne direkt in mich hineinsehen und fühlen, was ich fühlte.

Als wir uns verabschiedeten, heulten und brüllten die Stimmen noch immer in meinen Ohren. Sie sagten, Dr. Doller sei eine Hexe und wolle mich umbringen. Aber etwas ganz tief in mir – mein wahres Ich – sagte, daß die Stimmen logen. Tief in meinem Inneren wußte ich, daß ich dieser Frau vertrauen konnte.

Die Station Drei Süd war völlig anders als die anderen Abteilungen, in denen ich bisher gewesen war. Hier wurde man nicht so einfach aufgenommen und wieder entlassen. Statt dessen hing die Aufnahme von der Beurteilung einiger Gespräche ab. Auch die Familien der Patienten mußten befragt werden, damit man entscheiden konnte, ob und wie sie an der Behandlung beteiligt werden sollten.

Die Gespräche vor meiner Aufnahme waren unglaublich anstrengend für mich. Nach einem Treffen kam ich völlig verzweifelt auf meine alte Station zurück. Ich war sicher, daß man mich ablehnen würde. Aus lauter Nervosität war ich auf den Mann, der mich befragte, losgegangen.

»Sie werden mich nicht nehmen«, sagte ich zu dem Pfleger, als ich auf der Station ankam. »Ich habe dem Typ, der mir die Fragen stellte, gerade gesagt, daß er Medikamente gegen Psychosen nehmen sollte und nicht ich.«

Zu meiner Überraschung wurde ich dennoch angenommen, aber ich mußte warten. Die Fluktuation war sehr gering, und es dauerte noch acht lange Monate, bis ein Bett für mich frei wurde.

In diesen Monaten zog weitere Zeit meines Lebens an mir vorbei. Meinen achtundzwanzigsten Geburtstag verbrachte ich im Krankenhaus. Während ich also teilnahmslos dort herumsaß, sah ich, wie das Leben meiner Brüder weiterging. Steven hatte seinen Abschluß am College gemacht, Mark und Sally hatten geheiratet. Ich wußte, ich hatte einer Langzeitbehandlung zugestimmt. Aber als ich der Realität ins Auge blickte, geriet ich in Wut. Was meinten sie mit Langzeitbehandlung, wenn acht Monate Wartezeit auf ein Bett schon als kurz bezeichnet wurden? Sie verplemperten meine Lebenszeit, mein Leben wurde von den endlosen Tagen im Krankenhaus aufgefressen.

Auch auf der Drei Süd ging alles im Schneckentempo. Auf allen anderen Stationen sollte man sich immer so bald wie möglich besser fühlen und entlassen werden. Ich hatte mich ständig unter Druck gefühlt, Fortschritte zu machen. Hier war es genau umgekehrt. Jeder prägte mir ein, daß ich langsam vorgehen müsse und nicht zuviel von mir erwarten dürfe.

In der Vergangenheit hatte ich meine Krankheit immer wie einen elektrischen Kurzschluß betrachtet – wenn ich überhaupt zugeben konnte, daß ich krank war. Man mußte nur den richtigen Schalter finden, das richtige Medikament, die Gedanken in meinem Kopf in die richtigen Wege leiten, und schon wäre ich geheilt. Auf der Drei Süd sah man das anders. Es ging nicht um das Ein- oder Ausknipsen irgendeines Schalters. Es ging darum, die eigene Krankheit zu verstehen und zu lernen, damit zu leben. Alles war darauf ausgerichtet, die Warnsignale zu erkennen, ehe man ausrastete, und schnell Hilfe zu suchen.

Hier ging man davon aus, daß wir alle für unsere Behandlung selbst verantwortlich waren. Auf der Drei Süd konnte man nicht wie auf anderen Stationen einfach den ganzen Tag im Bett bleiben, wenn einem danach war. Man konnte auch nicht in den Sesseln im Flur herumfaulenzen. Jeder mußte auf den Beinen sein, irgendeiner Beschäftigung nachgehen oder Kontakte pflegen.

Auch auf anderen Stationen waren die Gemeinschaftstreffen zwar immer Pflicht gewesen, aber man hatte sich davor drücken können, indem man sagte, man fühle sich nicht gut. Hier kostete es Ausgangserlaubnis und Privilegien, wenn man die Treffen schwänzte. Man mußte die Termine der Aktivitäten, an denen man teilnehmen wollte, selbst im Kopf behalten, man mußte sich selbständig darauf vorbereiten und an der Tür warten, wenn man eine Begleitung brauchte, um dorthin zu gelangen.

Darüber hinaus wurde erwartet, daß wir uns nicht nur um unsere eigene Behandlung kümmerten, sondern auch um die der anderen Patienten. Auf anderen Stationen trafen Ärzte, Pflegepersonal und Sozialpädagogen die Entscheidungen über Statusveränderung oder Ausgangserlaubnis. Man trug sich zum Beispiel in eine Liste am Schwarzen Brett ein, wenn man bei einem Ausflug mitmachen wollte. Beim nächsten Gemeinschaftstreffen wurde dann die Entscheidung verkündet. Auf der Drei Süd dagegen besprachen die Patienten zusammen mit den Ärzten, Krankenschwestern und Pflegern das Schicksal ihrer Mitpatienten.

Bevor ich auf die Drei Süd gezogen war, hatte mir der Gedanke sehr gefallen. Aber das war, bevor ich gesehen hatte, mit wem ich es zu tun haben würde. Die anderen Patienten waren alle dermaßen krank, ihnen ging es viel schlechter als mir!

Da saßen wir also dreimal pro Woche bei unseren Gemeinschaftstreffen. Wir waren neun Patienten und saßen im Kreis in unserem Wohnraum. Die Ärzte, Krankenschwestern und Pfleger sahen alle wach und verantwortungsvoll aus. Und wir anderen? Bei fast allen lautete die Diagnose Schizophrenie, und es kam sehr auf unsere jeweilige Tagesform an. Es konnte immer passieren, daß jemand gerade Halluzinationen hatte. Manche mochten sich relativ wach und auffassungsfähig fühlen. Andere wieder nickten vielleicht einmal ein, weil ein neues Medikament sie müde machte.

Zuerst saß ich in dieser Gruppe immer nur da und weinte. Ich wollte mit den anderen Patienten nichts zu tun haben. Ich wollte nicht über sie sprechen, und ich wollte auch nicht, daß sie über mich sprachen. Aber das Personal ließ nicht locker. Wenn ich die Erlaubnis bekommen wollte, meine Eltern zu besuchen, dann mußte ich genau wie alle anderen meine Bitte in der Gruppe vorbringen.

»Ich möchte für dieses Wochenende eine Ausgeherlaubnis«, murmelte ich und schaute zu Boden. Die Arme hatte ich vor meinem Körper verschränkt.

Die Sozialpädagogin meldete sich zu Wort. »Ich werde mich morgen abend mit Loris Eltern treffen. Da werden wir die Sache besprechen. Wir befürchten, daß Sie weglaufen könnten, Lori.«

Ich brauste auf. »Meine Eltern sind nicht ich. Was haben sie damit zu tun?«

»Wir werden jeden anhören, Lori«, sagte Dr. Doller, die die Gruppe leitete. »Und dann werden wir auf Ihre Bitte zurückkommen.«

Eine Patientin meldete sich. »Ich finde, Lori sollte die Erlaubnis bekommen. Man dreht durch, wenn man hier so lange eingesperrt ist.«

»Das finde ich auch«, fiel eine andere ein.

Dr. Doller wandte sich an eine andere Patientin, die in ihrem Sessel eingeschlafen war. »Claire? Claire? Wenn Sie so nicht wach bleiben können, sollten Sie sich vielleicht hinstellen.«

Margo, eine der Schwestern, setzte sich für mich ein: »Lori bemüht sich sehr, impulsives Verhalten zu vermeiden. Ich finde, sie sollte die Erlaubnis bekommen.«

»Lori, was meinen Sie zu dem, was die anderen gesagt haben?«

Stille.

»Lori?«

»Ich möchte nicht darüber sprechen.«

»Was fühlen Sie, wenn wir über Sie sprechen, Lori?« fragte Dr. Doller.

»Ich habe Nebenwirkungen von den Medikamenten. Mein Hals ist wie zugeschnürt, und ich kann nicht sprechen.«

»Lori, Sie sind ein Teil dieser Gruppe, und wir erwarten, daß Sie sich beteiligen.« Dr. Dollers Stimme wurde leicht tadelnd.

Meine Paranoia loderte auf. »Ihr seid alle gegen mich. Ihr hackt immer auf mir herum.« Und die Stimmen riefen weiter: »Diese Irren. Sie hassen dich. Sie hassen dich. Sterben! Sterben! Sterben!«

Und dann verschlangen mich diese Gefühle wieder wie früher. Die Stimmen überfluteten mich mit ihrer Wut. Ich wollte nicht hier sein. Ich wollte nirgends sein. Ich wollte raus. Ich wollte die Stimmen zum Schweigen bringen. Ich wollte alles um mich herum anhalten. Ich wollte um mich schlagen. Ich wollte keine Medizin. Ich trat gegen die Wände. Ich schlug auf die Fenstergitter ein. Ich stolperte über einen Tisch und eine Lampe.

Das Seltsame aber war, daß niemand wütend wurde, während sie versuchten, mich festzuhalten. Niemand regte sich auf. Alle interessierten sich anscheinend wirklich dafür, wie ich mich fühlte und was mich zu diesem Ausbruch gebracht hatte.

»Wenn Sie merken, daß Sie die Kontrolle verlieren, müssen Sie es uns sofort sagen«, mahnte Margo. »Sie müssen Hilfe holen, bevor Sie überwältigt werden.«

Einige Tage nach meiner Ankunft auf der Station kam Frau Dr. Fischer und holte mich ab. Zu meiner ersten Therapiesitzung gingen wir ein Stockwerk tiefer in ihr Sprechzimmer. Wie versprochen, hatte Dr. Doller mir eine Frau für die Therapie zugewiesen. Alles war genau, wie ich es mir gewünscht hatte, bis auf eines: Meine neue Therapeutin, Dr. Diane Fischer, wollte mich umbringen.

Ich wußte es vom ersten Augenblick an. Die Stimmen bestätigten es nur. Irgend etwas an dieser Ärztin versetzte mich in Todesangst. Auf dem Weg die beiden Treppen hinunter warnten mich die Stimmen vor ihr. Alle meine Sinne waren in Alarmbereitschaft, während ich versuchte, nicht die Beherrschung zu verlieren, sie zu beobachten und mich vor dem zu schützen, was sie mir antun wollte. Was die Stimmen über Dr. Doller sagten, glaubte ich nicht; aber ich glaubte alles, was sie über Dr. Fischer sagten. Das war alles hundertprozentig richtig. Sie würde mich umbringen, weil sie mich so abstoßend fand. Ich war eine fette, ekelhafte und häßliche Tonne und verdiente es zu sterben. Ich hatte Angst. Ich konnte sie nicht aus den Augen lassen.

Als wir schließlich in ihrem Sprechzimmer ankamen, sangen die Stimmen ein neues Lied. Ich sollte Dr. Fischer töten, brüllten sie mir zu. Ich müßte es schnell tun, bevor sie mich umbrachte, sagten sie. Wenn ich sie nicht sofort tötete, würden sie es tun. Ich fühlte panische Angst in mir aufsteigen. Die Befehle der Stimmen wurden immer eindringlicher.

»Töte sie! Töte sie! Leg deine Hände um ihren Hals und erwürge sie!« Das war ein Befehl, dem ich gehorchen mußte. Ich hatte das Gefühl, ihm nicht widerstehen zu können.

Ich saß kerzengerade auf einem Stuhl in Dr. Fischers Sprechzimmer. Ich versuchte, ihre Routinefragen zu beantworten und sie gleichzeitig zu warnen. Ihr Leben war in Gefahr! Ich zitterte am ganzen Körper. Ich mußte sie warnen, aber so, daß die Stimmen es nicht hören konnten. Sonst würden sie uns beide umbringen. Ich konnte nicht reden, konnte mich nicht mehr konzentrieren. Ich konnte nicht mit ihr sprechen, ohne daß sich die Stimmen zwischen uns schoben. Die Stimmen wurden immer drängender.

»Töte sie! Töte sie jetzt!« schrien sie.

Ich hielt es nicht mehr aus. Ich sprang auf und rannte aus dem Zimmer. Ich rannte den ganzen Weg zurück zur Station. In der Sicherheit meines Zimmers brach ich keuchend vor Angst zusammen.

Danach weigerte ich mich, noch einmal Dr. Fischers Sprechzimmer zu betreten. Ich wollte mich nicht allein mit ihr treffen. Ich hatte Angst, daß sie mir etwas antun könnte, aber auch Angst, daß ich sie angreifen würde. Ich befürchtete, ich könnte den Stimmen nachgeben. Ich befürchtete, zur Mörderin zu werden.

Warum hatte ich gerade vor Dr. Fischer solche Angst? Bei meinen Krankenhausaufenthalten hatte ich schon so viele Therapeuten erlebt. Schon oft war ich bei Sitzungen mit einem neuen Therapeuten nervös und angespannt gewesen. Oft war ich ängstlich und deprimiert, wenn einer, an den ich mich gewöhnt hatte, mich nicht mehr behandelte. Aber kein Therapeut hatte jemals solche Gefühle in mir wachgerufen wie Dr. Fischer. Sie war ein Sonderfall.

Dr. Doller, Dr. Fischer und ich waren alle ungefähr gleich alt. Dr. Doller war ein paar Jahre älter; Dr. Fischer war etwa so alt wie ich, vielleicht etwas jünger. Aber Dr. Doller kam mir viel älter vor, nicht nur an Jahren, sondern auch an Erfahrung, Weisheit und Bildung. Sie hatte eine mütterliche Art, obwohl sie in meinen Augen nicht wie eine Mutter war. Ich sah in ihr die große Schwester, die ich nie gehabt hatte.

Dr. Fischer wirkte viel jünger. Sie war zierlich,

hübsch, hatte lange schwarze Locken und war immer schick und modisch gekleidet. Sie war nicht meine Schwester. Sie war ich. Sie war das Ich, das ich vor zehn Jahren hinter mir gelassen hatte. Sie war die Person, die unter meinen Fettschichten begraben lag. Sie war das Ich, das sich unter den Angriffen der Stimmen zurückgezogen hatte. Sie hatte alles, was ich mir wünschte und nicht hatte. Sie war alles, was ich sein wollte und nicht sein konnte. Ich war das Gegenteil von allem, was sie war. Ich konnte sie nicht ausstehen. Ich haßte sie. Ich liebte sie. Ich wollte, daß sie starb. Ich wollte, daß sie mich mochte. Ich wollte sie töten. Ich wollte sie sein.

Nach diesem ersten Tag wollte ich mich mit ihr nur noch auf der Station treffen. Ich bestand darauf, daß immer ein kräftiger Pfleger in der Nähe saß. Ich fühlte mich nur sicher, wenn jemand da war, der sie davon abhalten konnte, mich zu töten und umgekehrt.

Aber auch dann konnte ich mich nicht für den vorgesehenen Zeitraum von fünfundvierzig Minuten mit ihr treffen. Allein schon neben ihr zu sitzen war fast mehr, als ich ertragen konnte. Ich versuchte, mit ihr zu sprechen und ihre Fragen zu beantworten, aber die Stimmen durchfluteten mein Gehirn. Gleichzeitig spielten ihre Gesichtszüge ein böses Spiel mit mir. Während ich mit ihr sprach, verzog sich ihr Gesicht zu einer Grimasse mit einem hämischen Grinsen. Dann verschwamm es völlig. Mund, Nase und Augen wechselten die Lage, die Frau wurde zu einem schrecklichen Monster. Ich schaute auf meine Hände. Von ihnen tropfte Blut und Gift. Ich wollte Dr. Fischer warnen, aber die Stimmen ließen sich nicht übertönen.

Einmal saßen wir zusammen in der Halle. Meine Angst wurde so intensiv und so drängend, daß ich kaum ruhig sitzen konnte. Ich sprang auf und rannte zur Toilette. Dort blieb ich und übergab mich, bis sie wieder weg war.

Wochenlang kämpften wir um einen Weg zusammenzukommen. Dr. Fischer mußte die gängigen Regeln komplett über Bord werfen. Wir konnten uns nicht nach einem normalen Stundenplan treffen. Sie kam jetzt zweimal täglich zu einem jeweils fünfminütigen Treffen auf die Station.

Meistens mußte ich mich in den fünf Minuten stark konzentrieren, um nicht auf die Schimpftiraden der Stimmen zu hören. Ich mußte meine Ängste im Zaum halten und saß nur still neben ihr.

Ich wußte, wie sehr sie bemüht war, mir zu helfen. Ich bemühte mich zu tun, was sie von mir erwartete. Ich kämpfte verbissen. Ich kämpfte um Beherrschung. Ich versuchte mich auf ihr Gesicht zu konzentrieren, während es sich vor meinen Augen zur Grimasse verzog. Ich kämpfte darum, mich auf ihre Worte zu konzentrieren.

Nach einiger Zeit entspannte ich mich etwas, und es gab Momente, in denen ich klare Gedanken fassen konnte und nicht ganz so verzweifelt war. Dann erzählte ich ihr von der Person, die ich einmal war, von dem Ich, das ihre Freundin hätte sein können, wenn nur nicht alles so ganz anders gekommen wäre. Ich sprach von dem Ich, das auf einer Stufe mit ihr verkehrt hätte, nicht als ihre Patientin. Ich erzählte ihr von meinem Leben vor der Klinik, von der High-School und dem College.

Plötzlich begann ich vor Angst zu zittern. Dr. Fischer fragte mich freundlich, was mir denn durch den Kopf ginge. »Sagen Sie mir, was Sie hören, Lori«, bat sie.

Ich konnte niemandem von den Stimmen erzählen.

Sie waren so entsetzlich, so schrecklich. Sie würden jeden umbringen, dem ich etwas von ihnen erzählte. Sie würden mich umbringen. Ich konnte ihr nichts sagen. Aber ich wollte es doch so sehr. Sie mußte doch wissen, was los war. Ich wollte ihr einen Gefallen tun. Ich wollte alles richtig machen.

Also beschloß ich, ihr zu schreiben. Einen Abend lang schrieb ich alles nieder. Ich schrieb auf, was in meinem Kopf vorging, all die Töne und Geräusche und sinnlosen Phrasen. Die endlosen Wiederholungen von »Sterben!« Ich schrieb über den galligen Haß, über alles Böse, das die Stimmen zu mir und über mich gesagt hatten. Am nächsten Morgen drückte ich ihr das Transkript aus meinem Kopf in die Hand.

Jetzt wußte sie es. Ich wartete darauf, daß sie starb. Ich wartete darauf, daß sie mich auslachte. Ich wartete darauf, daß sie angewidert auf mich losging. Aber sie tat nichts dergleichen. Sie dankte mir.

»Das ist eine wunderbare Arbeit, Lori. Sie haben sich große Mühe gegeben. Vielen Dank«, sagte sie.

Wenn ich es also nicht aussprechen konnte, so konnte ich es doch niederschreiben. Während meiner verschiedenen Krankenhausaufenthalte hatten mich immer alle gedrängt, Tagebuch zu führen. Diesmal nahm ich den Rat an und versuchte es. Ich habe schon immer gern geschrieben. Vor meiner Krankheit hatte ich gut schreiben können. In meiner Jugend hatte ich immer wieder einmal Tagebuch geführt. Mir gefielen die dicken Spiralhefter und das Gefühl, den Kugelschreiber in der Hand zu halten.

Diesmal waren die Tagebücher allerdings viel wichtiger für mich. Im Tagebuch konnte ich all die fürchterlichen Dinge zu Papier bringen, die ich sonst niemandem anvertrauen wollte. Ich konnte jeden Tag oder sogar jede Stunde festhalten, schreiben, wie ich mich fühlte, und so das Chaos in meinem Kopf ordnen.

Am 10. Mai 1988 begann ich mein Tagebuch mit einem Aufschrei voller Schmerz und Wut:

> 10. Mai 1988: Ich habe das Gefühl, daß ich mich eher umbringen werde, als das hier durchzufechten ... Ich habe mich damit abgefunden, daß ich niemals wieder ein normales Leben führen werde. Ich bin eine kaputte Versagerin ohne Zukunft. Ich hasse alle. Alle sind schuld daran, daß ich krank bin. Ich werde mir nicht den Kopf an der Wand blutig schlagen und immer nur mir die ganze Schuld an meiner Krankheit geben.

> 11. Mai, 8.10 Uhr: Alle hassen mich – die Patienten ebenso wie das Personal. Sie übersehen mich, lachen über mich und verabscheuen mich. Nur mit Dr. Fischer kann ich sprechen, aber auch sie hat allmählich genug von mir.

> 11. Mai, 18.05 Uhr: Ich fühle mich paranoid, habe große Angst vor Menschen, vor allem vor dem Pflegepersonal. Ich habe das Gefühl, sie wollen mir etwas Schlimmes antun, weil ich böse bin. Manchmal bekomme ich Kopfschmerzen von den Stimmen.

> 11. Mai, 19.55 Uhr: Bitte, lieber Gott, nimm mich zu Dir. Ich fühle mich wieder schlecht. Ich sehne mich nach Erlösung. Oh, ich bekomme keine Luft mehr.

> 14. Mai: In der Nacht haben sie wieder begonnen, mir zuzusetzen, und jetzt plagen sie mich sehr. Sie sagen, ich solle sterben, ich müsse sterben und ich sei ein wertloses Stück Scheiße. Ich habe wieder Angst. Es war so schön ruhig, und plötzlich brachen sie wieder los. Es ist die Hölle. HÖLLE!!!

An einem sonnigen Frühlingstag lief ich dann weg.

Eigentlich hatte ich ganz gute Fortschritte gemacht. Man hatte mir erlaubt, die geschlossene Abteilung zu verlassen und mit einer Gruppe Patienten in die Bibliothek zu gehen. Als mich die Stimmen zum Davonlaufen drängten, versuchte ich, die Aufmerksamkeit der Gruppenleiterin zu erregen; ich wollte sie wissen lassen, daß ich Hilfe brauchte.

Offenbar verstand sie nicht, was ich sagte. Sie begriff nicht, daß ich durch mein Schattenboxen die Stimmen abwehren wollte und daß mein Ausruf »Verdammt noch mal, verschwindet von hier!« den Stimmen galt – und daß ich die Kommandos wiederholte, die sie mir gaben.

Von Sekunde zu Sekunde wurde ich erregter. Die Stimmen schrien, trieben mich an. Ich konnte sie nicht zum Schweigen bringen. Sie waren stärker … , und ich lief davon.

Das Laufen tat mir gut. Schon lange hatte ich laufen wollen, so schnell ich konnte. Ich wußte nicht, wohin ich rannte, aber ich wußte, wovor ich davonrannte. Das Krankenhaus umfaßte mit seinen Gebäuden ein Gelände von zwanzig Hektar. Ich lief über einen der Parkplätze auf die hintere Einfahrt zu. Ich rannte vom Haupttor weg, das sich zur geschäftigen Bloomingdale Road hin öffnete, und steuerte statt dessen den Hintereingang an der Südseite des Geländes an.

Sobald ich das Krankenhausareal verlassen hatte,

kannte ich mich nicht mehr aus. Diesen Weg war ich früher nie gegangen, und außerdem war ich schon lange nicht mehr allein draußen gewesen. Mein Herz klopfte, und ich konnte bei meinem keuchenden Atem kaum das Brüllen der Stimmen hören. Aber die Sonne schien, und es war ein warmer Tag. Das wirkte wie eine Ermutigung.

Ich trug Bluejeans und mein weiß-blaues Hemd. Meine Hosenträger hingen an den Seiten herunter. Für den Ausflug in die Bibliothek hatte man mir meine Basketballschuhe zurückgegeben. Ich beschloß, einfach weiterzugehen, ohne ein Ziel zu haben. Doch ich wurde immer verwirrter und unsicherer. »Was soll ich jetzt nur machen?« dachte ich. Die Umgebung war mir nicht vertraut. Ich fand mich nicht zurecht. Ich wußte nicht, was ich als nächstes tun sollte. Ich ging immer weiter.

Schließlich kam ich zu einer Kirche, die mir irgendwie bekannt vorkam. Vielleicht waren wir früher öfter daran vorbeigefahren, oder ich hatte sie bei einem Ausflug gesehen, den ich von der Station aus mit meinen Eltern gemacht hatte. Die Kirche Unserer Lieben Frau voller Schmerzen hatte einen sehr passenden Namen, fand ich. Wenigstens konnte ich mich hier einmal setzen. Ich ging hinein und ließ mich auf eine Bank fallen.

Die Stimmen waren jetzt ruhiger. Ich konnte nachdenken. Welche Möglichkeiten hatte ich? Drei fielen mir ein, und ich durchdachte jede einzelne. Ich konnte zurück zum Krankenhaus gehen und mich stellen. Ich konnte mich von der nächsten Fußgängerbrücke auf die Straße stürzen. Und ich konnte nach Hause gehen und Mom und Dad bitten, mich dortzubehalten. Ich wußte nicht, was ich tun sollte.

Ich begann zu beten. Ich bat Gott, mir zu sagen, was ich tun sollte.

Als Kind hatte ich über Gott ebensowenig nachgedacht wie über die Hölle oder den Teufel. Manchmal betete ich, weil ich etwas Bestimmtes wollte – gute Noten oder einen Partner für den Schulball. Aber von solchen praktischen Bitten abgesehen, hatte ich keine Verwendung für Gott.

Das änderte sich, als es mir schlechter ging. Mein Vater hatte immer gesagt, daß jeder für sein Schicksal selbst verantwortlich sei. Ich war mir da nicht so sicher. Ich war so lange gequält worden, daß ich jemanden außerhalb meiner selbst brauchte, an den ich glauben, von dem ich mich leiten und mir helfen lassen konnte. Im Krankenhaus flüsterte ich manchmal kurze Gebete, in denen ich Gott bat, mir zu helfen, die Stimmen zu vertreiben. Gott war anders als die Stimmen. Die Stimmen waren Dämonen, die mich quälten, zu mir sprachen, mir Befehle gaben und mich steuerten. Über Gott konnte ich nachdenken, ihn konnte ich in meinem Herzen fühlen.

Ich saß in der Kirche und betete, wie ich noch nie gebetet hatte:

> Bitte, lieber Gott – hilf mir, aus diesem Elend in meinem Leben herauszufinden.
> Ich fühle mich schwach, und ich brauche eine Erleichterung.
> Ich muß durchhalten, aber ich habe Angst.
> All das Böse, das ich in meinem Leben getan habe, tut mir von Herzen leid.
> Ich habe versucht, anderen mehr zu helfen als mir.
> Ich werde mich noch mehr bemühen – das verspreche ich.
> Ich werde nie wieder böse sein.
> Wenn Du willst, daß ich auf die Stimmen höre, werde ich es tun.

Wenn Du willst, daß ich sterbe, werde ich es tun.
Aber schick mich nicht in die Hölle.
Ich war schon dort.
Es tut mir leid, daß ich so häßlich und so schlecht bin.
Aber ich möchte gerettet werden – bitte.
Bitte, lieber Gott, erhöre mein Gebet.

Ich saß zweieinhalb Stunden lang in der Kirche. Irgendwie haben mir die Gebete geholfen. Ich verließ die Kirche, wandte mich nach links und bog in die Straße ein, die nach Hause führte.

Nach einem Marsch von zehn Kilometern kam ich schließlich an. Ich zitterte am ganzen Körper. Ich ging hinein und schaute mich in dem Haus um, in dem ich einmal so glücklich gewesen war. Ich versuchte herauszubekommen, ob ich hier sterben sollte. In der Küche stand ich fasziniert vor dem Holzblock mit den Küchenmessern.

Dann sah ich, wie ein Auto in die Einfahrt fuhr. Meine Mutter stieg aus und rannte auf mich zu. Ich lief ihr entgegen, und wir umarmten uns. Ich bettelte darum, zu Hause bleiben zu dürfen, aber ich wußte, daß sie das nicht zulassen konnte.

Mir war klar, daß ich zurückgehen mußte.

22

Lori
New York Hospital, White Plains,
New York
3. Juni 1988 bis 9. Juni 1988

3. Juni 1988, 20.25 Uhr: Heute bin ich fortgerannt. Jetzt bin ich wieder hier, und ich fühle mich wie eine richtige Versagerin … Jetzt wird mir niemand mehr glauben. Ich habe den Fehler gemacht, mir nicht viermal in den Magen zu stechen, wie ich es mir vorgenommen hatte. Ich glaube, ich war zu feige – oder vielleicht auch zu müde. Ich bin total durcheinander. Ich habe Angst. Angst vor mir selbst und davor, was ich in meiner Wut tun könnte. Die Stimmen haben mich heute sehr gequält. Sie waren es, die mich zum Davonlaufen gebracht haben. Wenn ich das nächste Mal davonlaufe, bringe ich mich um.

4. Juni, 15.05 Uhr: Ich weiß jetzt, daß ich mich in dem Moment, in dem sie mich entlassen, umbringen werde. Also, was werden sie tun? Mich ins Staatskrankenhaus stecken. Was werde ich dann tun? Die Leute dort davon überzeugen, daß ich mich nicht umbringen will. Und sobald ich draußen bin, werde ich tot sein. TOT TOT TOT. Es hängt sowieso niemand an mir, außer Mom und Dad, und sie haben mich auch nicht gleich gerettet … Ich möchte weinen, wie in der Kirche gestern. Ich will Erleichterung. Oh, Dr. Fischer,

Dr. Doller, warum müssen Sie gerade jetzt weg sein?

8. Juni, mittags: Ich glaube, die Therapie mit Dr. Fischer geht zu langsam voran. Manchmal habe ich das Gefühl, ich müßte sie umbringen. Die Stimmen befehlen mir, sie zu erwürgen. Und dann möchte ich ihr wieder sagen, daß ich sie liebe.

9. Juni, 15.45 Uhr: Obwohl ich schreie, daß ich das Krankenhaus verlassen will, weiß ich tief in meinem Herzen, daß ich wirklich gesund werden will.

23

Lori
New York Hospital, White Plains,
New York
Juni 1988 bis Dezember 1988

Immer wieder fiel ich von einem Extrem ins andere. Manchmal hatte ich das Gefühl, ein hilfloser Spielball in der Schlacht zu sein, die um mich herum tobte. Auf der einen Seite standen Dr. Doller, Dr. Fischer und die anderen Mitarbeiter des Krankenhauses, auf der anderen Seite die Stimmen und meine eigenen verrückten, unkontrollierten Gefühle. Ich stand in der Mitte. Ich war diejenige, um die gekämpft wurde. Für welche Seite würde ich mich entscheiden?

Manchmal entwickelte ich selbst kämpferische Gefühle. Ich wollte die Kontrolle übernehmen. Ich wollte mich gegen die Stimmen zur Wehr setzen und gewinnen. Ich hatte genug von diesem Mist.

Je intensiver ich versuchte, mich anderen Menschen mitzuteilen, desto heftiger wurde ich in verrückte Gefühlsexzesse verwickelt. Ich fand einfach nicht den Weg, meine Gefühle auf sanfte Art herauszulassen. Statt dessen staute ich sie auf, bis meine Kraft nicht mehr ausreichte und sie in einem wilden, unkontrollierten Schwall durchbrachen.

Selbst meine Mutter und mein Vater wurden von dieser Flutwelle überspült.

Meistens konnte ich den Besuch meiner Eltern kaum erwarten. Er war der Höhepunkt der ansonsten trostlosen Tage. Jeden Abend wartete ich nach dem Abendessen am Fenster meines Zimmers, bis ihr Auto die lange, kurvige Auffahrt entlangkam und schließlich in den Besucherparkplatz einbog. Ich beobachtete, wie ihr Auto in der frühen Winterdunkelheit zum Stehen kam und die Scheinwerfer erloschen. Manchmal passierte dann für lange Zeit überhaupt nichts. Manchmal stand der Wagen so lange in der Dunkelheit, daß es mir wie eine Ewigkeit vorkam, bis sich die Türen schließlich öffneten und meine Eltern ausstiegen.

Sobald ich sie sehen konnte, winkte ich ihnen hinter meinem Sicherheitsfenster zu und rief einen Gruß hinunter. Die Zeit schien unendlich langsam zu verstreichen, bis sie schließlich die Treppen zum dritten Stock heraufkamen. Doch selbst wenn sie endlich vor der Tür standen, war das Warten noch nicht vorbei. Niemand außer dem Pflegepersonal konnte die Türen aufschließen. Manchmal dauerte es so lange, bis einer von ihnen mit dem Schlüsselbund kam, daß ich vor Ungeduld fast aus der Haut fuhr.

Endlich waren meine Eltern da, lächelnd und gutgelaunt, geladen mit der ganzen Energie, die sie von ihrem Leben draußen mitbrachten. Fast immer hatten sie eine Kleinigkeit für mich dabei. Einen neuen Jogginganzug. Ein Sandwich mit Weichkäse, Tomaten und Zwiebeln, wie ich es mochte. Eine Kassette mit Rockmusik, die ich mir gewünscht hatte. Batterien für meinen Walkman. Zigaretten. Chinesisches Essen. Oft brachten sie nicht nur mir etwas mit, sondern auch den anderen Patienten. Kleidung für die Patienten, die keinen Besuch bekamen. Kleine Geschenke für das Pflegepersonal. Einmal kam Dad mit einem gekochten Hummer an – komplett mit geschmolzener Butter, Hummerzange und Servietten. Wenn sie mir etwas zu essen mitbrachten, war es häufig genug für die ganze Station.

Ich liebte sie so sehr. Ich war so stolz auf sie. Es war so schön, sie zu sehen. Und ich konnte es kaum erwarten, bis sie endlich wieder gingen. Sie entfachten einen Sturm widersprüchlichster Gefühle in mir, den ich nicht verstand. Ich mußte mich immer sehr zusammennehmen, um diesen Gefühlen nicht freien Lauf zu lassen, während sie bei mir waren.

Sosehr ich meine Eltern liebte, mußte ich ihnen doch immer etwas vorspielen. Ich gab mir alle Mühe, ihnen vorzugaukeln, ich sei normal. Sie sollten nicht merken, wie krank ich war. Ich wollte nicht, daß sie mich erlebten, wenn ich außer Kontrolle geriet. Von dem Augenblick ihrer Ankunft an kämpfte ich darum, nicht die Beherrschung zu verlieren, und hatte ständig Angst davor, daß es doch passierte. Ich wußte, wie sehr meine Krankheit sie belastete. Ich wußte, wie sehr sie meinetwegen litten. Ich tat alles, was ich konnte, um das Schlimmste vor ihnen zu verbergen. Ich wollte, daß sie stolz auf mich waren. Ich wollte ihnen keinen Anlaß geben, unglücklich zu sein.

Sobald meine Eltern da waren, führte ich sie in mein Zimmer, weil ich nicht wollte, daß uns jemand anstarrte. Meine Eltern hatten so wenig mit der Welt zu tun, in der ich lebte. Meine Mutter legte sich gerne auf mein Bett und zog die Schuhe aus. Dauernd machte ich mir Sorgen, es könne jemand hereinkommen und sie so sehen. Es war zwar nicht verboten, doch ich wußte, daß das Personal etwas dagegen hatte, wenn sie es sich gemütlich machte. Mein Vater saß auf meinem Schreibtischstuhl. Ich ging im Zimmer auf und ab. Ich wußte nicht, was ich tun sollte. Ich wußte nicht, wie ich mich verhalten sollte. Sie schienen etwas von mir zu erwarten, das ich nicht geben konnte.

Die Besuche meiner Eltern waren kurz, sie dauerten

normalerweise nicht länger als eine halbe Stunde, an den Wochenenden eine Stunde. Mir erschienen sie endlos. Wir unterhielten uns über ihre Freunde und den Country Club, ich erzählte vom Racketball, einem Spiel, das ich einmal in der Woche trainierte, vom Batiken, das wir im Rahmen der Therapie lernten. Wir sprachen über Mark und Steven. Alles, was meine Eltern mir erzählten, erschien mir so unwichtig. Die Welt, in der ich lebte – eine Welt der Medikamente, Krankenschwestern, Vorschriften, Ausgangsbewilligungen, Stimmen und Türsummer –, schien so riesig, und ihre Welt war so weit weg. Meine Ich-Bezogenheit ging so weit, daß sogar ich es unerträglich fand.

Meistens versuchte ich, die Stimmen vor meinen Eltern zu verbergen. Sie wünschten sich so sehr, daß es mir wieder gutging. Wenn ich meinem Vater von einem unkontrollierten Gefühlsausbruch erzählte, sagte er sofort: »Das war gestern. Heute geht es dir wieder gut. Und morgen wird es dir auch gutgehen. Und wenn nicht morgen, dann übermorgen.« Er versuchte stets, alles positiv zu sehen. Ich strengte mich an, dieser Haltung gerecht zu werden.

Meine Mutter dagegen konnte es einfach nicht ertragen. Sie floh immer ins Raucherzimmer. Manchmal schien es, als sei das Ritual des Rauchens das einzige, das ich mit ihr gemeinsam hatte. Ich wollte so gern die Tochter sein, die sie sich wünschte, doch ich schaffte es nicht. Alles, was ich für meine Eltern tun konnte, war, ein normales Gesicht aufzusetzen.

Der Druck in mir stieg. Meine Ungeduld wurde zu Zorn, mein Zorn zu Wut. Ich haßte meine Eltern. Sie waren schuld. Meine Wut kochte über und durchbrach schließlich die Mauern, die ich errichtet hatte. Mit erschreckender Intensität kam es herausgeschossen.

»Ich hasse dich! Ich hasse dich!« schrie ich meine Mutter an. »Es ist deine Schuld, daß ich krank bin. Du hast mir das angetan. Du bist die Unausgeglichene, nicht ich.«

»Mach verdammt noch mal, daß du hier rauskommst!« brüllte ich meinem Vater entgegen. »Hau ab! Hau ab!« Ich bekam keine Luft mehr. Ich dachte, ich würde in eine Million kleiner Stücke zerspringen.

Meine Eltern gingen, meine Mutter weinend, mein Vater mit blutleeren Lippen und zitternd. Und dann geriet ich völlig außer Kontrolle. Ich tobte und kreischte. Furchtbare Gedanken überschwemmten mich und gaben mir das Gefühl, vollkommen wahnsinnig zu sein. Ich wünschte mir, meine Eltern wären tot. Ich wünschte, sie würden ermordet oder bei einem Flugzeugabsturz in Stücke gerissen werden. Ich wollte sie selbst umbringen. Mein rasendes Hirn entwickelte furchtbare, schreckliche Phantasien, während ich hilflos zuschaute. Ich würde sie erstechen. Ich würde sie erschießen. Ich würde mich aus dem Krankenhaus schleichen, um in das Haus meiner Eltern Benzin zu gießen, während sie schliefen, und schließlich ein brennendes Streichholz hineinwerfen, so daß es für sie kein Entkommen mehr gab.

Nach den Besuchen meiner Eltern verbrachte ich oft einige Zeit im Beruhigungsraum. Wenn meine Wut langsam nachließ und die wahnsinnige Raserei abflaute, stieg ein anderes schreckliches Gefühl in mir hoch. Ich wurde von Schuld- und Angstgefühlen gepackt. Ich hatte sie umgebracht. Meine Wut hatte sie umgebracht. Auf dem Heimweg waren sie bei einem Autounfall ums Leben gekommen. Ihr Haus war tatsächlich niedergebrannt, und ich war schuld daran. Ich fühlte mich furchtbar, durch und durch böse und so, als müsse ich zerbrechen, auseinanderfallen, an meiner eigenen Schlechtigkeit zugrunde gehen.

Ich wollte meine Eltern sehen, wollte sie umarmen. Ich wollte, daß sie zurückkamen. Was war, wenn sie mich beim Wort nahmen? Wenn sie mich nie wieder besuchten? Wenn sie wirklich starben?

Immer wenn ich das Gefühl hatte, ich würde explodieren, bestand die einzige Möglichkeit für mich darin, auf irgend etwas einzuschlagen, etwas zu zerbrechen, mit den Fäusten gegen das Schutzfenster zu hämmern, bis sie bluteten, mich mit allem, was mir in die Finger kam, zu verletzen, in unkontrollierter Wut, Angst und Pein um mich zu schlagen.

Jahrelang hatte ich das Gefühl gehabt, diese rasende Wut sei außerhalb meiner Kontrolle. Doch mit der Zeit fand ich Verbündete, nicht nur in Dr. Fischer und Dr. Doller, sondern auch in den Schwestern und Pflegern. Während meiner vorigen Krankenhausaufenthalte hatte ich die Leute draußen vor der Tür des Beruhigungsraums als feindselige Gefängniswärter gesehen. Jetzt waren sie eher gute Kumpel. Während meiner ruhigen Phasen stand ich in der Nähe der Tür und schwatzte mit ihnen über alles, was mir im Kopf herumging: irgendwelche Frühstücksflocken, das Wetter, Klamotten, chinesische Restaurants. Ganz normales Alltagsgeschwätz, doch es half mir, die furchtbaren Ängste unter Kontrolle zu halten.

Allmählich entwickelte ich gegenüber dem Personal freundliche Gefühle. Debbie war witzig. Margo brachte mir Milch und Kekse und zeigte mir Bilder von ihrem Frettchen. Cathy war meine Stütze. Barbara war eine Mischung aus Mutter und Oma. Rose war wie eine gute alte Freundin – sie war während all meiner drei Klinikaufenthalte dagewesen. Mit ihnen konnte ich über alles reden, was Frauen so interessiert – über Männerkörper, Verabredungen, Hockeyspieler. Solche simplen Unterhaltungen halfen mir, etwas Ordnung in das Chaos meiner inneren Welt zu bringen. Die Wärme und Nähe verhinderten, daß ich noch tiefer in die Welt der Stimmen hinabgezogen wurde. Die Stimmen mußten das auch gemerkt haben. Sie stellten sich zwischen die Krankenschwestern und mich und versuchten, Furcht und Zwietracht zu säen.

»Erwürge sie!« schrien die Stimmen, als eine Helferin ganz besonders freundlich zu mir war. »Nimm das Handtuch und erwürge sie.« Ich wollte sie vor dem warnen, was geschehen konnte, doch alles, was ich herausbrachte, war ein unpersönlicher Hinweis. »Ihr Leben ist in Gefahr, Fran«, flüsterte ich leise.

Die Schwestern schienen sich trotz allem nicht zu fürchten oder wütend auf mich zu sein. Statt dessen gaben sie sich Mühe, die Botschaft meiner Ärzte zu verstärken: Ich war den Angriffen der Stimmen nicht hilflos ausgeliefert. Wir können die Stimmen nicht vertreiben, sagten sie. Wir können den Strudel deiner Gefühle nicht kontrollieren. Aber wir können dir zeigen, wie du besser damit fertig werden kannst, wenn der Sturm sich erhebt. Wir können dir zeigen, wie du ihn vorausahnen und dich darauf vorbereiten kannst.

Ein Pfleger, ein Israeli namens Sorin, bemühte sich ganz besonders, mir im Kampf gegen die Stimmen und meine Ängste beizustehen. Er war ohnehin in allen Dingen sehr engagiert. Obwohl er stets sechzehnstündige Doppelschichten machte, konnte ich ihn nicht oft genug sehen. Er war ausgesprochen erfinderisch, wenn es darum ging, mir zu helfen, mit meinen häßlichen Gefühlen fertig zu werden.

Er organisierte einen echten Punchingball für die Station, und wann immer das Gefühl in mir aufstieg, ich müsse auf die Fenster, die Wände oder die Bäume im Hof einschlagen, konnte ich mich jetzt am Punchingball abreagieren. Ich drosch auf ihn ein, bis ich ins Schwitzen kam. Ich schlug die Stimmen, die Geräusche. Ich schlug die unsichtbaren Schwingungen, die meine Quälgeister erzeugten. Ich schlug die Bilder. Ich schlug meine Familie. Ich schlug die Pfleger und mich selbst. Ich schlug alles, was mich verletzte, alles, was mich in Wut versetzte. Ich schlug bis zur völligen Erschöpfung.

Zusätzlich war mir verordnet worden, einmal in der Woche Racket zu spielen. Eine Therapiehelferin wurde mir als Partnerin zugeteilt. Sie brachte mir Bücher mit den Spielregeln und zeigte mir auch ein paar Yoga-Übungen, mit deren Hilfe ich mich nach dem Spiel wieder entspannen konnte.

Manchmal empfand ich einen starken Drang, etwas zu zerstören. Die Ärzte und Pfleger versuchten mir zu zeigen, wie ich diese Impulse bewußt kanalisieren konnte. Wenn die Stimmen wirklich unerträglich wurden, brachten sie mich in den Beruhigungsraum und gaben mir einen Stapel alter Zeitschriften, den ich in kleine Stücke riß, wobei ich meine gewalttätigen Emotionen an jeder einzelnen Seite austobte. Anschließend wühlte ich die Papierschnitzel mit den Füßen durcheinander wie Herbstlaub. Hatte ich mich ausreichend abreagiert, knüllte ich sie zusammen und warf die Überreste der malträtierten Magazine wie kleine Basketbälle in den Papierkorb.

Endstand: Stimmen gegen Lori 0:1.

Aber die Stimmen wollten mich nicht so einfach davonkommen lassen. Je mehr Vertrauen ich zu Dr. Fischer faßte, desto intensiver quälten mich die Stimmen. Je mehr ich ihr erzählte, desto heftiger versuchten sie, sich zwischen uns zu stellen.

Ich gab nicht auf und versuchte ständig, mich Dr. Fischer mitzuteilen. Und auch sie bemühte sich immer wieder, einen Zugang zu meinem Inneren zu finden. Wenn die Stimmen schwach waren, versuchte sie mich dazu zu bewegen, über meine Erfahrungen zu sprechen.

»Na, wie geht es Ihnen?« fragte sie.

»Nicht so toll«, erwiderte ich.

»Was ist passiert?«

»Ich war beim Treffen der Patienten, und ich habe festgestellt, daß mich alle hassen.«

»Aha, jeder haßt Sie. Seit wann glauben Sie das?«

»Seit gestern.«

»Was ist gestern passiert?«

»Ich habe einen Vorschlag für die Party gemacht, die wir planen, und keiner hat mir darauf etwas geantwortet, und dann befahlen mir die Stimmen, Claire zu erwürgen.«

Dr. Fischer wirkte interessiert. »Anscheinend ist Ihnen eine Menge passiert, seit wir uns das letzte Mal gesehen haben. Lassen Sie uns herausfinden, was genau geschehen ist. Zumindest scheint es so, als ob Sie sich angegriffen fühlten ... «

»Ja, aber nur, weil Claire mich in einer Art angestarrt hat, die mir klarmachte, daß sie mich töten wollte. Darum mußte ich ihr zuvorkommen und sie erwürgen.«

Schritt für Schritt erforschte Dr. Fischer meinen Geist, sanft drang sie jedesmal ein bißchen tiefer vor. Je näher sie mir kam, desto seltsamer fühlte ich mich.

Daß die Sitzungen mit Dr. Fischer auf der Station stattfanden, hatte den Vorteil, daß die männlichen Pfleger uns beide beschützen konnten. Doch es gab auch Nachteile.

Zum einen hatten wir überhaupt keine Privatsphäre. Ich wurde leicht durch vorübergehende Patienten abgelenkt. Einige gingen nicht nur vorbei, sondern blieben sogar stehen. Ein Typ schien sich besonders von uns angezogen zu fühlen. Er stand dauernd hinter Dr. Fischer, so daß ich ihn sehen konnte, sie ihn aber nicht. Ich wurde sehr wütend auf ihn. Einmal unterbrach ich mich mitten im Satz und schubste ihn weg.

»Das sind Privatgespräche!« schrie ich ihn an und zerrte Dr. Fischer aufgeregt den Flur hinunter, wo wir den Typ loswaren und für uns sein konnten. Für dieses Mal ließ er uns in Ruhe, doch am nächsten Tag stand er wieder da.

Ich dachte daran, ihm eine runterzuhauen, doch schließlich entschied ich mich dafür, mit ihm zu reden.

»Warum belauschen Sie uns immer, wenn ich mit meiner Therapeutin rede?« fragte ich.

Er sagte, er höre uns überhaupt nicht zu. Er sei nur an Dr. Fischers Füßen interessiert. Er stehe nur da und sehe sie an. Sie seien so klein und hübsch in den Schuhen mit den hohen Absätzen, daß er einfach nicht anders könne. Er müsse sie anstarren.

Sein Geständnis erleichterte mich nicht. Im Gegenteil. Der Typ war pervers. Ich konnte es nicht leiden, wenn irgend jemand so über Dr. Fischer dachte. Doch um ehrlich zu sein, ließ sein Verhalten bei mir alle möglichen unangenehmen Gedanken aufkommen. Ich fing an, Dr. Fischer zu mögen und sie attraktiv zu finden. Aus meiner anfänglichen Furcht vor ihr hatte sich eine Art Besessenheit entwickelt. Ich dachte oft über sie nach. Was stimmte mit mir nicht? Wenn der Typ pervers war, was war dann mit mir?

Die seltsamen Gefühle, die ich für Dr. Fischer entwikkelte, ängstigten und ekelten mich an. Ich hatte so lange in meiner eigenen verrückten Welt gelebt, daß ich nicht mehr wußte, wie es war, wieder dort herauszukommen. All meine Gefühle der Zuneigung und Nähe steigerten sich ins Gewaltige. Am Anfang hatte ich Haß und Furcht empfunden, jetzt begann ich zu denken, daß ich Dr. Fischer liebte.

Ich versuchte, diese beunruhigenden Gefühle in meinem Tagebuch zu formulieren:

> 18. Juni, 17.40 Uhr: Ich habe immer noch diese Gedanken hinsichtlich Dr. Fischer. Sie ängstigen und verwirren mich …

Ich war schockiert, als mir diese Gedanken zum erstenmal durch den Kopf schossen. Ich versuchte, an etwas anderes zu denken, doch sie kehrten gegen meinen Willen immer wieder zurück.

Die Stimmen reagierten hämisch auf mein Unbehagen.

»Du willst sie berühren, nicht wahr?« schrien sie während der Sitzung mit Dr. Fischer. Ich versuchte ruhig zu bleiben, obwohl ich ihr nicht ins Gesicht sehen konnte. Manchmal konnte ich sie überhaupt nicht ansehen. Ich schaute auf meine Turnschuhe, auf den Boden oder starrte vor mich hin. Manchmal wurde das Durcheinander aus meinen eigenen, seltsamen Gedanken und dem Hohn der Stimmen unerträglich, und ich brach die Sitzung unvermittelt ab. Ich flüchtete über den Flur in die Sicherheit meines Zimmers.

An den Vormittagen füllte ich mein Tagebuch mit sehnsüchtigen Ergüssen und zählte die Stunden, bis ich sie wieder sehen konnte. Nachmittags weigerte ich mich dann, sie zu sehen. Ich konnte ihr mit diesen perversen Gedanken, die mir im Kopf herumspukten, nicht gegenübertreten. Ich wurde von Schmerz und Schuldgefühlen verfolgt. Sie würde mich hassen. Sie würde mich verlassen. Was konnte ich ihr erzählen? Was konnte ich zu ihr sagen?

20. Juni, 23.00 Uhr: Weißt du, was das schlimmste für mich ist, wenn ich den ganzen Tag in meinem Zimmer sitze? Es ist das Alleinsein mit meinen verwirrten, verrückten Gedanken. Ich schreibe sie nicht auf, weil ich nicht schreiben kann, wenn ich mich so komisch fühle, und weil ich paranoide Angst davor habe, daß die Leute herausfinden, in was für eine Welt ich mich zurückziehe.

1. Juli, 20.00 Uhr: Ich fühle mich, als zerklatschte ich auf einer Autobahn, nachdem ich von der Brücke gesprungen bin ... Ich habe das sichere Gefühl, daß ich eines gewaltsamen Todes sterben werde. Vielleicht könnte ich mich mit Benzin übergießen, mich anzünden und dann von der Brücke auf die Autobahn springen. Wenn ich sehr wütend bin, habe ich solche Gedanken.

2. Juli, 14.50 Uhr: Weißt du, daß ich mich jeden Tag dagegen wehren muß, nicht verrückt zu werden? Wer sagt denn, daß ich mich nicht anstrenge, um zu einer Besserung meines Zustandes beizutragen? Was soll ich denn tun? Auf jede Stimme hören? Jedes Gefühl ausleben? Was ist mit meinen Phantasien? Soll ich diese krankhaften Ideen in die Realität umsetzen? Ich strenge mich doch wirklich an.

Immer wenn es mir wirklich schlechtging, wandte ich mich an Dr. Doller. Ich vertraute ihr irgendwie und wagte es, ihr meine schlimmsten Ängste mitzuteilen. Bei Dr. Fischer probierte ich immer noch aus, inwieweit ich ihr vertrauen konnte. Doch danach ging es mir nicht besser, sondern schlechter als zuvor. Ich fühlte mich überrannt, in Besitz genommen. Ich wußte nicht mehr, wer ich und wer sie war. Mit leidenschaftlicher Intensität schwankte ich zwischen Liebe und Zuneigung, Furcht und Haß hin und her. Mit all diesen Gefühlen lief ich dann zu Dr. Doller.

Eigentlich war sie es, die zu mir kam. Es war am späten Abend nach einer bedrückenden Sitzung mit Dr. Fischer. Ich saß auf dem Boden im Flur und zitterte. Dr. Doller mußte etwas in meinem Gesicht gelesen haben, denn sie blieb stehen und setzte sich neben mich. Sie begann kein therapeutisches Gespräch mit verständnisvollen Pausen, sondern fragte einfach und direkt.

»Na, Lori, was ist los?«

Sie mußte es mir nicht aus der Nase ziehen, im Gegenteil, es sprudelte nur so aus mir heraus – meine Furcht, mein Schmerz, mein Abscheu vor mir selbst wegen meiner seltsamen, unerklärlichen Gefühle für Dr. Fischer.

Dr. Doller erklärte mir in vorsichtigen Worten, daß solche Empfindungen durchaus nicht ungewöhnlich seien. Auch seien sie weder falsch noch schlecht. Nur weil ich diese Gefühle hätte, sei ich noch nicht krank, und ich solle mich nicht selbst dafür anklagen. Meine Gefühle könnten sogar hilfreich sein. Wenn ich wollte, könnte ich daraus lernen. Therapie funktioniere auf diese Weise, sagte sie. Im Laufe einer Therapie nehme ein Therapeut gegenüber dem Patienten verschiedene Rollen ein. Eine Therapeutin könne Mutter, Vater, Lehrerin, Schwester, Bruder, Freundin, sogar Geliebte sein. Die Gefühle, die ich empfand, seien gut. Sie böten mir die Möglichkeit, etwas Neues zu erforschen. Ich solle sie nutzen und mich ihrer nicht schämen.

Die Spannung verließ meinen Körper. Es war, als hätte Dr. Doller einen Furunkel aufgestochen. Sie hatte alles Böse in mir weggenommen und es in Gutes verwandelt. Ich war ihr dankbar, und zur gleichen Zeit war ich zufrieden mit mir, weil ich ihr vertraut hatte.

Manchmal allerdings wurde ich wütend auf Dr. Doller. Die Zeiten, in denen sie im Urlaub war, waren besonders schwierig für mich. Während sie fort war, zerriß ich Geldscheine – Dollarscheine, zehn Dollar, zwanzig Dollar, wenn ich sie in die Hände bekommen konnte. Ich nutzte die Ähnlichkeit zwischen ihrem Namen und dem der Geldscheine, um mich symbolisch an ihr zu rächen.

Manchmal wurde Dr. Doller auch wütend auf mich – anders als Dr. Fischer, die stets professionelle Distanz wahrte. Als ich mich einmal weigerte, meine Medikamente einzunehmen, geriet sie in Rage und schnauzte mich an. Sie drohte, mir meinen Wochenend-Ausgangspaß wegzunehmen, wenn ich die Medikamente nicht wie vorgeschrieben einnähme. Später beruhigte sie sich und entschuldigte sich bei mir. Ich nahm die Medikamente.

Die Stimmen reagierten auf Dr. Doller anders als auf andere Menschen. An sich war alles wie immer – die Stimmen forderten mich auf, Dr. Doller zu vernichten, ebenso wie sie mir befahlen, Dr. Fischer zu töten. Sie drohten, daß sie Dr. Doller und mich in die Hölle stecken würden, falls ich sie weiterhin sehen würde. Aber irgendwie war es auch anders. Irgendwie spürte ich bei den Stimmen eine Angst, die ich nie zuvor wahrgenommen hatte.

Während ich mit Dr. Doller zusammensaß, war ich in endlose Kämpfe mit den Stimmen verwickelt. Vor allem zwei standen ihr und mir feindlich gegenüber. Da waren sie, die zwei, und warnten mich kreischend vor Dr. Doller. Doch während die Stimmen normalerweise befahlen, ich solle mein Gegenüber töten, um nicht selbst umgebracht zu werden, wollten sie diesmal etwas anderes. Sie schrien, daß Dr. Doller *mich* verletzen würde, doch mir war klar, daß sie eigentlich schrien, ich solle *sie* beschützen.

1. STIMME: Dieses Arschloch lügt dir nur was vor.
2. STIMME: Friß Scheiße, du armseliges kleines Doktorlein! Friß Scheiße! Friß Scheiße!
1. STIMME: Du verdammtes Arschloch. Sie wird dich so verletzen, daß du für immer zu leiden hast, Blödbacke!
2. STIMME: Sie ist keinen Furz wert, also spuck ihr ins Hirn!
1. STIMME: Schlag sie nieder und reiß ihr den Schädel auf, diesem Stück Scheiße!
2. STIMME: Wir werden uns nicht durch die Macht der Frau Doktor auslöschen lassen.

BEIDE STIMMEN:
Durch die Macht der Frau Doktor. Durch die Macht der Frau Doktor. Durch die Macht der Frau Doktor.

Sie hatten Angst. Die Stimmen hatten tatsächlich Angst. Dr. Doller hatte als Ärztin die Macht, sie zu zerstören.

Langsam, Schritt für Schritt, war ich fähig, Dr. Doller zu vertrauen. Sie versetzte mich in die Lage, mich Dr. Fischer gegenüber stärker zu öffnen. Nachdem ich mit

Dr. Doller gesprochen hatte, schrieb ich an Dr. Fischer und erzählte ihr, was ich für sie empfand. Wir sprachen darüber, auch über meine Tötungsphantasien. Sie erklärte mir, daß sie eigentlich mehr mit meinem Wunsch zu tun hatten, diese bösen Gefühle zu töten.

Mittlerweile fiel es mir immer leichter, Dr. Doller zu erzählen, was in meinem Kopf vorging. Es war seltsam. Ich schilderte einige überaus ekelhafte, widerliche, furchtbare und demütigende persönliche Gedanken und Gefühle, und sie schien nicht angewidert zu sein. Sie schien mich sogar zu mögen. Sie verurteilte mich nie, selbst als ich ihr meine schlimmsten Geheimnisse und Phantasien anvertraute.

Es war ihre Sachlichkeit, die mir half. Nach einem schlimmen inneren Aufruhr erzählte ich ihr schließlich von grausigen Phantasien, in denen ich meinen Vater tötete und verstümmelte. Ich selbst war von den schrecklichen Details dieser Vorstellung erschüttert, doch als ich Dr. Doller alles erzählte, war sie kein bißchen schockiert.

»Ich würde das nur als mittelmäßig bezeichnen, Lori«, meinte sie. »Das können Sie doch besser.«

Sie schreckte auch nicht davor zurück, mir die Wahrheit ins Gesicht zu sagen. Als ich einmal über meine Hoffnung sprach, geheilt zu werden, sah sie mich ernst an. »Lori, wir können Ihnen so weit helfen, daß es Ihnen bessergeht«, sagte sie. »Doch es wird Ihnen niemals möglich sein, wieder so zu werden, wie Sie einmal waren. Sie werden nie mehr dasselbe Mädchen sein wie damals an der High-School oder auf dem College. Sie werden lernen müssen, mit der Person auszukommen, die Sie jetzt sind. Sie werden lernen müssen, mit den Stimmen zu leben.«

Dr. Doller brachte mir bei, die Momente, in denen

es mir gutging, zu erkennen und zu schätzen. »Erinnern Sie sich daran, wie gut Sie sich jetzt fühlen«, sagte sie. »Es werden wieder Zeiten kommen, in denen Ihnen alles trostlos erscheint. Ich will diese harten und schweren Phasen nicht beschönigen. Ich weiß, wie verzweifelt Sie dann sind. Doch diese Phasen werden nicht ewig dauern. Erinnern Sie sich an die guten Augenblicke.«

24

Lori
New York Hospital, White Plains,
New York
Januar 1989

Das neue Jahr begann, und ich versuchte, an die guten Momente und an meine Hoffnung auf ein neues Leben zu denken.

Ich bemühte mich darum, das mit den Stimmen zu verstehen. Jahrelang hatte Dr. Rockland mir in der Therapie erklärt, daß die Stimmen ein Teil von mir seien, etwas, das tief in mir verborgen sei und nun auf unerklärliche Weise an die Oberfläche komme. Ich hatte gelernt, dies zu wiederholen, wenn ich gefragt wurde, doch geglaubt hatte ich es nie. Diesmal jedoch strengte ich mich an, meine Ärztinnen zu verstehen, wenn sie sagten, die Stimmen seien nicht real.

Die Stimmen schrien mich an und befahlen mir, einen der männlichen Pfleger zu kastrieren. Dr. Fischer und Dr. Doller erklärten mir, daß andere Menschen diese Stimmen nicht hören konnten. Sie seien nur meine eigenen, feindseligen Gedanken, die in meinem Kopf zu überdimensionaler Größe aufgebläht würden.

Ich hörte zu. Ich dachte darüber nach. Absolut unmöglich, dachte ich zuerst. Ich hatte doch nicht so furchtbare Gedanken. Diese Gedanken konnten nicht von mir stammen. Die Stimmen waren die wahnsinnigen Dämonen, nicht ich. Außerdem waren die Stimmen so klar, so real, so lebendig. Es war einfach unmöglich, daß sie nur Ausgeburten meiner Phantasie sein sollten.

Nach und nach tastete ich mich jedoch mit Hilfe von Dr. Fischer und Dr. Doller immer weiter vor. Wenn ich hörte, wie die Stimmen mich laut verfluchten, sagte ich nichts, sondern wartete. Ich schaute mich um. Ich sah in die Richtung, aus der die Stimmen gekommen waren. Niemand schien etwas bemerkt zu haben. Niemand schien durch die heftigen Worte gestört worden zu sein. Es war, als seien alle anderen taub. Ich wollte sie schütteln. Ihr Idioten! dachte ich. Glaubt ihr, daß sie einfach verschwinden, nur weil ihr sie ignoriert?

Anfangs glaubte ich, die Menschen um mich herum wollten mich austricksen. Sie taten nur so, als hörten sie die Stimmen nicht. Ich wußte nicht, warum sie sich so verhielten, und das machte mich paranoid. Ich mißtraute ihnen. Was planten sie sonst noch gegen mich?

Dann kamen die Stimmen wieder. Immer noch keine Reaktion der anderen Leute. Ich fühlte eine kleine Veränderung in mir. Vielleicht konnten sie sie wirklich nicht hören? Schnell versuchte ich, diesen Gedanken wieder loszuwerden. Ich hörte die Stimmen so deutlich wie die Nationalhymne beim Baseballspiel.

Dann befragte ich Dr. Doller und Dr. Fischer.

»Hören Sie das Lachen?« fragte ich Dr. Fischer während der Sitzung.

»Nein«, antwortete sie.

»Hören Sie diese Leute, wie sie ›Sterben!‹ rufen?« fragte ich Dr. Doller, als ich sie im Flur traf.

»Nein«, antwortete sie.

Immer und immer wieder versicherten mir Dr. Doller und Dr. Fischer das gleiche wie Dr. Rockland: daß die Stimmen nur in meinem Kopf existierten. Im Unterschied zu früher war ich nun bereit zuzuhören. Ich vertraute den Ärztinnen. Warum sollten sie mich anlügen? Natürlich konnte ich ihnen noch nicht ganz glauben, dazu waren die Stimmen zu real. Doch immerhin war ich mittlerweile bereit, diese Möglichkeit in Erwägung zu ziehen.

Wenn ich akzeptierte, daß die Stimmen nur in meinem Kopf existierten, war ich in der Lage zuzugeben, daß hinter den Stimmen echte Emotionen standen. Nachdem ich angefangen hatte, den Ärztinnen zu erzählen, was die Stimmen über sie sagten, halfen sie mir, diese Aussagen genauer zu betrachten und zu erkennen, warum die Stimmen bestimmte Dinge sagten. So verriet ich Dr. Fischer, daß die Stimmen mir befahlen, sie zu erwürgen.

»Ist es möglich, daß Sie böse auf mich sind?« fragte sie. Und langsam wurde mir klar, daß ich wirklich ärgerlich war, weil sie zu spät zur Sitzung gekommen war. Oder daß ich eifersüchtig war, weil sie sich mit einem anderen Patienten unterhalten hatte.

Dr. Doller und Dr. Fischer sagten, daß ich die Stimmen zwar nicht loswerden konnte, aber immerhin die Möglichkeit hatte, an die starken Emotionen, die dahinterlagen, heranzukommen. Ich versuchte, den Brennstoff für die Stimmen – meinen Ärger – umzuleiten, indem ich ihn auf andere Weise abreagierte. Unter der Anleitung der beiden Ärztinnen übte ich, meinen Ärger zu erkennen und in Worte zu fassen, bevor er sich in eine Eruption der Stimmen verwandelte.

Manchmal errang ich die seltsamsten Siege. So schrieb ich beispielsweise in mein Tagebuch:

> Heute habe ich einen Fortschritt gemacht. Ich nannte Dr. Doller hinter ihrem Rücken ein Arschloch, aber nicht in den Worten der Stimmen. Anders gesagt, ich wurde ganz allein ärgerlich.

Ich arbeitete daran, nicht nur mich selbst zu verstehen, sondern auch verstanden zu werden. Ich erklärte Dr.

Doller das Schubladensystem in meinem Gehirn, so gut ich konnte. Waren die Schubladen alle geschlossen, war ich in Sicherheit. Sobald eine oder mehrere Schubladen auch nur ein bißchen offenstanden, sickerte aus der einen Böses heraus, aus der anderen kamen schlechte Gedanken. Nach kurzer Zeit herrschte Chaos in meinem Gehirn, alles wurde zusammengemanscht wie ein großes Rührei. Das Durcheinander, das die Stimmen anrichteten, war einfach zu chaotisch, ich konnte es nicht ertragen und explodierte.

Für Dr. Doller und Dr. Fischer war es sehr schwierig, in mein Inneres zu schauen und zu verstehen, wie ich mich fühlte. Also erstellte ich eine Skala von Null bis Drei, um ihnen mitteilen zu können, wie stark die Stimmen gerade waren. Null bedeutete, daß die Stimmen nicht da waren, was allerdings so gut wie nie vorkam. Bei Drei waren die Stimmen so übermächtig, daß ich von ihnen überwältigt wurde.

Dr. Doller setzte sich oft mit mir auf einen der Flure der Station und fragte mich dann, wie stark die Stimmen gerade seien.

»Nun, Doktor, ich würde ihnen eine Eins geben.« Das bedeutete, daß ich mich relativ gut fühlte. Wenn ich ihr später am Tag erzählte, daß die Stimmen auf die Zweiplus-Ebene gestiegen seien und daß ich anfing, mich panisch zu fühlen und an Selbstmord zu denken, dann erinnerte sie mich daran, daß ich mich ein paar Stunden zuvor viel besser gefühlt hatte und daß ich mich auch wieder besser fühlen würde.

Ich wurde sogar mit dem Beruhigungsraum fertig.

Bei meinem letzten Aufenthalt im Krankenhaus war der Beruhigungsraum für mich ein furchterregender, schrecklicher Ort gewesen. Jedesmal, wenn ich dorthin geschickt wurde, kam es mir wie eine Bestrafung für mein Fehlverhalten vor. Diesmal redeten mir alle auf der Station immer wieder zu. Sie sagten, der Beruhigungsraum sei keine Strafe und kein Feind. »Wenn Sie es schaffen, aus eigenem Antrieb dorthin zu gehen, können Sie sich dort beruhigen.«

Wie konnte ich ihnen glauben? Ich war selten aus freien Stücken in den Beruhigungsraum gegangen, meistens hatte man mich hingetragen. Oft hatte ich dort völlig die Kontrolle verloren und geschrien, bis sie mich wieder hinausschleppten, um mich in die kalten Packungen zu wickeln. Freiwillig dort hineingehen? Wer war denn hier verrückt?

Doch die Leute auf der Station erklärten in fast schon monotoner Wiederholung, daß der Beruhigungsraum nichts Schlimmes sei. »Wenn Sie Hilfe brauchen, dann kommen Sie zu uns, bevor Sie die Kontrolle über sich verlieren. Bitten Sie um Medikamente. Nutzen Sie den Beruhigungsraum. Arbeiten Sie mit uns zusammen«, sagten sie. »Arbeiten Sie mit uns.« Langsam lernte ich, auf sie zu hören.

Als ich den Beruhigungsraum das erste Mal freiwillig betrat, zitterte ich. Das war es jetzt. Das war, was mir beigebracht worden war. Ich konnte spüren, wie sich in meinem Inneren Schmerz und Wut aufstauten. »Geh nicht hinein! Geh nicht hinein!« schrien die Stimmen. »Da drinnen stirbst du! Du stirbst!« Ich zögerte. Sollte ich auf die Leute von der Station hören oder auf die Stimmen? Dann entschied ich mich: Zur Hölle mit den Stimmen. Ich würde hineingehen.

Am Anfang war es wie ein Wirbelwind. Mein Gehirn bekam so viel Stimulation, daß ich glaubte, ich würde auseinanderbrechen. Da waren die Stimmen, Bilder, Gedanken, Gefühle. Ich wollte schreien, doch ich brachte keinen Ton heraus. Mein Herz raste, meine Hände zitterten. Ich konnte nicht schlucken. Ich konnte nicht atmen. Es passierte zuviel auf einmal. Schließlich brach ich geistig völlig erschöpft zusammen. Doch ich konnte mich entspannen.

Je öfter ich in den Beruhigungsraum ging, desto leichter fiel es mir. Er wurde zu einem Ort, an dem ich mich abregen und entspannen konnte. Seinen Strafcharakter hatte er verloren. Schließlich verband ich sogar angenehme Gefühle mit dem Beruhigungsraum.

Fast alle waren der Meinung, daß ich gute Fortschritte machte. Aber um welchen Preis? Allein schon das Bemühen, die Symptome unter Kontrolle zu halten, verzehrte meine ganze Kraft und erschöpfte mich. Und die Stimmen waren immer da. Ihr dauerndes Gerede über Höllenfeuer und furchtbare Strafen begleitete mich ständig. Außerdem hatte ihr verrückter Singsang etwas Sinnliches, Lüsternes bekommen: »Sprich mit uns, süße kleine Fotze«, flüsterten sie, »sprich mit uns.«

Geräusche hallten in meinem Kopf wider wie Donner. In meinem Gehirn tobte ein Hagelsturm, dessen Böen Telefonmasten und Bäume niedermähten. Ich hörte Flugzeuge über uns dröhnen und wappnete mich gegen das zerstörerische Heulen der abgeworfenen Bomben. Jeder Laut überwältigte mich. Ich war nicht in der Lage, bestimmte Geräusche herauszufiltern, alle trafen mein Innerstes mit gleicher Intensität. Verkehr. Wind. Wasser, das durch den Abfluß lief. Vögel. Fenster, die sich öffneten oder schlossen. Alles schoß in meinem Kopf hin und her wie Artilleriefeuer.

In diesen Tagen war das schlimmste jedoch nicht das, was ich hörte, sondern das, was ich sah. Ich sah Feuer, Blitze, farbige Lichtstrahlen. Ich sah Menschen in den

Fenstern und Körperteile auf den Bäumen hängen. Ich sah Brände, die Menschen und Wände und Gesichter einschlossen. Manchmal glaubte ich, ich hätte einen Projektor in den Augen, der Bilder und Umrisse und Farben direkt in mich hinein projizierte. Manchmal wirkte alles wie ein Film, der direkt vor meinen Augen ablief. Manchmal sah ich diese Dinge so real wie mein Bett oder meine Lampe oder meine Turnschuhe.

Nachts konnte ich nicht schlafen, weil diese Kreaturen auf meinem Bett saßen. Eines Nachts saß ich am Schreibtisch und schrieb in mein Tagebuch, weil ich Angst hatte, in die Nähe meines Bettes zu gehen. »Es sitzen vier von ihnen auf meinem Bett«, schrieb ich.

Normalerweise sah ich Kreaturen mit Gesichtern, die wie die schlimmsten Halloween-Masken aussahen. Andere hatten grüne Gesichter, groß, haarig, schleimig und mit Blasen übersät. Ich sah, wie das Gesicht eines Freundes meiner Eltern, Dr. Arnie Mearov, in eine Karikatur zerschmolz. Warum gerade er? Weil er ein Psychiater oder weil er ein Freund meiner Eltern war? Ich sah meinen Mathelehrer Fred Zaltas aus der siebten Klasse. Mit Dreizehn war ich in ihn verknallt gewesen, doch seit zehn Jahren hatte ich nicht mehr an ihn gedacht.

Ich sah die Bauchredner-Puppe aus meiner Kindheit. Die Puppe war wie ein Freund gewesen. Jetzt spielte ich wieder mit ihr, wir führten imaginäre Unterhaltungen, als ob sie wirklich existierte. Wir unterhielten die Leute, so wie wir es vor vielen Jahren in einem anderen Leben getan hatten. Wir brachten die Menschen zum Lachen. Und dann zerschmolz sie wie weiches Wachs in ein grausiges, häßliches Ding, das aussah wie das Schlammloch in meinem Gehirn.

Und dann sah ich Charles Manson, der mich von den Wänden meines Zimmers herab anstarrte, so wie er damals, als ich noch ein Kind war, in Kalifornien aus den Zeitungen gestarrt hatte. Er durchdrang meinen Geist und meinen Körper mit seinen wilden, verrückten Augen. In der Klinik hänselten sich die Patienten oft untereinander wegen ihres psychotischen Starrens. Doch ich war noch nie einem Patienten begegnet, der einen Blick wie Charles Manson hatte. Seine Augen waren wie Messer, die meine Seele durchbohrten. Ich konnte seinem Blick nicht entkommen. Jedesmal, wenn ich versuchte wegzusehen, zwang er meine Augen, wieder in die seinen zu starren. Ich war nicht fähig, diesem psychotischen Blick zu entkommen.

Ich schrie entsetzt auf. Die Mitarbeiter der Station kamen angerannt, um mich zu retten. Allein schaffte ich es nicht. Meine Fäuste hatten bereits angefangen, auf die Wände einzuschlagen. Ein irres Lachen schien von überall her zu kommen, und plötzlich wurde mir klar, daß es von mir stammte. Die verantwortliche Krankenschwester gab mir eine Tablette, die ich schlucken sollte, doch ich war außer Kontrolle. Ich schlug den Becher zu Boden. Plötzlich wurde ich auf den Boden des Beruhigungsraums gepreßt und bekam eine Injektion, die die Gesichter verschwinden ließ. Ich versank in tiefen Schlaf, und als ich erwachte, war Charles Manson verschwunden.

Ich hatte zwar akzeptiert, daß die Stimmen ein Teil von mir waren, doch es fiel mir nach wie vor schwer, sie von der Realität zu unterscheiden.

In einer eiskalten Januarnacht hörte ich draußen im Hof ein Baby schreien. Es weinte ununterbrochen und hörte einfach nicht auf. Je länger ich es hörte, desto aufgewühlter wurde ich. Ich ging zum Schwesternzimmer.

»Da ist ein Baby draußen«, sagte ich heftig. »Wir müssen es retten.«

Die diensthabende Schwester reagierte verständnisvoll. Wir gingen zu dem Fenster, von dem aus ich die Schreie gehört hatte.

»Ich kann nichts hören, Lori. Ich sehe auch nichts da draußen. Es ist Einbildung, Lori, es ist nicht real.«

Ich wurde immer hektischer. »Dort draußen liegt ein Baby. Ich kann es hören. Warum können Sie das nicht?« Ich bat darum, mit jemandem hinausgehen zu dürfen, um nachzuschauen, doch die Mitarbeiter erlaubten es nicht. Es sei zu kalt draußen, sagten sie.

Zu kalt? Verstanden sie denn nicht? Das war doch das Problem. Es waren acht Grad unter Null. Wie konnten sie da ein weinendes Baby im Schnee liegen lassen? Ich beschloß, die Sache selbst in die Hand zu nehmen. Auf der Station gab es Telefone, mit denen die Patienten ihre Familien oder Freunde anrufen konnten. Statt dessen rief ich jetzt die Polizei an. Ich bestand darauf, daß jemand kam und die Sache untersuchte.

Als der Beamte am Telefon hörte, von wo aus ich anrief, wurde er mißtrauisch.

»Gehören Sie zum Personal oder zu den Patienten?« fragte er mich.

»Ich bin eine Patientin«, antwortete ich. »Aber ich gehöre nicht zu den Verrückten. Ich bin geistig völlig gesund, und da draußen schreit ein Baby, und Sie sollten lieber schnell herkommen, bevor es zu spät ist.«

Er bat mich, die Nachtschwester ans Telefon zu holen, die ihm erklärte, daß ich halluzinierte. Nachdem sie aufgelegt hatte, drehte sie sich zu mir um.

»Lori, da draußen ist kein Baby, aber wenn es Sie beruhigt, bitten wir den Sicherheitsdienst, sich dort einmal umzusehen.«

Natürlich fand man nichts.

Trotz all meiner Fortschritte – wie konnte ich in die

Welt hinausgehen und dort leben, wenn ich nicht unterscheiden konnte, was real war und was nicht? Wie konnte ich dem Leben draußen gegenübertreten, wenn ich in eine Wahrnehmungswelt eingesperrt war, die nach eigenen Gesetzen funktionierte?

Was die Sache noch schlimmer machte, war der Umstand, daß nicht einmal mein Körper mir entsprach. Durch die Einnahme der Medikamente hatte ich mich von mollig auf wirklich dick gesteigert. Bei einer Größe von einem Meter sechzig wog ich inzwischen über achtzig Kilo. Als mein Gewicht von meinen bisherigen siebenundfünfzig auf fünfundsechzig Kilo gestiegen war, hatte ich mich gefühlt wie ein gestrandeter Wal. Mit fünfundsiebzig Kilo sah ich auch so aus. Bei fünfundachtzig Kilo weigerte ich mich, in den Spiegel zu sehen, weil ich Angst vor diesem Fettkloß hatte, der mir entgegenblickte.

Ich versuchte abzunehmen, indem ich hungerte. Ich nahm keine feste Nahrung zu mir und betäubte die Hungergefühle, indem ich Diät-Cola in mich hineinschüttete. An jedem Mittwochmorgen wurden wir gewogen; ich zog immer meine leichtesten Sachen an und stieg ohne Schuhe auf die Waage.

Aber aus irgendeinem Grund nahm ich einfach nicht ab. Wenn ich den Reißverschluß meiner Jeans hochzog, platzte er. Meine Blusen waren viel zu eng. Die Jogginganzüge, die meine Mutter mir anstelle von Straßenkleidung mitbrachte, waren großartig für den Winter, doch im Sommer schwitzte ich mich in ihnen zu Tode. In einer Familie – und einer Gesellschaft –, in der Schlankheit wichtig ist und Übergewicht als Zeichen von Willensschwäche gewertet wird, konnte ich mich nicht einfach damit herausreden, die Medikamente beherrschten meinen Körper ebenso wie die Stimmen meinen Geist. Wie konnte ich mit einem Körper herumlaufen, der in jeder Rundung die Zeichen meiner Krankheit zeigte? Wie konnte ich in die Welt hinausgehen und dort leben, wenn ich gar kein Leben hatte?

Ich wußte, daß sie bei den Stationstreffen über eine medizinisch und therapeutisch betreute Einrichtung für mich sprachen, so etwas wie das Futura House, wo ich unter Beobachtung leben konnte. Doch immer häufiger wurde auch das staatliche Krankenhaus erwähnt. Ich wußte, daß ich nicht für immer im Westchester bleiben konnte. Es sah jetzt so aus, als würden meine schlimmsten Befürchtungen wahr werden. Das staatliche Krankenhaus, mit dem mir immer gedroht worden war, wenn ich mich schlecht benommen hatte, rückte näher und näher, obwohl ich mich nach Kräften bemüht hatte, mein Bestes zu geben.

In einem staatlichen Krankenhaus konnte ich nicht leben. Wenn es keine Alternative gab, würde ich mich früher oder später umbringen. Und diesmal wirklich. Die anderen schienen dies zu spüren. Als ich eines Abends mit Sorin darüber sprach, wurde er sehr ernst.

»Wenn du dich entschließen solltest, dich umzubringen«, sagte er, »dann stell dir in der Sekunde, bevor du handelst, mein Gesicht vor. Hör mir zu, wenn ich dich anflehe, es nicht zu tun. Vergiß nie, daß es jemanden gibt, dem wirklich etwas an dir liegt.«

21. Januar 1989, Samstag, 20.25 Uhr: Ich kann nicht sagen, aus welcher Richtung die Geräusche kommen. Sie sind unheimlich, richtig gruselig und furchterregend – bedrohlich. Es muß mir einfach bald bessergehen. Ich brauche neue Medikamente oder irgend etwas. Ich muß für mich beten, damit ein Wunder geschieht.

Es gab nur eine letzte kleine Hoffnung: ein neues Medikament. Seit Monaten hatte man in der Klinik immer wieder etwas darüber gehört. Es wurde in Europa eingesetzt; in den Vereinigten Staaten war es noch nicht zugelassen. Zwei Patienten im Westchester hatte man es auf experimenteller Basis angeboten. Ich wollte es ebenfalls ausprobieren.

Bislang hatte ich nicht viel Glück mit Medikamenten gehabt. Fast jedes antipsychotische Medikament und jedes Antidepressivum war an mir ausprobiert worden. Ich nahm Tabletten gegen psychotische Symptome, gegen Stimmungsumschwünge, gegen Angstzustände. Nichts hatte mir bisher langfristig geholfen, und so probierten die Ärzte immer wieder etwas Neues aus. Ein antipsychotisches Medikament löste das andere ab. Navan. Stelazin. Mellaril. Moban. Haldol. Nichts. Nichts. Nichts.

Das gleiche galt für die Antidepressiva. Lithium schien nichts gegen meine Depressionen und manischen Hochstimmungen ausrichten zu können. Also versuchten die Ärzte, die Depression mit MAO-Hemmern isoliert zu bekämpfen. Als das nicht funktionierte, verschrieben sie trizyklische Antidepressiva. Dann versuchten sie es wieder mit Lithium, jetzt in höheren Dosen.

Lag das Problem in der Dosierung? Erhöhe die Dosis. Senke die Dosis. War es die Kombination von Medikamenten? Versuche Prolixin mit Lithium. Versuche Thorazin mit einem MAO-Hemmer. Vielleicht lag das Geheimnis in einer ganz bestimmten Kombination oder Dosierung. Nimm Mellaril gegen die Psychose und Xanax gegen die Erregungszustände.

Dann gab es da auch noch die normalen Beruhigungsmittel, die je nach Bedarf verabreicht wurden, wenn ein Angstzustand mir die Kehle zuschnürte, meine

Brust umklammerte, mein Herz so laut schlagen ließ, daß es selbst die Stimmen übertönte. Valium, Xanax, Ativan, Klonopin ... alle verschafften mir Erleichterung, doch sie machten süchtig und mußten deswegen immer wieder durch andere ersetzt werden.

Ich erkannte die Medikamente hauptsächlich an ihren Nebenwirkungen. Einige Psychopharmaka machten mich schläfrig. Andere ließen alles vor meinen Augen verschwimmen. Als ich Thorazin nahm, fühlte ich mich wie ein Zombie. Mein Gesicht sah aus wie die gefrorene Maske eines Menschen, der seit Wochen tot ist. Ich schlurfte durch die Flure, mein Geist war eine schattenhafte Wolke. Ich litt an Verstopfung und hatte große Probleme, meinen Urin zu halten. Gleichzeitig hatte ich einen riesigen Hunger und nahm wahnsinnig zu. Mein Mund war so trocken, daß meine Lippen am Zahnfleisch klebten. Haldol richtete nichts gegen die Symptome aus und hatte schreckliche Nebenwirkungen. Die intensive, unkontrollierbare Verkrampfung der Muskulatur gab mir das Gefühl, mein Kopf würde abgeschraubt werden – wie bei Popeye, wenn Bluto ihn zusammenschlägt.

Lithium sollte die Stimmungsumschwünge unterdrücken. Es milderte meine manischen Hochs und holte mich aus den Depressionen. Aber es vergrößerte auch meine Schilddrüse und machte mich durstig, mir war häufig übel, und ich bekam Durchfall. Da Lithium potentiell giftig ist, wurde mein Blut dreimal in der Woche untersucht, um sicherzustellen, daß die Dosis nicht zu hoch war.

Das schlimme an der Sache war, daß ich bei jedem Medikamentenwechsel eine Besserung spürte. Für ein paar Tage, manchmal sogar eine Woche oder einen Monat, wurden die Stimmen schwächer, die Bilder begannen zu verblassen. Ich fühlte mich besser. Die Sitzungen mit

Dr. Doller und Dr. Fischer waren ergiebiger, meine Fähigkeit, mich ihnen mitzuteilen, größer. Meine Tagebucheintragungen veränderten sich ebenfalls. Ein optimistischer Ton schlich sich in meine Verzweiflungsausbrüche. Vorübergehend glaubte ich an Dr. Dollers Botschaften der Hoffnung.

Dann stürzte wieder alles über mir zusammen. Hatte das Medikament kurze Zeit gewirkt, bevor sich mein Körper daran gewöhnt hatte? Hatte einfach mein verzweifelter Wunsch, das Medikament könne die Qual lindern, die kurze Besserung bewirkt?

Ich wußte es nicht. Doch meine Verzweiflung wurde von Mal zu Mal größer. Ich hatte das Gefühl, daß es mir nach jedem Versuch mit einem neuen Medikament noch schlechterging. Ich fühlte mich wie ein Baum, der gefällt wurde. Je öfter die Ärzte mit ihren Medikamenten an mir herumhackten, desto schneller würde ich fallen.

Der neue Wirkstoff schien anders zu sein. Ich hatte gehört, daß er Leuten half, bei denen zuvor kein anderes Medikament gewirkt hatte. Aber es gab auch beunruhigende Nachrichten: Einige Leute waren nach Einnahme des Medikaments gestorben. Hier im Westchester hatte ein Patient furchtbare Anfälle bekommen, als man ihn auf das neue Mittel vorbereitete. Teil dieser Vorbereitung war die Absetzung aller anderen Medikamente für zwei Wochen. Ohne diese Medikamente hatte der Patient durchgedreht und ganze Tage im Beruhigungsraum verbracht.

Das alles war mir egal. Alles andere hatte ich ausprobiert. Nichts hatte geholfen. Wenn es ein neues Medikament gab, dann wollte ich es auch ausprobieren. Ich hatte nichts zu verlieren.

Ich sagte Dr. Doller, daß ich das Clozapin nehmen wolle.

25

Dr. Jane Doller
New York Hospital, White Plains,
New York
Januar 1989

Ich mußte sorgfältig prüfen, ob Loris Wunsch, auf Clozapin gesetzt zu werden, tatsächlich sinnvoll war. Das Medikament war für uns nur auf experimenteller Basis zugänglich. Es war möglich, daß es Lori im Kampf gegen die Stimmen und Halluzinationen, die sie quälten, half. Es war aber auch möglich, daß es sie umbrachte.

War das Medikament das Risiko wert? Ich dachte über die gemeinsame Arbeit von Lori und mir nach. Als sie vor zwei Jahren auf unsere Station kam, habe ich viel Zeit dort verbracht. Ich war jung, Single und liebte meinen Beruf. So blieb ich oft bis spät in die Nacht, unterhielt mich mit meinen Patienten oder saß einfach im Schwesternzimmer.

An einem Winterabend wollte ich nach einem langen Tag nach Hause gehen, als ich Lori im Speisezimmer sah. Die Essenszeit war schon lange vorbei, der Raum hätte leer sein müssen. Lori ging dort mit einem beunruhigten Ausdruck im Gesicht allein auf und ab. Instinktiv ging ich zu ihr.

»Was ist los, Lori?« fragte ich.

»Mein Vater ist auf Geschäftsreise in Chicago«, erwiderte sie.

Dieser Umstand kam mir eigentlich nicht besonders tragisch vor. Ich wartete.

»Es schneit«, fuhr sie fort. Wir hatten in der Tat den ganzen Tag sehr schlechtes, stürmisches Wetter gehabt. »Ich mache mir Sorgen um ihn.«

»Vielleicht hat sein Flugzeug Verspätung«, meinte ich.

Sie begann zu weinen. »Sein Flugzeug wird abstürzen. Es wird abstürzen, weil ich es abstürzen lasse. Es wird passieren, weil ich will, daß es passiert.«

Es war herzzerreißend. Sie litt so sehr. Ich konnte ihre Gefühle sehr gut verstehen. Sie waren überhaupt nicht ungewöhnlich. Sie machte sich Sorgen um ihren Vater. Und sie war böse auf ihn, weil er fort war, weil er nicht hier war, um sie zu besuchen, und weil sie sich um ihn ängstigte.

Während sie über all dies nachdachte, begann sie – wie viele Menschen – ihre Gefühle in Phantasiegeschichten über schreckliche Ereignisse umzuwandeln. Und weil sie sich diese Horrorszenarien vorstellte, begann sie zu glauben, daß sie schuld daran sei. Diese Angst vor den eigenen Gedanken ist eine zutiefst ursprüngliche Angst. Sie ist ein Grund dafür, daß viele Kulturen Tabus über das Aussprechen bestimmter Worte verhängen. Lori, die in ihrer eigenen Welt eingeschlossen war, hatte einfach keine Möglichkeit, ihre Gedanken und Gefühle rational zu analysieren. Ich konnte ihr dabei helfen.

»Natürlich machen Sie sich Sorgen«, sagte ich. »Es ist eine stürmische Nacht, und Sie lieben Ihren Vater und wollen, daß er sicher nach Hause kommt. Sie machen sich Sorgen um ihn, aber Sie sind auch gleichzeitig böse auf ihn.«

»Ich bin nicht böse auf ihn«, widersprach sie.

»Doch, das sind Sie«, erwiderte ich. »Bitte denken Sie daran, daß es ganz normal ist, auf jemanden wütend zu sein, doch Ihre Gedanken können niemandem schaden.

Ihre Sorge und Ihr Ärger können das Flugzeug nicht abstürzen lassen. Aber Sie haben die Macht, die Richtung Ihrer Gedanken zu beeinflussen. Sie sagen, Sie machen sich Sorgen. Aber es sind Ihre eigenen Gedanken, die Sie an Flugzeugabstürze denken lassen. Wenn Sie wollen, können Sie Ihre Gedanken in eine andere Richtung lenken.«

Ich brachte sie zurück auf die Station, nahm eine Schwester beiseite und erklärte ihr, was ich Lori gesagt hatte, damit sie die Botschaft verstärken konnte. »Würden Sie bitte ein bißchen Zeit mit ihr verbringen und mit ihr reden?«

Das war eine jener Situationen, aus denen ein Anfall entstehen konnte. Wäre ich nicht vorbeigekommen, hätten ihre inneren Qualen sie möglicherweise so weit getrieben, daß sie schließlich etwas an die Wand geworfen oder zerbrochen hätte. Es war aber auch eine Situation, die leicht entschärft werden konnte.

Lori war ungeheuer erleichtert. Ich hatte nicht viel gesagt, doch es hatte gereicht, um sie von einer enormen Last zu befreien. Sie hatte das Gefühl, ich hätte etwas Magisches getan. Die Fähigkeit, ihre Gefühle zu erkennen und sie beim Namen zu nennen, hatte ihr sehr geholfen. Am Anfang unserer Beziehung festigten Begebenheiten wie diese ihr Vertrauen. Sie begann zu glauben, daß ich ihr helfen könne, und ich glaubte es auch.

Ich war der Meinung, daß wir Lori in den zwei Jahren, die sie auf der Station verbracht hatte, wirklich hatten helfen können. Ich dachte an das, was wir erreicht hatten. Lori verstand inzwischen wesentlich besser, was mit ihr los war, und konnte sich viel besser kontrollieren. Ich hatte eine Beziehung zu ihr aufgebaut, die an sich schon wertvoll war. Es war eine gesunde, stärkende, unterstützende Beziehung. Ich war stolz darauf, was ich durch meine Bemühungen erreicht hatte.

Keiner auf der Station wollte Lori aufgeben. Wir alle waren der Meinung, daß sie jemand war, für den es sich zu kämpfen lohnte. Wenn sich ihre Verrücktheit legte, kam eine liebenswerte, bezaubernde Persönlichkeit hervor, witzig, nachdenklich, jemand, mit dem man Spaß haben konnte. Und sie arbeitete hart an sich. Ich habe selten jemanden erlebt, der so hart an sich arbeitete wie Lori. Ihr höchstes Ziel war, ihren Zustand zu bessern, und sie setzte ihre ganze Kraft ein, um jede Technik, die wir ihr vorschlugen, anzuwenden.

Dennoch mußte ich der Tatsache ins Auge sehen, daß meine Bemühungen nicht ausreichten. Es war zwar gut und schön, daß Lori mir vertraute, doch sie litt immer noch unter psychotischen Schüben und Zerstörungswut. Die Belegschaft opferte eine Menge Zeit, um in unseren Sitzungen lange und engagiert zu diskutieren, was mit Lori geschehen sollte. Man konnte nicht übersehen, daß Lori noch immer sehr unter ihrer Krankheit litt.

Seit langem war mir klar, daß wir als Psychiater angesichts solcher Krankheiten um unsere eigenen beschränkten menschlichen Möglichkeiten wissen müssen. Wenn bei einem Patienten eine Besserung eintritt, können wir uns freuen, daß wir unsere Sache gut gemacht haben. Doch wir müssen auch sehen, daß Gott – oder das Glück – auf unserer Seite gewesen ist. Wenn es einem Patienten schlechtergeht und er ins staatliche Krankenhaus überwiesen werden muß, sollten wir uns vor dem Gefühl hüten, wir hätten zu wenig getan. Denn in Wahrheit sind wir in solchen Situationen oft hilflos. Wir tun, was wir können, doch manchmal ist die Krankheit einfach stärker als wir.

Im New York Hospital war man aufgrund der gefährlichen Nebenwirkungen des neuen Medikaments der Meinung, Clozapin sollte nur hoffnungslosen Fällen gegeben werden. Ich wollte alles für Lori tun, was in meiner Macht stand, aber konnte ich die Tatsache akzeptieren, daß es wirklich keine andere Hoffnung als Clozapin für sie gab?

Schon als Lori vor zwei Jahren auf unsere Station kam, war sie für viele ein hoffnungsloser Fall. Ich glaubte das nicht. Natürlich war sie sehr krank. Schon allein der Umstand, daß sie bei uns gelandet war, glich einer Brandmarkung als hoffnungsloses Wrack. Zu uns kamen nur die wirklich schweren Fälle, die Problempatienten. Wir nahmen nur Patienten, die von allen anderen aufgegeben worden waren.

Und wir hatten respektable Erfolgsquoten zu verzeichnen. Einige meiner ehemaligen Patienten lebten inzwischen allein, einige in betreuten Häusern, und ein Pärchen hatte es sogar geschafft, zwei Ganztagsstellen zu behalten. Wir hatten diese Menschen nicht geheilt – es schien für sie keine Heilung zu geben. Wir hatten ihnen jedoch helfen können, besser mit der Krankheit, die sie vermutlich ihr Leben lang begleiten würde, zu leben und zurechtzukommen.

Das war es auch, was ich für Lori erhoffte.

Ihre Krankenakte wirkte nicht besonders vielversprechend: mehrere langfristige Klinikaufenthalte, ein ständig wiederkehrender Verlust der Selbstkontrolle, Selbstmordversuche. Andererseits hatten viele Patienten unserer Station ähnliche Krankengeschichten wie Lori: Eine normale Kindheit bis zum Ausbruch der Krankheit im Teenager-Alter. Die anfängliche Schwierigkeit der Familie und von Lori zu akzeptieren, daß sie ernsthaft krank war. Das anfängliche Zögern der Ärzte, Lori mit der Diagnose »Schizophrenie« zu brandmarken, sowie ihre Neigung, lieber andere Krankheiten wie etwa eine manisch-depressive Störung als Ursache zu vermuten.

Dann kam die mittlere Phase, in der Loris Verhalten immer unberechenbarer wurde und die Ärzte eine Persönlichkeitsstörung als Krankheitsursache vermuteten. Ihr Verhalten – das Zerstören von Sachen, das Weglaufen – wurde als willentlich und manipulativ bewertet. Man nahm an, das Problem durch strenge Disziplin und Überwachung lösen zu können.

Loris Krankheit schritt fort, und als sie auf unsere Station kam, wies sie eine schwere Psychose auf. Es gab keinen Zweifel mehr: Lori war nicht nur manisch-depressiv, sie litt ganz klar an einer voll ausgebildeten Schizophrenie. Sie war auffallend psychotisch, paranoid und aggressiv. Ihre Gedanken waren ungeordnet, ihre Konzentration und ihre geistigen Fähigkeiten eingeschränkt.

Ein Blick auf ihr Krankenblatt zeigte mir, wieviel Mühe man sich mit Lori gegeben hatte. Die Ärzte hatten alles versucht, was ihnen an sinnvollen Möglichkeiten eingefallen war, von der Elektroschock- bis zur Gesprächstherapie. Praktisch jedes bekannte Medikament war ausprobiert worden. Man hatte keine Mühen gescheut, doch nichts hatte geholfen. Kein Wunder, daß man geneigt war, sie aufzugeben.

Hier auf der Langzeit-Station konnte uns eine solche Vorgeschichte allerdings nicht schrecken. Patienten wie Lori waren für uns keine hoffnungslosen Fälle. Wir betrachteten sie als Herausforderung. Wir hatten das Gefühl, eine besondere Station zu sein, anders als die anderen. Die Atmosphäre auf unserer Station entstand zum Teil dadurch, daß uns Dinge gelangen, die sonst niemand schaffte. Daß bisher nichts angeschlagen hatte, bedeutete noch lange nicht, daß keine Heilung möglich war. Wir übernahmen Patienten wie Lori, die jeder aufgegeben hatte, und halfen ihnen, sich besser zu fühlen.

Wir glaubten nicht, daß Medikamente die ideale Lösung waren. Natürlich unternahmen auch wir alles in unserer Macht Stehende, um für jeden Patienten ein wirksames Mittel oder eine geeignete Kombination von Medikamenten zu finden. Medikamente linderten in ungefähr zwei Drittel aller Schizophrenie-Fälle die Symptome. Doch die meisten Patienten kamen zu uns auf die Langzeit-Station, weil die Medikamente wirkungslos geblieben waren. Diese Patienten hatten wie Lori bereits eine verwirrende Vielfalt von Medikamenten bekommen, aber keines schien ihnen langfristig zu helfen.

Oft versuchte man, die psychotischen Symptome mit Medikamenten zu lindern. Die Behandlung wurde als gescheitert bewertet, wenn die Patienten weiterhin halluzinierten. Wir sahen das anders. Wir waren der Meinung, daß sich unabhängig von den Halluzinationen eine Person im Inneren verbarg, die wir erreichen konnten, wenn wir es versuchten.

Auf der Station verbrachten wir eine Menge Zeit mit Gesprächen darüber, wie man einen Patienten erreichen konnte. Man mußte eine bestimmte Gabe haben, die Chemie zwischen den Personen mußte stimmen – und es waren nicht immer die Ärzte, die das Ziel erreichten, sondern manchmal auch die Krankenschwestern oder beispielsweise ein freiwilliger Helfer oder ein Koch. Wir waren der festen Überzeugung, daß es möglich war, eine Verbindung zwischen unseren Patienten und einem Menschen herzustellen, der eine Brücke von ihrer inneren, verrückten Welt zurück in die äußere Welt bilden konnte.

Mein Wunsch, meinen Glauben an diese Art der Behandlung in die Tat umzusetzen, war einer der Hauptgründe, warum ich ans New York Hospital ging. Es war eines der wenigen Krankenhäuser, die eine Langzeit-Station hatten, wo diese Techniken angewandt wurden.

Es war nicht immer mein Wunsch gewesen, Psychiaterin zu werden. Ich bin auf Umwegen zur Psychiatrie gekommen. Im College hatte ich mich eher für Kunst und Kultur interessiert, für Film, Literatur und Poesie. Ich betrachtete all diese Bereiche als Spiegel, in dem man die versteckten Seiten der Menschen sehen konnte. In dieser Zeit faszinierten mich gleichzeitig Bücher über Psychosen. Besonders fesselnd fand ich ein Buch mit dem Titel *Two Accounts of a Journey Through Madness* (Zwei Beschreibungen einer Reise durch den Wahnsinn), in dem eine Psychiatrie-Patientin von ihren Versuchen erzählt, die eigene Krankheit zu verstehen.

Im dritten Jahr meines Medizinstudiums, als wir durch verschiedene Abteilungen geschleust wurden, bemerkte ich einen Unterschied zwischen den anderen Studenten und mir. Die anderen hatten entweder ein Interesse an der Forschung oder an der Behandlung an sich. Was mir am besten gefiel, war das Gespräch mit den Menschen, die ich behandelte. Ich wollte wissen, was sie dachten, was ihre Krankheit für sie bedeutete, wie sie sich im Krankenhaus fühlten. Ich bemerkte, daß die Leute positiv auf mich reagierten. Sie wollten mit mir reden.

Ich beschloß, Psychiaterin zu werden. Als ich ins New York Hospital kam, bat ich darum, der Langzeit-Station zugeteilt zu werden. Mir gefiel die Idee, an einem Ort zu sein, wo die Patienten die Zeit hatten, sich intensiv mit ihrer Krankheit zu beschäftigen und sie zu verstehen.

Mein Interesse konzentrierte sich zwar auf die Psychologie, doch das bedeutete keineswegs, daß ich der alten Schule folgte und Schizophrenie aus einem Fehlverhalten der Eltern ableitete – das alte Modell der schizophrenogenen Mutter. Wir suchten nicht nach den psychologischen Ursachen der Schizophrenie, da keiner von uns die biologische Ursache wirklich anzweifelte. Statt dessen versuchten wir, das Erleben der Schizophrenie zu verstehen und unseren Patienten zu zeigen, wie sie dieses Erleben besser ertragen konnten.

In meinen Augen ist es eine Sache, über die Störung des Dopaminstoffwechsels oder über eine Atrophie des Großhirns zu reden – wissenschaftliche Erklärungen für die Ursachen der Schizophrenie. Und es ist eine ganz andere Sache zu verstehen, wie es ist, mit einem zerbrochenen Gehirn zu leben. Denn das ist das Gefühl, das Menschen haben, die an Schizophrenie erkranken. Ein Mensch führt ein ganz normales Leben, und plötzlich, ohne Vorwarnung, geschieht etwas Schreckliches, etwas, das man nicht beschreiben kann. Etwas im Gehirn zerbricht.

Im Leben eines Menschen gibt es wohl kaum etwas, das ihn darauf vorbereitet, mit einem zerbrochenen Gehirn zu leben. Wer kann nachvollziehen, was für eine Katastrophe dies für die menschliche Seele bedeutet? Denn das, was zerbricht, ist die Fähigkeit, mit anderen Menschen in Beziehung zu treten. Das, was den Menschen mit seiner Umwelt verbindet, das, was es ihm erlaubt, andere Menschen als etwas zu sehen, das außerhalb seiner selbst liegt, dies alles – was immer es sein mag – ist zerbrochen.

Für alle, die diese Erfahrung nicht gemacht haben, ist es schwer zu verstehen, welche innere Trostlosigkeit dieser Bruch verursacht. Es muß schlimmer sein als die schlimmste Erfahrung von Einsamkeit. Menschen, die an Schizophrenie leiden, sind von unserer Welt aus- und in ihre eigenen Köpfe eingeschlossen, mit nichts als diesen wilden, unkontrollierten Gedanken, die dort herumgeistern. Denn auch die Fähigkeit des Gehirns, Gedanken und Gefühle zu verarbeiten, ist zerstört. Die normalen Gefühle, die wir alle jeden Tag kategorisieren, verarbeiten und entweder in unser Bewußtsein holen oder ins Unterbewußtsein schieben, laufen in einem schizophrenen Menschen Amok. Gefühle, die normalerweise ohne großen Aufwand als unerträglich eingestuft und weggeschoben werden, beginnen ein Eigenleben als Stimmen, die realer erscheinen als die wirkliche Welt.

Indem wir versuchen zu verstehen, was die Patienten fühlen, können wir ihnen helfen, es selbst zu verstehen. Dadurch werden sie von den Symptomen weniger überwältigt und erschreckt. Wir können den Kranken helfen zu verstehen, was mit ihnen geschehen ist, und ihnen zeigen, wie sie damit fertig werden.

Nehmen wir beispielsweise Loris unkontrollierte Ausbrüche. Ihre Krankenakte zeigt, daß die behandelnden Ärzte der Ansicht waren, sie sei mit Absicht fortgelaufen und hätte mit Absicht Dinge zerbrochen oder gegen die Wand geworfen. Sie glaubten, Lori hätte ihr Verhalten unter Kontrolle und würde einen Machtkampf mit dem Personal führen, sei manipulativ und wolle nur die Aufmerksamkeit auf sich lenken. Daher meinten sie, dies könne nur durch eine strenge, straffe Disziplin behoben werden.

Ich war anderer Meinung. Ich betrachtete ihr Verhalten als verständliche – wenn auch erschreckende – Reaktion auf ihre furchterregende innere Welt. Wenn ich sie beobachtete, konnte ich erkennen, wie es im Moment um sie stand. Waren wir in ihrer Nähe, wenn sich ein unkontrollierter Anfall ankündigte, konnte man genau sehen, was sich abspielte. Während sie langsam außer Kontrolle geriet, konnten wir etwas zu ihr sagen und sie ermahnen: »Lori, bleiben Sie von dem Fenster weg«, ohne daß sie uns hörte. Ich sah diesen Blick absoluten Entsetzens, ihr Zittern. Diese Frau spielte keine Spielchen. Sie war in echter Not.

Woher sollte sie wissen, wie sie mit ihren Ängsten fertig werden konnte, wenn niemand es ihr zeigte? Meiner Meinung nach war es die Aufgabe der Langzeit-Station, Lori beizubringen, wie sie die einzelnen Symptome erkennen und sofort um Hilfe bitten konnte, bevor ihr Zustand für sie unerträglich wurde.

Zunächst einmal mußten wir Lori jedoch helfen, Beziehungen zu anderen Menschen zu entwickeln.

Menschen, die an Schizophrenie leiden, empfinden eine tiefe Sehnsucht. Sie sehnen sich danach, zu erklären, was mit ihnen passiert. Und sie sehnen sich nach einer Verbindung, einer Beziehung, die ihnen das Tor öffnet in die Welt, die sie verloren haben.

Für Lori, wie auch für andere Schizophrene, war eine solche Art der Beziehung jedoch zugleich auch furchterregend und schwer zu akzeptieren. Aufgrund der Schwierigkeit von schizophrenen Patienten, zwischen »Ich« und »Nicht-Ich« zu unterscheiden, ist jeder, der ihnen zu nahe kommt, eine Bedrohung für den innersten Kern ihres Wesens. Sie fliehen vor der Liebe und Zuwendung ihrer Familie, sie schaffen eine Distanz zwischen sich und dem Rest der Welt. Menschen, die an

Schizophrenie leiden, haben häufig weder Erfahrung mit romantischen Beziehungen noch mit Sexualität. Wenn das Ego zerbrechlich und die Angst, überrannt oder zerstört zu werden, groß ist, dann wirkt die Vorstellung, eine intime Beziehung zu haben, äußerst furchterregend.

Aus diesem Grund war Loris Beziehung zu Diane Fischer so stürmisch. Als Loris Therapeutin war es Dianes Aufgabe, in die tiefsten Winkel ihres Geistes zu gelangen – etwas, das Lori große Angst einjagte. Lori wußte, daß Diane versuchte, in ihren Kopf einzudringen und ihre dunkelsten, geheimsten Gefühle zu erforschen. Natürlich schreckte sie davor zurück. Sie rannte dauernd vor Diane davon und hinterließ unzählige Nachrichten in Dianes Briefkasten, daß sie Diane nicht mehr als Therapeutin wolle. Hinter ihrer Flucht steckte die Angst, Diane könne sie ablehnen, bevor sie selbst Diane ablehnen konnte.

Meine Beziehung zu Lori war viel entspannter. Ich war für die Medikamente verantwortlich, die sie erhielt, für die Ausgangserlaubnis und für ihre Statuseinstufung. Unsere Begegnungen liefen dementsprechend lokker und zwanglos ab. Ich war immer für einen Schwatz zu haben.

Ich war nicht Loris Therapeutin. Es entspricht nicht der Aufgabe eines Therapeuten zu sagen: »Oh, jeder kennt dieses Gefühl.« Ein Therapeut muß fragen: »Was bedeutet das für Sie? Was empfinden Sie dabei?« Doch indem ich Lori Mut zusprach (»Machen Sie sich keine Sorgen, das kriegen wir schon wieder hin.«), konnte ich ebenfalls eine Art therapeutischer Beziehung zu ihr aufbauen.

Da meine Beziehung zu Lori auf einer nüchternen, unverfänglichen Grundlage basierte, gelang es uns, ihr

Zögern, sich jemandem mitzuteilen, zu überwinden. Sie hatte die Möglichkeit zu sagen: »Ich habe Angst, es Ihnen zu sagen. Ich habe Angst, Ihnen das zu erzählen.« Und ich antwortete darauf: »Ach Lori, was kann denn schon passieren?« Jedesmal, wenn sie ihr Zögern überwinden konnte, wurde es ein bißchen einfacher, und es entstand Vertrauen.

Schließlich zeigte Lori mir einige ihrer Tagebucheinträge. Als ich an die Stelle kam, wo mich die Stimmen töten wollten, war ich betroffen. Nicht, weil ich Angst hatte, Lori könne mich wirklich töten. Ich machte mir Sorgen, weil ich aus den Kommentaren der Stimmen erkennen konnte, daß Lori anfing, an mich zu glauben. Sie dachte, ich hätte genug Macht, sie von den Stimmen zu befreien, und sie benutzte die Stimmen, um mir das mitzuteilen.

Ich hatte Angst, Lori zu enttäuschen. Ich wußte, daß ich ihr helfen konnte, doch meine Hilfe reichte nur so weit, ihr Erleichterung und Selbstkontrolle zu verschaffen. Ich konnte sie nicht von den Stimmen befreien. Ich konnte ihr helfen, mit den Stimmen zu leben, das war alles. Ich glaubte nicht, daß es irgend etwas gab, das sie für immer von den Stimmen erlösen konnte. Jedenfalls überstieg das meine Möglichkeiten. Und ich glaubte nicht, daß ein Medikament so etwas schaffen konnte.

Und dann kam Clozapin.

Anfang 1989 war Clozapin zum Dauerthema auf unserer Station geworden. Es war seit der Entwicklung des Thorazin in den fünfziger Jahren das erste völlig neue antipsychotische Medikament. Wir wußten, daß es Leuten half, denen zuvor nichts anderes geholfen hatte. Wir wußten allerdings nicht, aus welchen Gründen es bestimmten Leuten half.

Und wir wußten, daß Clozapin ein gefährliches Medikament war. Obwohl es seit Jahren in Europa und – auf experimenteller Basis – auch in den Vereinigten Staaten angewendet wurde, war es in den Vereinigten Staaten immer noch nicht offiziell zugelassen. Nur unter bestimmten Bedingungen hatten wir überhaupt Zugriff auf dieses Medikament. Die Vorschriften, die wir einzuhalten hatten, waren nicht so streng, wie dies bei einem Forschungsprogramm der Fall war. Doch die Anwendung mußte sorgfältig überwacht werden. Sandoz, der Hersteller des Medikaments, sammelte Daten, um sie als Teil des Zulassungsantrags für die Vereinigten Staaten den Behörden vorzulegen.

Das Überwachungsprotokoll, das wir für den experimentellen Einsatz von Clozapin auszufüllen hatten, war kompliziert und wirkte abschreckend. Seinen Grund hatte das Ganze darin, daß in Europa einige Patienten an den Nebenwirkungen des Medikaments gestorben waren. In manchen Fällen hatte das Clozapin eine Krankheit namens Agranulozytose verursacht, die eine drastische Verminderung der Granulozyten, eines Hauptbestandteils der weißen Blutkörperchen, zur Folge hat und tödlich sein kann.

Bevor wir die ersten Patienten auswählten, die Clozapin erhalten sollten, besuchten wir Seminare, um in ihnen über alles zu diskutieren – über das Medikament; die Schreibarbeit, die zu erledigen war; die Einwilligungsformulare und die Unterzeichnungsberechtigten; die strengen Kontrollen und Blutuntersuchungen, die erforderlich waren; den Prozeß der Absetzung der anderen Medikamente und die Einstellung des Patienten auf Clozapin.

Während der Seminare erfuhren wir, daß es einem von drei Patienten mit Clozapin besserging als mit anderen antipsychotischen Medikamenten. Und Menschen, die unter schwersten Nebenwirkungen litten – unter Gliederzucken und einer Versteifung der Gliedmaßen –, erfuhren unter Clozapin eine Linderung dieser Symptome. Aber niemand behauptete, Clozapin sei eine Wunderdroge. Die Gefahren wurden beim Namen genannt: Ungefähr ein Prozent der Patienten, die damit behandelt wurden, riskierte den Tod.

Wir zögerten. Anfangs waren wir nicht sicher, wem wir Clozapin anbieten sollten. Ein klarer Fall für das neue Medikament war eine Frau auf unserer Station, die schwer unter Nebenwirkungen der anderen Antipsychotika zu leiden hatte. Ich war mir jedoch nicht sicher, ob wir es auch Lori geben sollten. Niemand konnte garantieren, daß es Menschen wie ihr helfen würde, und ich zögerte, ihr Leben um einer ungewissen Chance willen aufs Spiel zu setzen.

In der Psychiatrie hatte es über die Jahre hinweg immer wieder neue Medikamente gegeben, die als das Zaubermittel schlechthin gehandelt wurden. Doch am Ende hatte sich stets herausgestellt, daß sie sich nicht sehr von den alten unterschieden. Also war ich seit jeher skeptisch.

Nach einer Behandlungsdauer von einem Monat waren dann aber bei unserer ersten Patientin unter Clozapin überwältigende Ergebnisse zu beobachten. Das überzeugte mich davon, es auch bei Lori zu versuchen. Die andere Patientin hatte sich von einem ungelenken, abwesenden, katatonischen Menschen zu einer sehr viel offeneren, gesprächigeren und einsichtigeren Frau gewandelt. Lori wollte unbedingt ein neues Medikament bekommen, egal welches, und ich stimmte einem Versuch mit Clozapin zu. Alles, was wir brauchten, war die Einwilligung ihrer Eltern.

26

Nancy Schiller
Scarsdale, New York
Februar 1989

Je länger Lori im Krankenhaus war, desto schwerer wurde es für mich, sie zu besuchen. Sobald unser Auto durch das Tor des Krankenhausgeländes fuhr, sagte ich: »Ich gehe nicht hinein, Marvin. Ich bleibe im Wagen.« Doch Marvin ließ sich nicht beirren. »Du gehst mit hinein«, sagte er nur. Ich denke, ihm war klar, daß ich meine Ängste irgendwie abreagieren mußte. »Ich gehe nicht hinein, Marvin. Ich kann es einfach nicht mehr ertragen«, sagte ich dann.

Wenn wir den Parkplatz erreicht hatten und Marvin den Motor abstellte, saß ich weinend im dunklen, kalten Wagen. Wieder und wieder schluchzte ich, daß ich nicht hineingehen würde, daß ich einfach nicht könnte. Marvin sagte nicht viel. Er wiederholte nur immer wieder, daß ich doch hineingehen würde, bis sich schließlich meine Spannungen und Ängste einigermaßen legten. Ich wischte mir die Tränen ab und öffnete die Autotür.

Auf dem Weg zum Eingangstor des Krankenhauses wiederholte ich ständig, daß ich nicht hineingehen würde. Auf jedem Treppenabsatz sagte ich es wieder. Noch vor der Stationstür wollte ich umkehren.

Ich war so angespannt, daß selbst Kleinigkeiten mich irritierten. Die Zeit, die wir vor der Tür warteten, bis uns jemand öffnete, erschien mir endlos. Wenn die Tür schließlich aufging, ärgerte ich mich über die Routine-Untersuchung, die wir über uns ergehen lassen mußten. Wir fühlten uns wie Schaufensterpuppen, während sie unsere Taschen nach gefährlichen Dingen durchsuchten.

»Ich kenne die Vorschriften doch schon«, wollte ich schreien. Ich wußte, daß wir weder Glas noch Plastiktüten, Metallbügel oder andere Dinge aus scharfem oder spitzem Metall mitbringen durften. Vor allem wenn uns ein neues Mitglied des Personals in Empfang nahm, wollte ich schreien: »Ich mache das seit Jahren, verstehen Sie! Seit Jahren! Ich kenne das alles hier besser als Sie!«

Und dann wieder einer dieser Besuche, die so schmerzlich für uns alle waren.

Manchmal wirkte Lori fast unheimlich normal. Sie konnte eine Unterhaltung führen, und es schien, als würde sie uns zuhören. An solchen Tagen fragten Marvin und ich uns beim Verlassen des Krankenhauses, ob sie recht hatte und wirklich nicht dorthin gehörte. In gewisser Weise waren diese Tage jedoch die frustrierendsten für uns. Sie sah so gesund aus, daß wir vergaßen, daß sie es nicht war. Wenn sie uns dann erzählte, wie sie einen Wandschirm oder andere Möbelstücke umgestoßen hatte, machten wir unserer Frustration Luft, indem wir sie anschrien. Und wenn wir an ihren Händen sahen, daß sie auf irgend etwas eingeschlagen hatte, schrien wir sie an, wie wir unsere normale Tochter angeschrien hätten.

»Wie kannst du dir das nur antun?« warf ich ihr mit lauter Stimme vor, als sie erzählte, sie hätte wieder die Einnahme ihrer Medikamente verweigert. »Du sabotierst dich selbst. Wie kannst du dir das antun, nach allem, was du schon durchgemacht hast?« Ich war wütend und ließ es sie spüren.

Beim nächsten Besuch war sie nicht ansprechbar und halluzinierte, und ich war voller Sorgen und Schuldgefühle. Sie sah durch uns hindurch, während sie der Kakophonie in ihrem Inneren lauschte. Ich nahm ihr Gesicht in meine Hände und zog es hoch, damit sie mich ansah.

»Schau mich an, Lori!« schrie ich. »Hör mir zu!« Doch auf ihrem Gesicht lag wieder dieser Ausdruck, der gleiche, den ich bei meiner Mutter gesehen hatte – der gleiche leere Blick, den wir an Lori all diese Jahre gesehen hatten. Würde er denn nie verschwinden?

Wenn Lori ärgerlich oder wütend wurde, versuchte ich mir klarzumachen, daß sie krank war, daß ihre Krankheit aus ihr sprach und nicht meine Tochter. Doch wenn ihre Wut überschäumte und wir gehen mußten, gab es mir jedesmal einen Stich ins Herz. Wir mußten uns zum Ausgang der Station trollen, und die Schreie unserer Tochter folgten uns bis ins Treppenhaus: »Ich hasse euch! Ich hasse euch!«

Lori zu besuchen war schlimm, doch der Abschied war noch schlimmer. Wenn Marvin und ich zum Parkplatz hinuntergingen, blickten wir hoch und sahen hinter dem Sicherheitsfenster ihr weißes Gesicht zu uns hinunterschauen. Wir fuhren die lange Auffahrt entlang und ließen Lori eingesperrt zurück. Ich weinte wie bei der Herfahrt.

Was würde aus Lori werden? Ich wurde immer pessimistischer. Das Auf und Ab der Hoffnungen, die jedesmal wieder zerstört wurden, war immer schwerer zu ertragen. Wenn die Ärzte ein neues Medikament oder eine neue Behandlungstechnik ausprobierten, erlebten wir stets eine kurze Phase der Besserung. Vielleicht klappt es diesmal, dachten wir. Vielleicht geht es ihr diesmal besser. Doch jedesmal schien sich ihr Körper an das Medikament zu gewöhnen, und die Krankheit kam in ihrer ganzen Heftigkeit zurück, manchmal noch schlimmer als zuvor.

Was die ganze Sache noch bedrückender machte, war der Umstand, daß Lori jetzt im Gegensatz zu früher die bestmögliche Pflege erhielt. Lori baute eine Beziehung zu Dr. Doller und zu Dr. Fischer auf, wie sie es nie zuvor bei jemandem getan hatte. Und wir konnten sehen, daß sich alle wirklich um Lori bemühten. Auf der Station bestand offenbar ein gutes Verhältnis zwischen den Patienten und dem Personal. Bei einem unserer Besuche sagte Rose, eine der Krankenschwestern: »Wir wissen, daß Sie sich um Lori sorgen. Wir tun es auch.«

Sorin zog mich auf die Seite und sagte: »Lori ist ein außergewöhnliches Mädchen. Sie hat einen solchen Kampfgeist. Sie wird wieder gesund. Wir dürfen sie nicht aufgeben.«

Dennoch hatten wir mehr und mehr das Gefühl, Lori enttäuscht zu haben. Sie wurde immer müder und mutloser, das konnte ich sehen. Uns selbst ging es genauso. Wenn uns jemand nach Lori fragte, den wir nicht gut kannten, wichen wir aus. »Sie versucht sich selbst zu finden«, sagte ich. »Sie wissen ja, wie sie in dem Alter sind.« Wir versuchten nicht, Loris Krankheit zu verstekken, wir konnten nur nicht mehr darüber reden, wenn kein Grund dazu bestand.

Als dann der Sozialpädagoge, Mr. Goldberg, Marvin und mich anrief, um ein gemeinsames Treffen mit Lori und Dr. Doller zu vereinbaren, ahnten wir, daß für Lori nun kaum noch Hoffnung auf Besserung bestand. Die Ärztinnen hatten Lori ohnehin schon länger als erlaubt auf der Station gelassen. Sie hatten Vorschriften umgangen und Tricks angewandt, weil sie überzeugt waren, Lori helfen zu können.

Und sie hatten ihr geholfen. Es ging ihr besser, doch es ging ihr nicht so gut, daß sie allein leben konnte. Wir mußten zusammen darüber beraten, was mit ihr geschehen sollte. Sie würde nicht mehr zu uns nach Hause kommen, soviel war sicher. Dr. Doller und Mr. Goldberg hatten sich dagegen ausgesprochen. Sie waren der Meinung, Lori würde zu Hause in ihre Passivität und Abhängigkeit zurückfallen, und somit wären keinerlei Fortschritte in der Entwicklung einer eigenen Persönlichkeit mehr möglich.

Marvin und ich stimmten dem zu. Und mir war klar, daß ich Lori auch um meiner selbst willen nicht mehr zu Hause haben konnte. Ich erinnerte mich an die zweieinhalb Jahre, die sie nach ihrem ersten Klinikaufenthalt daheim verbracht hatte – es war die schlimmste Zeit meines Lebens gewesen. Ich hatte mich ständig bewegt, als ginge ich auf Eiern, immer in der Angst, ich könnte etwas sagen oder tun, was sie wütend machte. Sollten wir sie zum Essen ausführen? Sollten wir sie lieber in Ruhe lassen? Und Lori ihrerseits bemühte sich so sehr, uns zu gefallen, daß nichts mehr normal oder natürlich wirkte.

Ich konnte nicht mehr gut schlafen. Ich stand jede Nacht auf, um zu sehen, ob sie noch atmete. Wenn ich abends nach Hause kam und die geschlossene Garagentür sah, hatte ich immer Angst davor, sie zu öffnen. Was würde ich dahinter finden? Ich konnte nie sicher sein, was mich erwartete.

Die Belegschaft auf Loris Station hatte sie stets ermutigt, in eine therapeutische Wohngemeinschaft zu ziehen und tagsüber an einem therapeutischen Programm des Krankenhauses teilzunehmen. Aber ich wußte, daß Lori das niemals tun würde. Sie hatte es schon einmal versucht. Sie hatte Menschen erlebt, die in einem scheinbar endlosen Kreislauf von Krankenhäusern und betreuten Wohngruppen gefangen waren. Sie wollte diese Art von Leben nicht. »Ich werde mich nicht auf diesen Teufelskreis einlassen«, sagte sie.

Welche Möglichkeiten hatten wir sonst noch?

Man schlug uns vor, sie in ein staatliches Krankenhaus zu schicken, und fügte hoffnungsvoll hinzu, daß ja nicht alle gleich schlimm seien. Marvin und ich sahen uns nur ungläubig an. Wir könnten sie auch, wurde ergänzt, in eine nette private Pflegeeinrichtung schikken. Da gab es eine Farm in New Hampshire …

Sollten wir Lori fortschicken, damit sie auf der Weide graste wie das liebe Vieh? Ich erinnerte mich an den ersten Arzt, der Lori damals in der Payne-Whitney-Klinik behandelt hatte. Er hatte vorgeschlagen, sie gleich in ein staatliches Krankenhaus zu verlegen. Gab es nach all diesen Jahren denn keine andere Möglichkeit?

Sie sagten, Loris Zustand habe sich gebessert. Es ginge ihr nicht mehr so schlecht wie vorher. Aber sie hatten Lori nicht gekannt, als es ihr noch gutgegangen war. Ich sah sie an. Sie wog fast achtzig Kilo. Sie sah aus wie eine Tonne. Ihre Haare waren ungekämmt. Ihr Gesicht war ausdruckslos, und ihre Augen nahmen nichts wahr. Sie hatte keinerlei Ähnlichkeit mit der richtigen Lori. Cousine Sylvia fiel mir wieder ein.

»Mein Gott«, dachte ich. »Sie wird auf einer Parkbank sitzen und Tauben füttern.«

Es war unvorstellbar. Wir mußten nicht nur darüber nachdenken, wohin wir Lori schicken sollten, sondern auch darüber, wie sie dort leben würde. Ich wußte, daß Lori dieses Leben, das auf ein bloßes Existieren reduziert war, nicht länger akzeptieren würde, ebensowenig wie die Vorschläge, die wir ihr machten.

Ich konnte fühlen, wie verzweifelt sie darüber war, daß ihr das Leben durch die Finger rann. Ständig wurde sie daran erinnert, wie es hätte sein können. Mir ging es ebenso. Jedesmal, wenn ich die Heiratsanzeige einer ihrer Klassenkameradinnen sah, wurde ich traurig, weil Lori das nicht haben konnte. Warum Lori? dachte ich. Wenn die Einladungen ihrer Universität zum jährlichen Treffen der ehemaligen Studenten kamen, mußte ich für sie absagen. »Sie wird nicht kommen können, da sie sich im Ausland aufhält«, log ich. Von Zeit zu Zeit rief einer der jungen Männer an, mit denen sie sich nach ihrem ersten Klinikaufenthalt verabredet hatte. »Sie ist nicht hier«, antwortete ich einfach und fragte mich, wann oder ob sie jemals wieder hier sein würde.

Wenn sie mit einer Wochenend-Ausgangserlaubnis zu Hause war, erzählten wir ihr von den Anrufen und Einladungen. Sie reagierte deprimiert und pessimistisch. »Ich habe keinen Job. Ich habe keinen Freund. Ich habe keine Freunde«, sagte sie. Immer wenn sie Ausgang hatte, erfuhr sie von Freunden aus dem Krankenhaus oder der therapeutischen Wohngemeinschaft, die sich umgebracht hatten. Ich wußte, daß auch sie an Selbstmord dachte.

Dr. Doller und der Sozialpädagoge erzählten uns von der Möglichkeit, das neue Medikament Clozapin an Lori auszuprobieren, doch schienen sie ausgesprochen skeptisch zu sein. Sie sagten, es habe gefährliche Nebenwirkungen, die Lori unter Umständen umbringen könnten, und gaben uns Kopien von Artikeln aus wissenschaftlichen Zeitschriften. Marvin las sie. Anscheinend wirkte Clozapin vor allem bei den Patienten, denen es am schlechtesten ging. Es wurden Beispiele von fast katatonen Patienten angeführt, die auf das Medikament angesprochen hatten.

In den letzten paar Jahren hatte ich mich oft gefragt, warum wir so sehr darum kämpften, Lori am Leben zu erhalten. Es ging ihr schlecht. Sie war so unglücklich. Sie blieb nur unseretwegen am Leben. Wenn sie aus dem Krankenhaus fortrannte und nach Hause kam, fragte ich sie: »Warum bist du weggelaufen, Lori?« – »Weil es hoffnungslos ist«, antwortete sie dann.

Ich brachte sie ins Krankenhaus zurück. Ich sagte ihr, es gäbe Hoffnung. Doch in meinem Herzen glaubte ich nicht mehr daran. Ich erwog unsere Möglichkeiten. Ich wollte nicht, daß Lori weiter so ein Leben führte wie jetzt. War dieses Mädchen, das so leistungsfähig, so intelligent und kreativ gewesen war, wirklich dazu verurteilt, vor sich hin zu vegetieren? Das war doch bereits der Tod.

»Sie haben alles Menschenmögliche für Lori getan«, sagte ich zu Dr. Doller. »Aber nichts hat geholfen.«

»Wir haben keine andere Wahl, als dieses Medikament auszuprobieren«, stimmte Marvin mir zu. »Wenn es sie umbringt – vielleicht wäre der Tod besser für sie.«

Als ich hörte, was wir da sagten, war ich entsetzt. Wie konnten Eltern so etwas über ihr eigenes Kind sagen? Doch als ich darüber nachdachte, wurde mir klar, daß wir es wirklich so meinten. Wenn dieses Medikament nicht half, war der Tod vielleicht wirklich besser für Lori.

27

Lori
New York Hospital, White Plains,
New York
15. März 1989 bis 6. November 1989

Als ich das erste Mal Clozapin nahm, fühlte ich mich wie berauscht. Ein seltsames Gefühl breitete sich in meinem Körper aus.

Ich hatte so lange auf dieses Medikament gewartet. Es war meine letzte Hoffnung. Würde es helfen? Ängstlich beobachtete ich mich. Merkwürdige Empfindungen kamen in mir hoch.

Anfangs bekam ich eine sehr niedrige Dosis – eine kleine gelbe Tablette mit fünfundzwanzig Milligramm vor dem Schlafengehen. Im Laufe der nächsten Tage wurde die Dosis dann langsam, sehr langsam erhöht. Fünfzig Milligramm. Zwei Tabletten vor dem Schlafengehen. Dann eine nach dem Aufstehen und abends nochmals zwei. Die Dosis stieg und stieg, hundert Milligramm, hundertfünfzig, zweihundert, zweihundertfünfzig … bis schließlich siebenhundert Milligramm erreicht waren.

Ich war kaum in der Lage, irgendwelche Veränderungen an mir festzustellen. Meine Empfindungen waren äußerst widersprüchlich. Ich wünschte verzweifelt, das Clozapin möge mir helfen, so daß ich versuchte, es mit meiner Willenskraft zu zwingen, seine Aufgabe zu erfüllen und mich von den quälenden Stimmen zu befreien. Andererseits hatte ich Angst. Es war ebensogut möglich, daß die Tabletten Placebos waren und ihre

Wirkung nur das Ergebnis meines eigenen, heißen Wunsches nach Besserung.

Eigentlich war ich mir gar nicht sicher, ob ich mich besser fühlte. Anders vielleicht, aber nicht wirklich besser. In mancher Beziehung fühlte ich mich sogar viel, viel schlechter. Bei einem Patienten, der das Clozapin vor mir erhalten sollte, waren zur Vorbereitung auf das neue Medikament alle anderen Medikamente abgesetzt worden. Er war ausgerastet. Dr. Doller wollte nicht, daß mir das auch passierte, und so holte sie sich die Erlaubnis, mir das Clozapin zu geben, während ich noch Prolixin erhielt. Während man meine Clozapin-Dosis erhöhte, wurde die Prolixin-Dosis gesenkt. Die beiden Medikamente kämpften in meinem Körper miteinander und verursachten seltsame, unangenehme Gefühle. Meine Brust und mein Hals waren wie zugeschnürt. Ich hatte das Gefühl, ich müsse ersticken.

In mir brach ein Sturm der Gefühle los. Um mich auf das Clozapin vorzubereiten, hatte Dr. Doller meinen Stimmungsstabilisator Lithium abgesetzt. Ohne das Lithium, das meine Stimmungsschwankungen dämpfte, erlebte ich eine Depression, die tiefer ging als alles, was ich seit langer Zeit erlebt hatte. Ich war oft den Tränen nahe, weinte viel, war niedergeschlagen und unzugänglich.

Meine Depression, meine Erwartungen, meine Sorgen und Hoffnungen, meine Zukunftsangst verschmolzen und lösten etwas in mir aus, das mich zwang, die Grenzen, die Dr. Doller, Dr. Fischer und ich mühselig errichtet hatten, zu überschreiten.

Ich handelte manchmal wieder unkontrolliert und wild, ein Verhalten, dem ich während meiner Zusammenarbeit mit den beiden Ärztinnen abgeschworen hatte. Als die Stimmen sangen »Vier Stiche in den Bauch!«, stach ich mich selbst. Ich hatte zwar nur eine Plastikgabel, doch es gab häßliche, kleine Stichwunden, und am Ende hatte ich nichts davon außer einer Herabstufung meines Status.

Einige meiner Handlungen hatten etwas Närrisches, wenn ich beispielsweise kleine, persönliche Späßchen in die Tat umsetzte. Dr. Fischer ging in Urlaub und gab mir eine Handvoll Pennies, einen für jeden Tag, den sie fort sein würde – so wurde ich daran erinnert, daß sie an mich dachte. Statt jeden Tag sorgfältig einen Penny beiseite zu legen, schluckte ich ihn. Es gab mir das Gefühl, ihr näher zu sein. Das kostete mich wiederholte Wege in die Innere Abteilung des Krankenhauses, wo ich geröntgt wurde und widerlich schmeckende Medizin einnehmen mußte.

Langsam jedoch verrichtete das neue Medikament hinter all den Depressionen, den widerstreitenden Wirkstoffen und den emotionalen Ausbrüchen seine Arbeit. Subtile, kaum wahrnehmbare Veränderungen setzten ein. Die Leute begannen, Bemerkungen über mein Verhalten zu machen. Sie sagten, ich sei nicht mehr so impulsiv, sondern nachdenklicher. Ich sähe fröhlicher, lebendiger aus. Meine Eltern meinten, sie könnten langsam wieder das Funkeln in meinen Augen erkennen.

Selbst ich konnte es nicht übersehen. Der deutlichste Unterschied war ein neues Gefühl der Ruhe. Zum erstenmal seit Jahren konnte ich schlafen. Ich schlief nicht nur die Nacht durch, sondern auch einen Teil des folgenden Nachmittags. Kein Medikament auf der Erde hatte mir bis dahin ein solches Gefühl der Entspannung gegeben. Ich war nicht mehr so ruhelos. Die Angst, ich würde demnächst im wahrsten Sinne des Wortes aus der Haut fahren, wurde schwächer.

Mein Kopf fühlte sich sonderbar an. Es war, als würde

er sich langsam von innen her leeren. Vorher war er mit irgendeinem klebrigen Zeug wie geschmolzenem Gummi oder Motoröl gefüllt gewesen. Doch nun tropfte das ganze Zeug heraus, und nur mein Gehirn blieb zurück. Mit der Zeit konnte ich immer klarer denken.

Und die Stimmen? Die Stimmen wurden sanfter. Sanfter? Ja, sie wurden sanfter! Sie fingen an herumzuwandern, mal waren sie außerhalb meines Schädels, dann innen, dann wieder außen. Aber ihre Lautstärke ließ deutlich nach.

Es geschah wirklich. Ich wurde befreit. Ich hatte darum gebetet, Frieden zu finden, und meine Gebete wurden endlich erhört.

20. April
Ich will leben.
Ich will leben.
Ich will leben.
Ich will leben.
Ich will leben.
Ich will leben.
Ich will leben.
Ich will leben.
Ich will leben.
Ich will leben.
Ich will leben.
Ich will leben.
Ich will leben.
Ich will leben.
Ich will leben.
Ich will leben.
Ich will leben.
Ich will leben.

26. April, Mittwoch, 18.20 Uhr: Mein Geburtstag. Dreißig Jahre alt. Habe mich nie besser gefühlt. Ich lasse mich nicht unterkriegen und denke an PEVA (Positive Einstellung Verändert Alles). Ich werde ein wunderbares, großartiges Leben leben, erfüllt von Wärme und Liebe und Glück und Gesundheit und ständigem Wachstum.

HAPPY BIRTHDAY, ICH.

Was mir am meisten angst machte, war die Möglichkeit, daß die Wirkung des Clozapin nachlassen könnte. Das war ja auch mit allen anderen Medikamenten passiert, die ich erhalten hatte. Eine kurze Phase der Besserung, dann der Absturz. Voller Angst wartete ich.

Mein Kopf wurde immer klarer. Das Denken war nicht mehr so anstrengend. Das Durcheinander klärte sich, meine verworrenen Gedanken wurden entwirrt. Die Schubladen in meinem Gehirn, die ihren Inhalt in einem wüsten Chaos entleert hatten, schlossen sich. Meine Gedanken kamen nun in einer mehr oder weniger logischen Reihenfolge, und zwar einer nach dem anderen.

Wenn die Stimmen sich erhoben und brüllten, war es ein Gefühl, als würden sie gegen eine Glaswand prallen, zerbrechen und herunterfallen. Ich konnte ihre Schreie und Anklagen hören, doch nun war es so, als würden sie aus großer Entfernung kommen. Ihr Lärm war gedämpft und weit weg. Sie schrien, brüllten, protestierten wütend gegen ihr Ende. Doch sie mußten sterben. Clozapin stand zwischen ihnen und meinem Verstand, und sie mußten verhungern, da ihnen die Nahrung – meine Gedanken – entzogen worden war.

Selbst mein Körper wurde immer lebendiger. Immer häufiger machten die Leute Bemerkungen über mein

Äußeres. Belebt, sagten sie. Lebendig, sagten sie. Mein Gesicht nahm langsam wieder den einen oder anderen Ausdruck an, den man schon seit Jahren nicht mehr bei mir gesehen hatte. Gefühle, subtile menschliche Gefühle wie Neugier, Interesse, Mitleid oder Humor zeigten sich wieder. Mein Vater sagte, daß selbst mein Gang sich geändert habe. Als ich sehr krank gewesen war, hatte er meinen Gang als Zombiegang bezeichnet, weil ich mit bewegungslos herunterhängenden Armen den Flur entlanggeschlurft war. Jetzt ging ich wie ein richtiger Mensch. Meine Arme schwangen mit, mein Kopf war erhoben, mein Körper entspannt und meine Bewegungen schwungvoller.

Die größte Veränderung lag jedoch in der Rückkehr von etwas, von dem ich nicht einmal gewußt hatte, daß ich es vermißte: Ich war wieder fähig, eine Beziehung zu anderen Menschen herzustellen.

Seit ich zurückdenken konnte, waren mir die Stimmen real erschienen. Andere Menschen waren weit entfernt, so weit, als lebten sie auf einem anderen Planeten. Ihre bloße Anwesenheit machte mir angst. Ich fühlte mich allein, den anderen entfremdet. Nie war ich in der Lage, ihre Gedanken und Absichten zu erkennen. Wenn sie in meinen Bereich eindrangen, zog ich mich zurück, weil mich ihre Annäherung störte. Ich mißtraute Menschen, die sagten, sie wollten mir helfen; ich hatte Angst vor ihnen.

Den größten Teil meiner Zeit im Krankenhaus hatte ich versucht, mich von den anderen Patienten abzuschotten. Ich hatte so viel Zeit wie möglich am Ende des Hauptflurs verbracht, wo die Stereoanlage stand. Ich wollte nichts um mich herum haben als meine Musik. Wenn ein anderer Patient den Flur herunterkam, war das für mich, als würde ein Feind mein Territorium betreten. Ohne ein Wort packte ich sofort meine Kassetten zusammen und ging mit dem Gefühl, jemand hätte mir meinen Frieden gestohlen.

Als es mir besserging, war ich auch bereit, meinen Platz an der Stereoanlage zu teilen, und empfand die anderen nicht mehr als Eindringlinge. In mir begann etwas zu wachsen, das es mir möglich machte, den Raum zwischen anderen und mir zu überwinden und zu spüren, daß wir alle nur Menschen waren. Mit der Zeit war ich sogar in der Lage, einige meiner kostbarsten Besitztümer auszuleihen – meinen Walkman, meine Kassetten, hübsche Kleidungsstücke. Etwas in meiner Seele streckte die Fühler von der inneren Welt der Stimmen und Bilder in die äußere Welt meiner Freunde und meiner Familie aus.

Nach und nach akzeptierte ich andere Menschen als Freunde. Es ging mir immer besser, mein Status wurde hochgestuft, ich konnte an den Gruppenaktivitäten teilnehmen. Ich hatte die Wahl: Ich konnte mit einem Betreuer hingehen, mit einer betreuten Gruppe, mit einem anderen Patienten oder allein. Inzwischen war ich bereit, zehn Minuten auf einen anderen Patienten zu warten, um gemeinsam mit ihm hinunter zu gehen. Ich hatte keine Angst mehr, andere Patienten meine Freunde zu nennen.

Ich übernahm sogar eine aktivere Rolle auf der Station. Man wählte mich zur Sprecherin der Patienten der Station Drei Süd. Das war nichts besonders Großartiges. Die Aufgabe beschränkte sich darauf, Ausflüge zu planen oder das Batiken von T-Shirts zu organisieren, um Geld für die Aktivitäten zusammenzubekommen. Für mich bedeutete dieser Posten jedoch alles. Er stand nicht nur für meine Bereitschaft, mehr Verantwortung zu übernehmen, sondern bedeutete auch etwas, wovon ich nie zu träumen gewagt hätte: Andere Menschen mochten und respektierten mich.

Ich konnte sogar in eine neue Rolle schlüpfen. Ich selbst rannte nicht mehr weg, und wenn eine der anderen Patientinnen mir anvertraute, sie wolle fortlaufen, versuchte ich, sie davon abzubringen. Wenn sie dennoch die günstige Gelegenheit nutzte, daß eine Tür aus Versehen offenstand, rannte ich hinterher, schnappte sie und brachte sie zurück.

Langsam entfalteten sich meine alten Gefühle wieder. Mein Geist war in der Lage, eine Vielzahl komplexer Emotionen zu unterscheiden, wo vorher keine existiert hatten. Sie waren in meinem Herzen gewesen, doch irgendwie hatte es in meinem Gehirn keinen Platz für sie gegeben. Mein Geist hatte einer rutschigen Oberfläche geglichen, an der nur die heftigsten Gefühle Halt fanden – Furcht, Wut, Haß, Angst, Liebe. Jetzt schmolz diese harte, vereiste Oberfläche und bot Platz für andere Gefühle, die sich nun festklammern und wachsen konnten.

Jahrelang war ich zwischen den Polen extremster Gefühle hin und her getrudelt. Ich hatte Dr. Fischer gehaßt. Ich hatte sie geliebt. Ich hatte sie gefürchtet. Ich hatte mich nach ihr gesehnt. Ich fühlte mich in diesen gleichermaßen unerträglichen Extremen gefangen. Nur unsere gemeinsame Arbeit hatte mich davor bewahrt, von den unterschiedlichen Strömungen zerrissen zu werden.

Ich fing an, andere Gefühle zu entwickeln. Mein Herz spürte neue Möglichkeiten, und mein Verstand sagte mir, daß es diese neuen Möglichkeiten wirklich gab. Es war möglich, daß ich Dr. Fischer mochte, daß ich mich darauf freute, sie zu sehen, daß ich mich über sie ärgerte, daß ich anderer Meinung war als sie. Der Schleim, der aus meinem Hirn lief, befreite ganze Bereiche meines Denkens, die so lange durch diese giftige Substanz eingeschlossen gewesen waren, daß ich ihre Existenz völlig vergessen hatte. Es gab ganz neue Möglichkeiten für die Arbeit mit Dr. Fischer. Doch bevor wir sie nutzen konnten, geschah etwas. Dr. Fischer sagte, daß sie das Krankenhaus verlassen werde.

Das Krankenhaus verlassen? Ich verstand nur, daß sie mich verlassen würde. Ich hatte gewußt, daß sie nur ihre Assistenzzeit hier verbringen und nicht für immer bleiben würde. Aber mir war nie eingefallen, daß sie das Krankenhaus vor mir verlassen könnte. Ich hatte überhaupt nicht daran gedacht, daß sie eines Tages gehen könnte. Sie war so wichtig für mich. Ich brauchte sie. Wie konnte sie mich im Stich lassen?

Wir trafen uns weiterhin und redeten. Sie beriet mich immer noch bei meinem fortschreitenden Besserungsprozeß.

»Lassen Sie es langsam angehen, Lori, überstürzen Sie nichts«, sagte sie. Sie machte sich Sorgen, daß ich zu ungeduldig darauf warten könnte, Fortschritte zu machen.

»Ich bewege mich doch schon im Schneckentempo«, beschwerte ich mich.

»Dann reduzieren Sie das Tempo auf das einer verwundeten Schnecke«, sagte sie. »Sie werden Probleme bekommen, wenn Sie versuchen, zur nächsten Stufe zu kommen, während Sie mit dieser noch nicht fertig sind.«

Wir sprachen auch über ihren Weggang und darüber, was er für mich bedeutete. All die alten Gefühle stiegen wieder hoch. Sie verließ mich, weil ich nichts taugte. Sie war meiner überdrüssig, so wie alle anderen auch. Sie ließ mich allein, weil ich eine Verliererin war, die nie aus dem Krankenhaus herauskommen würde. Wir sprachen über meine Gefühle mir selbst gegenüber, über meine Gefühle ihr gegenüber, über das Verlassensein, darüber, daß ich – irgendwann – auf mich selbst gestellt leben würde.

Das meiste bewältigten wir ganz gut. Sie wollte mich dazu bewegen, mich eher auf die hervorkommenden, subtilen Gefühle zu konzentrieren als auf die starken, erschreckenden, die mich immer begleitet hatten. »Richten Sie diese Gefühle nicht gegen sich«, sagte sie. »Fühlen Sie sie.« Sie wollte, daß ich die Emotionen, die sich hinter Wut und Angst verbargen, spürte. Das Gefühl, daß ich sie vermissen würde, daß ich mich an sie erinnern und traurig sein würde, wenn sie fort war.

Je näher jedoch das Datum ihres Abschieds rückte, desto schwieriger wurde es für mich, die neuen Gefühle festzuhalten. Die alten Gefühle und Verhaltensmuster schienen immer verlockender zu werden. Sie waren nach wie vor stärker als die neuen. Ich begann, Dr. Fischer zu meiden, und weigerte mich, zu den Sitzungen zu kommen. Wenn ich sie sah, verschwand ich so schnell wie möglich. Wenn ich mich doch dazu überwinden konnte, zu den Sitzungen zu gehen, saß ich in steinernem Schweigen da. Ich wußte, daß sie eines Tages »Auf Wiedersehen« sagen würde, und das war's dann. Ich wollte nicht, daß dieser Tag kam. Ich würde nicht zulassen, daß sie mich verließ. Ich würde sie zuerst verlassen.

Der Gedanke beflügelte mich. Ich würde mich ihr zu Ehren umbringen. Ich wollte etwas Besonderes für sie sein. Wie sonst konnte ich mich in ihrer Erinnerung auszeichnen? Wenn ich mich genau in dem Moment umbrachte, in dem sie ging, würde sie mich niemals vergessen.

Stolz trug ich meine Idee Dr. Doller vor. Sie sah mich mit einem leichten Lächeln an, den Kopf in ihrer fragenden, lauschenden Pose leicht geneigt.

»Lori«, sagte sie, »niemand könnte Sie jemals vergessen – und zwar genau so, wie Sie sind.«

Zum erstenmal hörte etwas in mir ihre Stimme und war stolz darauf. Vielleicht gab es eine andere Möglichkeit. Vielleicht konnte ich Dr. Fischer dazu bringen, mich durch mein Weiterleben statt durch meinen Selbstmord in Erinnerung zu behalten. Vielleicht dadurch, daß ich mich als die beste Patientin erwies, die sie je hatte. Ich konnte versuchen, alles, was sie mir beigebracht hatte, in die Praxis umzusetzen. Vielleicht würde sie sich nicht nur an mich erinnern, sondern sogar stolz auf mich sein.

Trotzdem fürchtete ich mich vor ihrem Weggang Ende Juni. Ich konnte es nicht ertragen, sie gehen zu sehen. Als wir dann das letzte Mal in ihrem alten Büro saßen, das ich anfangs, wenn überhaupt, nur mit großer Überwindung hatte betreten können, konnte ich mir nicht vorstellen, nie mehr hierher zu kommen. Dr. Fischer war so lange ein zentraler Teil meines Lebens gewesen. Sie war mir so nahe gekommen, hatte so viel getan, um mich zu retten. Ich wollte nicht mehr für sie sterben, doch wie konnte ich ohne sie leben? Wir beschlossen, uns zu schreiben, solange ich Lust dazu hatte. Am Schluß konnte ich mich nicht mehr beherrschen und brach in Tränen aus.

Schweigend gingen wir zurück zur Station. Als wir uns der Tür näherten, an der wir uns schließlich verabschieden mußten, drehte sie sich zu mir um.

»Möchten Sie eine Abschiedsumarmung oder einen Handschlag?«

Bevor sie mir ihre Hand entgegenstrecken konnte,

schnappte ich sie und gab ihr die größte, herzerwärmendste Umarmung, zu der ich fähig war. Es war nichts im Vergleich zu dem, was all die Monate in meiner Phantasie gebrodelt hatte. Es war nichts im Vergleich zu den Umarmungen, zu denen mich die quälenden Stimmen hatten drängen wollen. Es war eine ganz normale, freundliche Umarmung. Es war eine warme, liebevolle, herzliche Umarmung. Und dann war sie weg.

Wer konnte den Platz einnehmen, den Dr. Diane Fischer in meinem Leben hinterlassen hatte? Selbst Dr. Doller schien nicht genug zu sein. Aber an wen sonst konnte ich mich wenden? Es tat so weh, daß ich mit jemandem reden mußte. Später an diesem Tag traf ich mich mit Dr. Doller. Ich weinte meinen Schmerz und meinen Verlust heraus und versuchte ihr zu erklären, wie groß die Lücke in meinen langen Tagen war, die Dr. Fischer hinterlassen hatte. Doch während ich sprach, wurde mir klar, daß ich zwar eine Freundin verloren hatte, aber daß sie nicht meine einzige Freundin war. Ich sah zu Dr. Doller auf und merkte, daß auch sie Tränen in den Augen hatte.

Nach und nach änderte sich mein Leben im Krankenhaus. Die Möbel in meinem Zimmer, die man eine Zeitlang herausgenommen hatte, um keine Anreize für meine Wutausbrüche zu bieten, waren wieder da. Ich konnte meine Sachen in die Kommode legen und meinen Gästen einen Stuhl anbieten, genau wie die anderen Patienten. Die Wächter vor meinem Zimmer waren verschwunden. Jetzt mußte mich niemand mehr zur Toilette begleiten. Keine Pläne mehr, die einteilten, wann ich meine einsamen Mahlzeiten an einem einsamen Tisch in meinem einsamen Zimmer zu mir nehmen sollte. Ich stand auf, zog mich an und ging mit allen anderen zum Essen hinunter in die Cafeteria.

Meine Entlassung stand jedoch noch nicht zur Debatte. Es ging mir gut, und niemand wollte meine Erfolge dadurch gefährden, daß ich die Station zu früh verließ. Es mußte sichergestellt sein, daß meine Medikamente tatsächlich dauerhaft wirkten, bevor ich gehen konnte. Und auch die anderen Symptome mußten medikamentös behandelt werden. Nachdem ich das Clozapin bereits eine Weile bekommen hatte, setzte Dr. Doller mich wieder auf Lithium, und meine Stimmung stabilisierte sich.

Oft war ich wegen der langsamen Fortschritte frustriert. »Ich will hier raus, und zwar jetzt!« sagte ich wieder und wieder zu Dr. Doller. Einmal wollte ich das Krankenhaus sogar nach der üblichen Bedenkzeit von zweiundsiebzig Stunden verlassen. »Ich werde gehen und mit Steven leben«, verkündete ich. »Es ist mir egal, ob Mom und Dad sauer sind. Ich besorg' mir einen Job. Ich werde Werbezettel in der Stadt austragen. Ich werd's allein schaffen.« Aber ich zog diesen Antrag auf Entlassung zurück wie alle anderen zuvor. Das Clozapin tat seine Wirkung immer noch.

Ich hatte keine Ahnung, wie das Medikament wirkte. Stopfte es ein Loch in meinem Hirn, durch das bisher all meine normalen Gedanken gerutscht waren? Funktionierte es wie ein Bohrer, der einen Felsen aus meinen Gehirngängen bohrte und den Weg für mein wirkliches, verborgenes Ich frei machte, das jetzt herauskommen konnte? Löste es das Futter für die Stimmen in meinem Hirn in Luft auf? Ließ es die Stimmen verhungern, so daß am Ende nichts übrigblieb außer mir selbst? Ich hatte keine Ahnung. Wie auch immer es funktionierte, es half mir, mich wieder wie ein

Mensch zu fühlen, ein Mensch, der in einer Welt mit anderen Menschen lebt.

Der Drang, mich gegen alles mit größter Heftigkeit zu wehren, war nicht mehr so intensiv. Statt Fenster zu zertrümmern, schrieb ich jetzt eine Liste von Dingen, die mich belasteten, in mein Tagebuch:

Paß für einen Haarschnitt
Wochenendpässe
Dr. Doller im Urlaub
Veranstaltungen
Besserer Status
Dr. Fischers Weggehen
Neue Therapeutin?
Gewicht
Entlassung in der Schwebe

Der langsame Fortgang der Besserung ging mir zwar auf die Nerven, aber andererseits begrüßte ich ihn auch. Sosehr ich mir wünschte, entlassen zu werden, sosehr ängstigte mich diese Vorstellung. Ich wußte, daß es mir besserging, doch ich hatte Angst, mich nach draußen zu wagen. Ich hatte Angst, daß andere von mir ein normales Verhalten erwarten würden. Ich hatte Angst, der Druck würde zu groß werden und ich könnte einen Rückfall erleiden.

Trotz meiner Ängste hielt ich das Programm durch. Ich hatte den verzweifelten Wunsch, eine deutliche Besserung zu spüren und frei zu sein. Ich wollte endlich mit dem Leben anfangen, das mir so lange vorenthalten worden war. Doch vorher gab es noch so viel zu tun.

Zum einen brauchte ich einen neuen Therapeuten. Nachdem Dr. Fischer fort war, machte man mir einige

Vorschläge. Da gab es einen Arzt, der in White Plains eine private Praxis hatte. Und Dr. Doller kannte ebenfalls einen Arzt, den sie mir empfahl. Für mich kam allerdings nur eine Ärztin in Frage. Als Dr. Doller einwilligte, meine Therapeutin zu sein, wußte ich, daß ich es schaffen würde.

Ich mußte mir auch einen Ort suchen, an dem ich leben konnte. Früher hatte ich die therapeutischen Wohngemeinschaften abgelehnt, die meine Eltern und Dr. Doller mir vorschlugen. Mit Clozapin war das anders. Ich begann zu glauben, daß ein normales Leben möglich war. So stimmte ich zu, in ein betreutes Haus zu ziehen. Im September hatte ich ein Gespräch mit den Leuten vom Search for Change. Als ich das letzte Mal aus dem Krankenhaus entlassen worden war, hatte ich das Search for Change abgelehnt, weil ich gerüchtweise gehört hatte, daß dort eine Maus ihr Unwesen treibe. Diesmal würde ich mich nicht von einem Nagetier abschrecken lassen. Dieses Haus sollte der Ort sein, der mir half, meinen Weg zurück in die Welt zu finden.

Es war für mich weit schwieriger als nach meinem letzten Krankenhausaufenthalt, mich daran zu gewöhnen, allein etwas zu unternehmen. Es war mehr als zwei Jahre her, daß ich allein unterwegs gewesen war. Nach und nach wagte ich mich weiter hinaus. Ich ging allein zum Zahnarzt in der Mamaroneck Avenue in White Plains. Ich ging in die Stadt, um mir die Haare schneiden zu lassen. Ich ging mit einer anderen Patientin chinesisch essen. Während all dieser Ausflüge hatte ich Angst. Es kostete mich Anstrengung, mich unter Kontrolle zu halten. Manchmal mußte ich zusätzliche Medikamente nehmen, um meine Nervosität in Grenzen zu halten. Doch jedesmal, wenn ich ausging, gewöhnte ich mich ein bißchen mehr daran, und es fiel mir immer leichter.

Ich ging auch regelmäßig nach Hause und verbrachte Zeit mit meinen Eltern. Mit Mom ging ich einkaufen, mit Dad essen. Außerdem bereitete ich meine Sachen für den großen Umzug vor. An einem Wochenende daheim ging ich mit meiner Mutter die Sachen durch, die auf dem Dachboden eingelagert gewesen waren. Zwischen meinen alten Büchern und Heften, meinen College-Zeugnissen und Andenken fand ich eine alte Ausgabe von *Helter Skelter*, der Geschichte von Charles Mansons mörderischem Kult. Ich warf sie in den Abfalleimer. Seine bösen Augen würden mich nie wieder quälen.

Im Krankenhaus bedeuteten Schlüssel Freiheit und Kontrolle. In meiner schlimmsten Zeit warnte mich der Klang der Schlüssel auf dem Flur. Besser, ich hörte mit dem auf, was ich gerade tat. Wenn ich dabei war, Dollarnoten zu zerreißen, ließ ich das sofort bleiben. Hatte ich etwas mitgenommen, womit ich mich später selbst verletzen konnte, versteckte ich es.

Der wichtigste aller Schlüssel war der Schlüssel 9925. Das war der Generalschlüssel für die Türen sämtlicher Stationen im Haus: zum Schwesternzimmer, zur Vorratskammer, zu den Therapiezimmern – sogar zum Beruhigungsraum. Es war der Schlüssel, den Dr. Rockland, Dr. Doller, Dr. Fischer und das Personal benutzten, um die Station zu betreten oder zu verlassen. Patienten bekamen diesen Schlüssel nie in die Hand. Dieser Schlüssel bedeutete Macht. Es war der Schlüssel, der die verschlossenen Türen öffnete, die zwischen mir und der Freiheit standen.

Freiheit bedeutete auch Verlust. Auf seltsame Weise liebte ich diesen scheinbar schrecklichen Ort. Immerhin war er insgesamt fast drei Jahre lang mein Zuhause gewesen. Ich wußte, wie sich mein Bett anfühlte. Ich wußte, wann die Heizung eingeschaltet wurde und was auf der Station morgens los war. Ich kannte das Gefühl, jeden Tag zur gleichen Zeit hier aufzuwachen. Ich wußte, wann und wo ich mich für meine Medikamente anstellen mußte.

Ich würde all diese Sicherheit zurücklassen müssen. Die Regeln und Prozeduren, die mir so fremd waren, als ich vor vielen Jahren zum erstenmal ins Krankenhaus kam, waren mir inzwischen zur zweiten Natur geworden. Ich kannte die Gemeinschaftstreffen, war vertraut mit dem System der Zuteilung von Ausgangspässen. Ich wußte, welches Essen im Speisezimmer serviert wurde, wie man einen Nachschlag erhielt, wo man Verstecke für seine liebsten Habseligkeiten fand.

Mir war klar, daß ich die Belegschaft vermissen würde. Einige von ihnen hatten mich während aller drei Klinikaufenthalte begleitet. Ich dachte an die Krankenschwestern, die zu mir gehalten und mich ermutigt hatten. Ich dachte an Jay Jay und Margo und Jean, die während der schlimmsten Zeit dagewesen waren. Ich dachte an Rose, die mein Kumpel gewesen war. Ich dachte an Barbara, die mir Gedichte und Briefe geschrieben hatte, in denen sie mich drängte durchzuhalten. Am häufigsten aber dachte ich an Sorin. Wie sollte ich es schaffen, wenn Sorin nicht mehr für mich da war? Für einen kurzen Moment empfand ich Furcht. Aber sie verschwand wieder. Ich würde es schaffen. Sie sollten noch stolz auf mich sein. Ich würde allen zeigen, was ich gelernt hatte. Ich würde allen zeigen, daß ich es schaffen konnte.

An meinem letzten Tag war ich still und distanziert. Die Gefühle in mir waren schwer zu kontrollieren. Ohne viele Worte zu machen, sagte ich jedem auf Wiedersehen und gab allen ein kleines Geschenk, das sie an mich erinnern sollte. Und dann überreichten sie mir auch ein Geschenk. Sie gaben mir den Schlüssel 9925.

Am 6. November 1989 öffnete ich ganz allein die Tür zur Außenwelt und verließ das Krankenhaus für immer.

Nachwort
Lori
Hartsdale, New York
1994

Wenn ich heute durch die Flure des New York Hospital gehe, dann nicht als Patientin, sondern als Lehrerin. Wenn ich das Gebäude betrete, trage ich beispielsweise ein schickes Leinenjackett, Hosen, Stiefel und modische Ohrringe – jedenfalls keine ausgebeulten Jogginganzüge mehr.

An den Wochenenden arbeite ich als Teilzeitkraft in einem Geschenkladen. Und zwar nicht in einem Krankenhauskiosk, wo man Zeitungen, Süßigkeiten, Kaugummi und Blumen für die Patienten kaufen kann, sondern in einem Laden, der »What's What« heißt. Wir führen hier alles mögliche, von Plüschtieren bis zu Designerhandtaschen oder Spiegeln, die lachen, wenn man hineinschaut. Es gefällt mir, den Leuten zu helfen, Geschenke auszusuchen und diese dann sorgfältig zu verpacken. Ja, ich habe sogar schon ganztags als Beraterin einer therapeutischen Wohngemeinschaft gearbeitet, nachdem ich nur wenige Jahre zuvor selbst in solch einer Einrichtung gewohnt hatte.

Heute lebe ich nicht mehr in einem kahlen Raum ohne Möbel, ich lebe nicht einmal mehr in einer Gemeinschaftswohnung. Ich kann mich gut an den Tag vor etwas mehr als einem Jahr erinnern, als ich in meine eigene Wohnung zog. Nachdem meine Freunde aus der Wohngemeinschaft mir geholfen hatten, die letzten Kisten nach oben zu bringen, ließen sie mich allein in meinem neuen Heim. Ich setzte mich auf den Parkettfußboden und sah mich ungläubig vor Glück um. Ich konnte nicht glauben, daß ich es endlich geschafft hatte.

Die Wohnung, in der ich heute lebe, ist sehr schön. Ich habe die Möbel selbst ausgesucht, und im Kühlschrank stehen leckere Sachen. Ich freue mich immer wieder über alle möglichen Kleinigkeiten meines neuen Lebens. Über meinen Schreibtisch. Meine Bodenlampe aus Südafrika. Mein Faxgerät. Den schicken Teekessel, den ich benutze, wenn ich Besuch bekomme. Den Duschvorhang mit den knallbunten Fischen. Das alles gehört mir. Wenn ich eine Tasse zerbreche, ist es meine Tasse. Ich kann alles so hübsch und ordentlich halten, wie es mir gefällt. Ich kann in meiner Unterwäsche herumlaufen, wenn mir danach ist. Und die Ansage auf meinem Anrufbeantworter stammt auch von mir.

Vor allem aber ist da die Eingangstür. Eine normale, ganz gewöhnliche Tür, die sich mit dem Schlüssel in meiner Tasche öffnen und schließen läßt. Immer wenn ich ausgehen will, kann ich es tun. Wann immer ich irgendwohin will, fahre ich einfach dorthin. Ich muß niemanden um Erlaubnis bitten, mich nirgends abmelden. Endlich gehört mein Leben mir.

Jeden Monat gebe ich drei Kurse im New York Hospital. Einer behandelt das Gefühl, das die Schizophrenie-Erfahrung in einem auslöst. Dieser Kurs richtet sich an die Patienten und ihre Familien. Im zweiten geht es um das Medikament Clozapin, und im dritten Kurs wird diskutiert, wie man es nach der Entlassung schaffen kann, dafür zu sorgen, daß es einem auch weiterhin gutgeht.

Wer könnte das besser wissen als ich? Heute, mehr

als vier Jahre nachdem ich das letzte Mal aus der Klinik entlassen wurde, beherrsche ich meine Krankheit, nicht umgekehrt.

Es war ein langer Weg bis hierher.

Ich habe dreieinhalb Jahre in einem Übergangswohnheim namens Search for Change gelebt. Ich mußte eine Menge ändern. Ich mußte vieles lernen. Nach zweieinhalb Jahren im Krankenhaus hatte ich mich daran gewöhnt, eine Patientin zu sein. Jetzt mußte ich lernen, ein Mensch zu werden, der draußen in der realen Welt zurechtkommt. Jeden Tag ging ich ins Krankenhaus, um an dem Programm der Tagesklinik teilzunehmen, das den ehemaligen Patienten die Übergangsphase zwischen Krankenhaus und normalem Leben erleichtern sollte. Wir kamen jeden Tag, wie zu einer festen Arbeit, meldeten uns an, hatten eine Mittagspause und gingen am Ende des Tages wieder nach Hause. Die Teilnahme war Pflicht. Jeder hatte drei Urlaubstage, die er sich selbst aussuchen konnte, und zwei Wochen Urlaub.

Wir übten untereinander und mit unseren Beratern, uns normal zu verhalten. Manchmal waren die Gruppensitzungen so intensiv, daß die Leute weinend hinausliefen. Es kam vor, daß ich verwirrt war und mich bedroht fühlte, so daß ich feindselig wirkte. Nach und nach lernte ich jedoch, die Reaktionen der Leute auf mich richtig einzuschätzen und mein Verhalten entsprechend auf sie einzustellen.

In relativ kurzer Zeit gewöhnte ich mich an das Leben außerhalb des Krankenhauses. Die Regeln des Search for Change waren leicht zu befolgen. Es war einfach, morgens vor dem Verlassen des Hauses das Bett zu machen. An die Hausarbeiten, die ich zweimal in der Woche zu erledigen hatte, gewöhnte ich mich schnell. Für neun

Hausbewohner und zwei bis drei Betreuer zu kochen wurde zu einer Herausforderung, die mir Spaß machte.

Und im tagesklinischen Programm lernte ich ebenfalls etwas sehr Wichtiges: Wie ich ohne die Stimmen leben konnte.

Als die Stimmen langsam verschwanden, passierte nämlich etwas Erschreckendes mit mir. Jahrelang hatte ich sie gebeten zu verschwinden, mich mit meinen Gedanken in Ruhe zu lassen. Als sie dann wirklich fort waren, stellte ich zu meiner Überraschung fest, daß ich sie vermißte.

Inzwischen hatten sie sich zu einer Art Hintergrundgeräusch gemildert. Sie kamen nur noch selten mit der vollen Kraft ihrer Sprechchöre zurück. Ich hätte glücklich sein sollen. Statt dessen war mir, als würde ihr Fehlen per Neonreklame verkündet. Mein Kopf fühlte sich leer an. Ohne die Stimmen fühlte ich mich einsam.

Ich begann, mich an die Stimmen zu erinnern und sehnsüchtig an sie zu denken wie an einen alten Freund, der gestorben war. Jetzt, da sie fast fort waren, wollte ich sie zurückhaben. Also holte ich sie mir wieder: Mit all meiner Willenskraft wünschte ich sie zurück in mein Leben. Ich richtete meinen Geist nach innen, suchte in den dunkelsten Winkeln nach den Stimmen und wünschte ihre Gegenwart herbei. Zwischen den Hintergrundgeräuschen fand ich sie. Indem ich meine Aufmerksamkeit auf sie konzentrierte, konnte ich sie herauslocken. Ich begrüßte sie wie alte Freunde. Sie waren schrecklich, grausam und vulgär, doch sie waren mir vertraut.

Lange Zeit spielte ich mit den Stimmen, bevor mir klar wurde, was ich da eigentlich tat. Ich wollte doch gesund werden. Ich wollte ein normales Leben führen.

Ich wollte von normalen Menschen als gleichwertig anerkannt werden. Dennoch ging ich wieder rückwärts, zurück zu Krankheit und Wahnsinn. Ich zog die Stimmen meiner Gesundheit vor. Ich mußte wirklich verrückt sein!

Nachdem mir das klar geworden war, wandte ich mich stärker nach außen. Ein Teil meines Problems bestand darin, daß, nachdem die Stimmen verschwunden waren, nichts mehr in meinem Kopf war, worüber ich nachdenken konnte. Die Stimmen hatten mein Gehirn so lange beherrscht, daß für andere Gedanken kein Platz geblieben war. Denn ich hatte alle mir verbliebenen intellektuellen Kapazitäten für den Kampf gegen die überwältigenden Angriffe der Stimmen genutzt. Zudem hatte die trostlose Eintönigkeit meines Lebens als Psychiatrie-Patientin auf einer geschlossenen Station wenig Stoff zum Nachdenken geboten.

Es war offensichtlich, daß ich ein ausgefülltes Leben brauchte. Also verwandte ich meine Energie darauf, mir eins aufzubauen. Dazu nutzte ich alles, was sie mir im Programm der Tagesklinik bieten konnten. Und ich traf mich regelmäßig, normalerweise einmal in der Woche, mit einem Berater, und zusammen arbeiteten wir aus, welche Ziele ich erreichen wollte.

Ich hatte Schwierigkeiten, mich während der Sitzungen den anderen Patienten und den Beratern mitzuteilen. Also übte ich, indem ich während jeder Sitzung einmal etwas sagte. Außerdem schrieb ich weiterhin viel auf, weil ich das als hilfreiche Ausdrucksform für mich entdeckt hatte. Wenn ich mir selbst zu viele Veranstaltungen aufgebürdet hatte und mich überforderte, setzte ich bestimmte Zeitgrenzen für alles und achtete darauf, diese Grenzen nicht zu sehr zu überschreiten. Wenn die Stimmen im Hintergrund lauerten und die Versuchung, ihnen zu folgen, groß wurde, kämpfte ich mit allen Mitteln dagegen an. Ich hörte Musik mit dem Walkman, sprach mit meinen Freunden, duschte, ging spazieren oder bat jemanden um Hilfe.

Ich war so lange isoliert gewesen, daß es mir schwerfiel, neue Beziehungen aufzubauen. Ich war immer noch paranoid, fürchtete mich vor anderen Menschen, verurteilte mich für die Fehler, die ich an mir entdeckte. Also nahm ich mir vor, nur Gutes über mich zu denken und mit den Leuten zu reden, wenn ich dachte, daß sie wütend auf mich seien.

Ich war so lange krank gewesen, daß mir ein Netzwerk guter Freunde fehlte, auf das ich zurückgreifen konnte. Ich nahm mir also vor, jede Woche zwei Telefongespräche mit Menschen zu führen, die nicht zu meiner Familie gehörten. Außerdem traf ich mich mit anderen Patienten und ging mit ihnen aus – zum Essen, ins Kino oder zum Baden an den Strand. Ich mußte wieder lernen, was es heißt, auszugehen und Spaß zu haben.

Jahrelang hatten andere Menschen die Verantwortung für mein Leben getragen. Meine Medikamente wurden viermal am Tag ausgegeben, meine Mahlzeiten zu bestimmten Stunden serviert. Das einzige Geld, auf das ich aufpassen mußte, war das Taschengeld, das mein Vater mir gab. Wenn ich es schaffen wollte, auf mich selbst gestellt zu leben, mußte ich wieder lernen, selbständig zu handeln.

Ich bekam die Aufgabe, die Mahlzeiten im Search for Change zu organisieren. Ich lernte, wie man Küchenarbeit plant und dafür einkauft. Ich lernte, Alufolie auf den Boden des Grills zu legen, wenn Steaks oder Hühnchen zubereitet wurden, um das spätere Putzen zu erleichtern. Ich lernte, wie man einen Ausgabenplan erstellt und das Geld am sinnvollsten einteilt. Ich lernte, ein Konto im Plus zu halten, etwas, das mir früher leichtgefallen war. Ich lernte, meine Zeit wieder sinnvoll einzuteilen, ohne auf die Routine des Krankenhauses mit festen Zeiten für Medikamente und Versammlungen angewiesen zu sein. Als ich mit dem tagesklinischen Programm begann, gab man mir einen Terminkalender, und ich fing an, meine Termine und Verpflichtungen zu notieren. Ich übernahm sogar die Verantwortung für meine Medikamenteneinnahme. Ich lernte, wie ich meine Medikamente täglich in der richtigen Dosis in die Tablettenbox einordnen mußte, die die Größe eines dikken Taschenbuches hatte. Diese Box trug ich immer bei mir, und ich gab mir die größte Mühe, die Tabletten viermal am Tag pünktlich einzunehmen.

Die Verantwortung war immens. Vor jeder großen Veränderung hatte ich Angst. Ich hatte Angst, zu versagen, Angst, herauszufinden, daß ich eine neue Aufgabe nicht bewältigen konnte, Angst vor jedem Schritt, mit dem ich mich weiter von der Sicherheit des Krankenhauses entfernte. Doch ich sonnte mich auch in meinen Erfolgen. Ich machte große Fortschritte in Richtung auf ein selbständiges Leben.

Zu meiner großen Freude begann ich außerdem abzunehmen. Während der letzten Monate im Krankenhaus war mein Gewicht bereits gefallen – von fünfundachtzig Kilogramm auf zweiundachtzig … langsam, aber sicher, Kilo für Kilo, verschwanden die Fettschichten, die mein altes Ich umgaben. Mein Gewicht sank und sank – von achtzig auf neunundsiebzig, auf siebenundsiebzig, auf fünfundsiebzig, auf dreiundsiebzig, auf einundsiebzig. Zu meinem einunddreißigsten Geburtstag, weniger als sechs Monate nachdem ich das Krankenhaus verlassen hatte, wog ich weniger als siebzig Kilogramm. Bei einem Einkaufsbummel mit meiner

Mutter stieß ich jemanden an, und als ich mich umdrehte, um mich zu entschuldigen, entdeckte ich, daß es ein Spiegel gewesen war. Ich erkannte die Fremde nicht, die zurückstarrte.

Am Anfang war ich sehr unsicher, wie ich meine alten Freundinnen ansprechen sollte. Sie alle hatten in der Zwischenzeit beeindruckende Leistungen vollbracht. Sie hatten gute Jobs, nette Familien. Es war, als wären sie erwachsen geworden und ich immer noch ein kleines Kind. Ich fühlte mich unterlegen und hatte Angst, sie würden mich verachten. Schließlich überwand ich meine Furcht und rief eine nach der anderen an – um zu entdecken, daß sie immer noch die besten Freundinnen waren, die ich hatte, und daß ich diese Verbindung brauchte, auch wenn unser Leben sehr unterschiedlich verlaufen war.

Lori Winters, Tara und ich trafen uns zum Lunch, und wir lachten wie früher zusammen. Tara und ich sind uns noch einmal in Florida begegnet, wo wir beide mit unseren Familien einen kurzen Urlaub verbrachten, und sie bittet mich immer wieder, sie endlich einmal in Washington zu besuchen. Lori und ich treffen uns regelmäßig zum Lunch und tauschen die letzten Neuigkeiten aus. Ich habe sogar ein Weihnachtsfest mit Lori, ihrem Mann und ihren beiden kleinen Söhnen verbracht.

Die Reaktion von Gail Kobre Lazarus auf mein neues, besseres Ich hat mich besonders amüsiert. »Sie ist zurüüüüüück! Lori ist zurüüüüüüüück«, imitierte sie die Stimme aus einem alten Horrorfilm. Aber vor diesem Horror hatte ich keine Angst.

Ich habe mir viel Mühe gegeben, neue Freunde zu gewinnen. Ich schloß Freundschaft mit Debbie, einem

Mädchen, das ich in der High-School vom Sehen her gekannt hatte. Von Zeit zu Zeit treffen wir uns zum Lunch. Im Sommer lernte ich Lisa am Pool unseres Appartementkomplexes kennen. Wir gehen zusammen zu Single-Treffs. Außerdem habe ich in Penny, einer Mitarbeiterin aus dem Hauptbüro von Search for Change, eine wundervolle Freundin. Sie, ihr Mann Michael und ich verbringen viel Zeit miteinander.

Am Anfang waren die einzigen Themen, über die ich mich unterhalten konnte, meine Krankheit, meine Medikamente und meine therapeutische Wohngemeinschaft. Das machte mich nicht gerade zu einer interessanten Gesprächspartnerin. Im Laufe der Zeit jedoch fiel es mir leichter, mich über allgemeinere Dinge zu unterhalten, über Familie, Freunde, Beziehungen, über die neuesten Nachrichten, Urlaub und Filme.

Für eine Frau in den Dreißigern ist es nicht leicht, Männer kennenzulernen und Verabredungen zu treffen, doch inzwischen macht es mir sogar Spaß. Jetzt, da ich mein College-Gewicht – neunundfünfzig Kilo – wieder erreicht habe, fühle ich mich schick und hübsch. Ich kleide mich zwanglos in Jeans und Sweatshirts, trage mein Lieblingsparfum, *Escape* von Calvin Klein, und gehe in die Kneipen in der Umgebung. Da ich keinen Alkohol trinke, setze ich mich normalerweise an die Bar und bestelle etwas zu essen, damit ich beschäftigt wirke, während ich nach einem interessanten Mann ohne Damenbegleitung Ausschau halte. Auf diese Weise habe ich einen Hot-dog-Verkäufer kennengelernt, einen Faxgeräte-Händler, der seine eigene Firma aufgemacht hat, einen IBM-Programmierer, den Leiter einer Niederlassung von General Motors und einen Friedhofsangestellten.

Ich wünsche mir sehr, zu heiraten und Kinder zu haben. Da ich so viele Medikamente nehme, wäre es aber wahrscheinlich besser, wenn ich eine bereits bestehende Familie finden würde. Also suche ich nach einem netten geschiedenen oder verwitweten Mann mit Kindern. Er wird ein besonderer Mann sein müssen, um zu erkennen, wieviel ich ihm bieten kann. Aber ich weiß, daß er nicht enttäuscht sein wird, wenn ich ihn gefunden habe. (Soviel zu meiner persönlichen Lori-Schiller-Werbekampagne.)

Wenn wir während des Small talks zu Beginn einer Verabredung zufällig auf meine Vergangenheit zu sprechen kommen, ist es nicht immer einfach. Viele Männer können so etwas einfach nicht akzeptieren. Im Rückblick sind einige ihrer Reaktionen sogar witzig. Eine Zeitlang traf ich mich mit einem Mann, den ich kennengelernt hatte, als ich mein Auto zur Reparatur brachte. Wir verstanden uns gut und verbrachten eine schöne Zeit miteinander. Schließlich entschied ich mich, ihm von meiner Vergangenheit zu erzählen. Ich nahm ihn mit in meine Wohnung und zeigte ihm einen Artikel, den ich über meine Erfahrungen geschrieben hatte.

Er las den Artikel und schaute mich dann angewidert an.

»Du leidest nicht an Schizophrenie«, sagte er.

»Doch, ich fürchte schon«, erwiderte ich.

»Nein, das stimmt nicht. Das hast du doch bloß erfunden«, sagte er. »Warum hast du das geschrieben?«

Als ich ihm meine Tablettenbox zeigte, wurde er wütend und drohte damit, meine Eltern anzurufen.

Wir sahen uns noch manchmal nach diesem Zwischenfall, doch es war mir nicht möglich, ihn zu überzeugen. Ich konnte nicht mit jemandem zusammensein, dem es so schwerfiel, mich als das zu akzeptieren, was ich wirklich bin, und so machten wir schließlich Schluß. Ich sah ihn nie wieder.

Was Drogen betrifft, richtige Drogen, Straßendrogen: Ich habe seit dem Kokain-Zwischenfall vor Jahren im Futura House nie wieder etwas genommen. Der Weg, den ich zurückgelegt habe, und das, was ich erreicht habe, sind zu kostbar, um es wegzuwerfen und in die schattenhafte Welt der Drogen zurückzugleiten.

Zweimal in der Woche treffe ich mich mit Dr. Doller. Sie hilft mir, meine Medikamente zu überwachen. Ich nehme jeden Tag sechsundzwanzig Tabletten gegen meine psychotischen Symptome, die Stimmungsschwankungen, die Angstzustände und die Nebenwirkungen der Medikamente.

Dr. Doller und ich haben inzwischen eine großartige Beziehung. Ich trage einen kleinen Kassettenrecorder bei mir, um alles, was während der Woche geschieht und was ich für bedeutsam halte, aufzunehmen. Mit Dr. Dollers Hilfe habe ich gelernt, mich nicht von den emotionalen Hochs und Tiefs überwältigen zu lassen, denen ich ausgeliefert bin. Ich habe gelernt, die Tiefs auszuhalten und mich nicht zu enthusiastisch in die manischen Hochs zu stürzen.

Dr. Fischer und ich hielten Kontakt, bis ich etwa ein Jahr nach ihrem Weggang aus dem Krankenhaus einen Brief bekam, in dem sie schrieb, daß sie ein Baby erwarte. Das konnte ich nicht ertragen, und ich vernichtete alle Briefe, die sie mir je geschrieben hatte. Ich habe ihr nie wieder geschrieben.

Es tut mir leid, daß ich den Kontakt zu ihr verloren habe. Ich möchte, daß sie mich so kennenlernt, wie ich heute bin, und sieht, wie gut es mir geht. Ich möchte, daß sie sieht, was ihre Arbeit mir ermöglicht hat. Ich möchte, daß sie stolz auf mich ist und auch auf sich selbst. Ich weiß, daß ich eines Tages meinen ganzen Mut zusammennehmen und ihr wieder schreiben werde.

Ich habe immer noch ein sehr enges Verhältnis zu meinen Eltern. Wir verbringen viel Zeit miteinander. Ich liebe und respektiere sie und bin dankbar für all ihre Hilfe. Aber ich kann auch heute noch wütend auf sie werden. Dann habe ich jedoch die Möglichkeit, mich auszudrücken, bevor ich außer Kontrolle gerate oder Angst haben muß, sie vor den Kopf zu stoßen. Ich weiß jetzt, wie machtvoll das Gefühl der Liebe sein kann.

Ich habe sogar einen Rückfall überstanden.

Es geschah während des Sommers, in dem ich an diesem Buch arbeitete. Ich war gezwungen, alte Erinnerungen auszugraben, auch aus der Zeit zwischen meinen ersten beiden Klinikaufenthalten. Das war eine der schwersten Zeiten meines Lebens, und es fiel mir schwer, daran zurückzudenken. Zur gleichen Zeit wurde mein Leben durch einige andere Umstände belastet. Mein Bruder Steven hatte geheiratet und war mit seiner Frau Ann nach Südafrika gezogen. Ich vermißte ihn, und ich stellte mich darauf ein, bald auch meine Eltern zu vermissen, die beide demnächst in den Ruhestand gingen und dann nach Florida ziehen wollten. Zur gleichen Zeit wurde ich zudem noch meiner beiden stärksten Stützen beraubt: Dr. Doller ging in den Mutterschaftsurlaub und Jacquie, meine Betreuerin, zurück an die Schule. Zur gleichen Zeit versuchten Dr. Doller und ich meine Medikamente zu reduzieren. Das alles zusammen wurde mir zuviel.

Innerhalb einer Woche begann ich, mich seltsam zu fühlen. Mein inneres Gleichgewicht geriet völlig aus der Balance. Nach zwei Wochen hatte ich einen richtigen Anfall. Amanda, meine Koautorin, kletterte in mein Gehirn. Sie übernahm die Kontrolle über meine Gedanken.

Und was noch schlimmer war, sie wollte mich töten. Mehr als ein Jahr lang hatten wir uns mehrmals am Tag gesehen, miteinander geredet, gelacht, Witze gemacht und die Gesellschaft der anderen genossen. Plötzlich hatte ich furchtbare Angst und floh vor ihr. Ich ging nicht mehr ans Telefon. Selbst der Klang ihrer Stimme auf dem Anrufbeantworter ließ mich schaudern. Sie versuchte mich zu beherrschen und wollte mich ruinieren. Tage vergingen.

Eine solche psychotische Phase hätte leicht außer Kontrolle geraten können. Aber das passierte nicht. Ich selbst schaffte es, diese Entwicklung aufzuhalten, denn ich wußte, daß etwas nicht stimmte. Die Krankheit hatte die Kontrolle über einen Teil meines Gehirns übernommen, doch noch nicht über das ganze. Ich wußte, daß ich Hilfe brauchte. Ich steigerte die Dosis meiner Medikamente auf das vorige Niveau und rief Dr. Doller an. Ich sprach mit meinen Eltern. Am Anfang empfand ich nur Verachtung für ihre Ratschläge. Meine Stimmen und ich wußten es besser. Doch ich wurde nicht vollständig verschlungen. Mit den Jahren hatte ich gelernt, Dr. Doller zu vertrauen. Wenn sie meinte, daß ich einen psychotischen Schub hatte, dann stimmte das vermutlich, egal, was die Stimmen sagten.

Die Medikamente wirkten nach kurzer Zeit, und meine Ängste schwanden. Zu Amandas Geburtstag rief ich sie selbst an, und einige Tage später trafen wir uns in der Stadt. Ich lud uns beide zu riesigen Schüsseln gedünsteter Krabben mit geschmolzener Butter in die Oyster Bar an der Grand Central Station ein. Wir feierten ein bißchen mehr als ihren Geburtstag.

Von Zeit zu Zeit höre ich die Stimmen immer noch. Ich versuche, meinen eigenen Rat anzunehmen. Ich lenke mich ab, halte mir einen kleinen Vortrag und konzentriere mich auf die Außenwelt. Ich habe mir ein kurzes Mantra beigebracht: »Diese Stimmen sind nicht real. Hab keine Angst. Reg dich nicht auf. Sie sind nicht real. Laß sie nicht die Oberhand gewinnen. Versuche daran zu denken, was passiert ist, bevor sie angefangen haben. Gibt es da ein Gefühl, das du isolieren kannst und das vielleicht erklären könnte, warum sie jetzt hier sind? Sie sind nicht real. Es ist alles okay. Du mußt keine Angst haben.«

Wenn ich die Stimmen höre, bringe ich mich selbst zurück in die Realität, indem ich all meine Sinne einsetze. Wenn ich zum Beispiel im Zug nach Manhattan sitze, konzentriere ich mich auf den Geschmack meiner Diät-Cola, den Duft meines Parfums, auf die wechselnden Bilder vor dem Fenster, auf die Stimme des Schaffners, der die Fahrkarten kontrolliert, auf meine eigene Fahrkarte, die von meinen Fingern hin- und hergeschnippt wird.

Einige Leute merken es mir an, wenn ich Stimmen höre. Mir wäre es lieber, niemand würde es bemerken. Es macht mir nichts aus, über die Stimmen zu reden, doch das Bewußtsein, daß ihre Gegenwart für andere bemerkbar ist, gibt mir das Gefühl, daß meine Privatsphäre verletzt wird. Wenn die Leute mir auf den Kopf zu sagen, daß ich jetzt die Stimmen höre, glaube ich manchmal, daß sie es wissen, weil sie sie selbst hören, und nicht, weil ein bestimmter Ausdruck über mein Gesicht huscht.

Trotzdem hilft mir das Reden und Witzeln über meine Symptome, diese in Schach zu halten. Also mache ich dauernd Witze, zum Beispiel mit Anne Schiff, der Sekretärin meines Vaters, als sie mich nach Neuigkeiten fragte.

»Haben Sie irgendwas gehört, Lori?«